KB262727

불교교리강좌

해주 지음

불광출판부

불교교리강좌

해주 지음

　이 『불교교리강좌』는 지난 삼년 반 동안 불광(佛光)지에 게재한 '알기쉬운 교리강좌'를 책으로 펴낸 것이다.

　부처님의 가르침으로 인도하는 불교전적이 적지 않음에도 불구하고 처음 불광에서의 원고청탁을 허락하고 그것을 다시 조그만 책자로 묶게된 데에는 몇 가지 동기가 있다.

　먼저 불교에 처음 입문한 초심불자에게는 불교교리에 대한 전반적인 개요를 짚을 수 있게 함이다. 불교를 알고자 하는 이들이 공부해야 할 범주를 대강 소개하고자 한 것이다.

　다음으로는 불교와의 인연이 깊고 오래되어 많은 교리적인 지식을 습득한 분들에게는 마치 염주알을 다듬고 꿰어 염주를 만들듯이 불교교리를 체계적으로 정리해볼 수 있도록 한 것이다.

　그러나 무엇보다도 가장 큰 계기는 저자 스스로를 위함이라 해야 맞을 것이다. 자신이 알고 있는 단편적인 내용들을 총정리하여 본인의 불교학개론 교재를 엮어보고자 한 것이다.

따라서 불교근본교설부터 시작하여 교리의 전개 변천사를 따라, 인도·중국과 한국에 이르기까지 그 골격만 세워나가 보았다. 그래서 자세한 설명이나 비유 등은 생략하였기에 보는 이마다 그 이익됨은 조금씩 다를 것으로 여겨진다.

이 책이 나오기까지 배려해주신 불광사 회주 광덕 큰스님과 편집부 주간 송암 스님께 감사드리고, 원고 교정에서부터 완간에 이르기까지 수고해주신 사기순 기자를 비롯한 출판부 임직원들과 인연있는 모든 분들께도 감사드린다.

불기 2537년 부처님 오신 달에
수미정사(須彌精舍)에서
해주(海住) 합장

차 례

머리말

I. 서(序)

1. 불전(佛典)
2. 삼보(三寶)

Ⅰ. 서(序)

1. 불전(佛典)

불교를 알기 위해서는 종교의 3대 구성요소인 교주·교리·교단을 통하여 공부하는 방법이 무난할 것이다. 교주를 불보, 교리를 법보, 교단을 승보라 하여 불교에서는 그것을 삼보(三寶)라고 부른다. 불(佛, Buddha)·법(法, Dharma)·승(僧, Saṃgha) 삼보는 불교의 신앙대상이기도 하다.

삼보, 곧 불교에 대한 이해는 경전을 비롯한 불전〔佛教聖典〕에 의거함이 필수적이다. 그러므로 불전에 대한 이해가 먼저 앞서야 할 것이다.

흔히들 불교는 어렵다고 한다. 우선 성전의 수량이 많다는 것도 그 이유 중의 하나이다. 불교성전은 대장경(大藏經)이라 통칭되는데 우리나라에서 이루어진 고려대장경만 해도 경문의 문자와 내용은 차치하고라도, 팔만대장경이라 불리는 명칭 자체에서 우선 어마어마하게 방대함이 느껴진다. 팔만대장경은 그 목판의 판수가 81,258판인 데에서 비롯된 이름이며 1,512부 6,791권이 수록되어 있다. 대장경은 여러 각국에서 수십 번 간행되었는데 간행될 때마다 수효가 늘어나 근래 일본의 대정신수대장경에는 무려 3,053부 11,960권이 실려 있다.

대장경은 원어로 표기될 때는 삼장(三藏)을 가리키는 말이 뜨리 삐따까(Tri-piṭaka)이나 이런 경우의 뜨리 삐따까는 인도의 삼장과는 다르다. 삼장은 인도에서 만든 불교성전의 전부를 개괄한 명칭이다. 범어의 삐따까(piṭaka)라는 것은 '군(群)' '부류' 또는 '포함'의 뜻으로 장(藏)이라고 번역하였는데 인도불교성전을 3종류로 분류하였기 때문에 삼장 즉 뜨리 삐따까(Tri-piṭaka)라 하는 것이다. 그 삼장이란 경장(經藏, sūtra-piṭaka, 修多羅)·율장(律藏, vinaya-piṭaka, 毘奈耶 또는 毘尼)·논장(論藏, Abhidharma-piṭaka, 阿毘達磨 또는 阿毘曇이라 음역)을 말한다.

경장이란 부처님의 가르침을 기술한 문장의 전부를 지칭한 것으로 아함경 등과 같이 경(經)자가 붙는 것은 이에 해당된다. 그 분량은 한역 현존본으로 약 1,500부에 달한다. 경을 가리키는 범어 수뜨라(sūtra)는 본래 고대 인도에 있어서 종교·학술·문학·법률 등 각 부문에서 '권위 있는 책'이라는 뜻이었다. 불교도들이 석존의 교설을 편찬한 후 불교의 가장 권위있는 책이라는 의미에서 수뜨라(sūtra)라 하였고, 중국에서 한역할 때에 이를 경이라고 번역한 것이다. 경은 '실' 또는 '노끈'을 의미하는 것으로서, 실로 진리의 말씀을 꿰어 교법의 꽃다발을 만드는 것이 경이라고 풀이된 것이다.

율장은 불제자들이 지켜야 할 실제생활상의 규정과 작법, 그리고 교단의 규약 등을 집성한 것이니 이른바 5계·10계·250계 등의 계법 계율을 말한다. 부처님 재세시에 제정된 것을 후세 불교도들이 정리 집성한 것이다. 분량은 한역에 있어서 경장의 5분의

1정도이다. 논장은 후대의 불교도가 경 또는 율을 해석하거나 논술한 것을 총칭한 것이다. 역시 5분의 2정도이다.

위의 삼장 외에 인도에는 잡장(雜藏)과 주장(呪藏)이라는 것이 있다. 잡장은 사전류(史傳類)로서 그 분량이 적고, 주장은 주문·다라니류를 모은 것으로 이는 경장에 포함시킬 수가 있다. 그러므로 삼장이라 하면 인도 성전의 별명으로 통용되고 있는 것이다.

그런데 대장경은 번역된 삼장이 주가 되긴 하지만, 그것만을 편집하여 대장경이라고 하는 것은 아니다. 중국에 불교가 전하여진 이래 중국이나 우리나라 또는 일본 등의 불교국가에서 저술된 성전, 다시 말해서 삼장 이외의 성전도 포함한 말이다. 삼장 외의 성전은 대략 4종류로 나눌 수 있으니, 삼장의 주소류(註疏類)·논술해명서류(論述解明書類)·수필어록류(隨筆語錄類)·사전기록류(史傳記錄類) 등이다.

이처럼 대장경은 석존의 가르침과 계율만이 아니라, 후대에 제작된 저술까지도 수록함으로써 엄청난 분량을 이루고 있는 것이다. 이러한 불전의 양상은 불교가 석존에서 그치지 않는다는 것을 보여준다. 앞으로도 새로운 불전이 끊임없이 생산될 것이다.

성전 가운데서 가장 중요하고 근본이 되는 경전의 경우도 마찬가지이다. 경전은 크게 소승경전(小乘經典)과 대승경전(大乘經典)의 두 종류로 구분되고 있는데, 대·소승경전은 그 성립과 내용 등에 있어서 완연한 차이가 난다.

소승경전은 원시경전을 말하며 아함부 경전과 본연부 경전이 이에 속한다. 한역경전 1,500여부 중 200여부 만이 원시경전에 해당된다. 이러한 초기 원시경전은 부처님께서 입멸하신 후 제자들에 의하여 이루어진 결집(結集, saṃgaha)을 통하여 성립되었다. 결집은 불설(佛說)의 편찬작업으로서 대합송(大合誦, Saṃgīti)의 의미이다. 결집은 인도불교사상 여러 차례 행하여졌다. 부처님께서 입멸하신 직후에 이루어진 최초 결집을 제1회 결집이라고 한다. 이 제1회 결집은 왕사성 칠엽굴에서 오백 명의 장로비구에 의해 이루어졌다고 하여 왕사성 결집 또는 오백집법(五百集法)이라고도 한다. 7개월이 소요된 최초의 이 결집에서는 100년 후에 이루어진 제2회 결집(베살리 결집·칠백집법) 때와 마찬가지로 문자로 기록되지는 않았다. 마하가섭을 좌장으로 한 편집회의에서 아난과 우바리 존자의 송출(誦出)에 의해 부처님의 교법과 계율이 재현되었으며, 그것이 장로들의 검토를 거쳐 확인되면 전원이 합송하였다. 그러한 합송을 통하여 각자의 기억 속에 간직되고 구전(口傳)되었던 것이다. 오늘날 전하는 경전의 원형이 이 때에 이루어짐으로 해서, 제1회 결집은 매우 중대한 의미를 갖게 된 것이다.

경전의 결집이 문자로서가 아니라 기억에 의존되었다는 것은, 현대의 우리들은 상상하기 어려울 정도이다. 물론 경전의 내용은 기억에 편리하도록 잘 정비되어 있음을 볼 수 있다. 동일한 형식의 구성, 짧은 내용, 운문형식의 요약, 같은 말의 반복 등, 초기경전은 암송하기 쉽게 만들어진 것으로 보인다. 그렇게 하여 잘 전승되어 오던 경전은 제3결집 이후 문자로 옮겨졌으니 그 시기는 대략 기원전 1세기 전반이었을 것으로 추측되고 있다.

그들은 다시 몇 번인가의 증대와 변화의 과정을 거쳐서 현존하는 팔리 5부(Pañca-nikāya) 및 한역 4아함(四阿含)이 된 것이다. 이에 병행하는 율장으로는 팔리율장(vinaya-piṭaka)과 한역

오부광율(五部廣律;사분율·오분율·십송율·마하승지율·설일체유부비내야잡사)이 있다. 후세에 증가되고 부가됨으로써 원형이 왜곡된 부분도 있겠으나, 어쨌든 부처님의 가르침과 제자들의 생활상을 전하는 자료가 된다. 그러한 교법과 계율은 석존 입멸후 제자들에게 있어 부처님을 대신한 스승이었던 것이다.

그런데 구전(口傳)되던 경전이 문자화될 무렵, 새로운 경전들이 다시 편찬되기 시작하였으니, 기원전후에 걸쳐 일어난 대승불교의 출현에 의해서였다. 새로운 경들이 새로운 이상을 표방하고 새로운 방법을 제시하며, 새로운 주장을 새로운 문학형식에 담아서 계속 생산되었으니, 한역 1,200여부에 해당하는 대승경전이 그것이다. 이들 대승경전은 초기의 불교인들이 전혀 알지 못했던 것이며, 제1결집의 장로비구들과는 관련없는 교설이었다.

그러나 대승경전도 역시 '여시아문(如是我聞)'으로 시작되고 있으며, 오랫동안 대승경전 모두가 부처님의 금구직설(金口直說)인 것으로 생각되어져 왔다. '아함십이방등팔(阿含十二方等八) 이십일재담반야(二十一載談般若) 종설법화우팔년(終說法華又八年) 화엄최초삼칠일(華嚴最初三七日)'이라는 천태교판설이 절대적으로 믿어지고 있었다.

대승경전의 역사적 성립과정은 고려되지 않았으므로 어떤 대승경전이 언제 어디서 누구에 의해 성립되었는지 명백히 밝혀져 있지 않다. 그러나 오늘에 와서 대승견전이 역사적 성립임을 의심하는 사람은 없을 것이다. 요컨대 대승경전들은 석존의 사상과 실천을 그대로 전하는 것은 아니다. 그렇지만 대승경전의 제작자 곧 법사들은 이야말로 부처님의 근본사상 내지 불타 정신의 진수를 나타내는 것이라는 확신을 가지고 경전을 편찬하였음에 틀림

없을 것이다. 불교 역사의 커다란 부분은 그 대승경전을 중심으로 해서 전개된 것이었다.

이와 같이 역사적 요청에 의하여 경전도 새로 편찬되고 증가되어 왔다. 그리하여 위경(僞經)까지 나타나게 됨을 볼 수 있다. 위경이라 함은 진경(眞經)에 대한 별칭으로서, 인도문화권 외의 중국 등지에서 찬술되었으나, 인도에서 성립되어 번역된 것처럼 행세하는 경을 일컫는 말이다.

중국에서 위경 제작은 불교가 본격적으로 전래된 남북조시대 이후 당나라 초기에 이르기까지 계속되었으며, 중국불교의 완성 시기인 수·당시대는 위경의 전성기이기도 하다. 위경은 여러 가지 동기에서 제작되었으며 간혹 불교의 근본사상에서 벗어나는 것도 없지 않다. 그러나 위경은 어디까지나 시대적 요청에 의한 역사적 산물이었음을 부인할 수는 없을 것이다.

이후로도 얼마나 많은 위경과 어떠한 불전이 쏟아져 나올른지는 모른다. 그러나 이 시대의 중생들에게 가장 필요하고 적절한 부처님의 말씀이 새로운 언어로 다시 출현되어야 함은 불가피한 일일 것이다. 그것은 구경(舊經)의 번역사업 못지 않게 비중있는 불사일 것임은 이제껏 불전이 증광(增廣)되어 온 사실에 비추어 알 수 있다. 단 새로운 불전의 제작은 전승된 경전에서의 가르침을 완전히 이해한 바탕 위에서 이루어지지 않으면 아니될 것이다.

여기서는 단지 위와 같은 역사적 사실을 염두에 두면서 현존하는 불전에 의거하여 부처님의 가르침을 살펴보고자 한다.

2. 삼보(三寶)

부처님(佛)과 부처님의 가르침(法) 그리고 부처님의 가르침을 믿고 실천하는 제자들의 단체(僧)인 불·법·승 삼보는 곧 불교의 신앙대상이기도 하므로 우리는 법회 때마다 삼귀의례(三歸依禮)를 올린다.

거룩한 부처님께 귀의합니다(歸依佛兩足尊).
거룩한 가르침에 귀의합니다(歸依法離欲尊).
거룩한 스님들께 귀의합니다(歸依僧衆中尊).

이렇게 먼저 삼보께 귀의를 하고 법회가 시작된다. '귀의'란 글자 그대로 '돌아가 의지한다'는 뜻으로 신앙한다는 말이니 이와 같은 의미의 불교용어는 여러 가지가 있다. 나무(南無)·귀명(歸命)·지심귀명례(至心歸命禮)·지심정례(至心頂禮) 등도 다 이에 해당된다. '나무'란 나마스(namas)의 음사(音寫)로서 자기의 목숨을 바친다고 하는 귀명의 뜻이요, 지극한 신심으로 목숨을 바쳐 예경한다는 지심귀명례의 뜻이다. 나아가 공경·예배·공양·찬탄 등이 모두 귀의의 뜻이다.

이처럼 우리 불자들이 귀의하는 신앙대상이 삼보임은 아침·저녁으로 올리는 예불문에도 구체적으로 나타나 있다.

계향·정향·혜향·해탈향·해탈지견향
광명운대 주변법계 공양시방무량 불법승

이렇게 염불소리가 시작이 됨은 다 알고 있는 사실이다. 상단에 향을 올리고 예불을 하니 이 향은 계(戒)를 뜻하는 계의 향이

요, 정(定)을 뜻하며 혜(慧)를 뜻하는 정향·혜향인 것이다. 계정
혜 삼학(三學)인 동시에 해탈을 의미하므로 해탈향이고 해탈하여
모든 세계를 지혜롭게 나타내는 것이므로 해탈지견향(解脫知見
香)이다. 단순히 향을 올리는 것이 아니라 삼학과 해탈·해탈지견
의 오분향이다. 그리하여 그 해탈의 광명, 지혜의 광명이 널리 법
계에 두루 퍼져 시방세계의 무량한 불·법·승께 공양올린다는 것
이다.

그렇게 헌향 공양을 올린 뒤 다음과 같이 예배를 한다.

지심귀명례 삼계도사 사생자부 시아본사 석가모니불
지심귀명례 시방삼세 제망찰해 상주일체 불타야중
지심귀명례 시방삼세 제망찰해 상주일체 달마야중

⋮

지심귀명례 시방삼세 제망찰해 상주일체 승가야중

먼저 부처님께 지심귀명례 한다. 삼계(三界;欲界·色界·無色界)
의 모든 중생을 이끌어 제도해주시고 일체 사생(四生:胎·卵·濕·
化)중생의 자비로우신 어버이시며 우리 불제자들의 본사(本師)
이신 석가모니 부처님께 제일 먼저 예배를 올린다. 그리고 어느
때 어느 곳에나 항상 계시는 모든 부처님들께 예경을 한다. 이어
서 시간적으로 공간적으로 한량없는 불법에 귀의한다. 다음으로
제보살·10대 제자·선지식들을 위시한 일체 승가에 예경을 하는
것이다.

이처럼 조석 예불문에 우리가 귀의하는 대상은 통틀어 삼보임

이 잘 드러나 있다. 삼보 가운데서도 으뜸되는 분은 본사이신 석가모니 부처님이시다. 이 점은 불교가 석가모니 부처님의 가르침에 의하여 성립된 종교이며, 부처(佛)가 되게 하는 가르침이라고 의미지어지고 있는 것에서도 드러나보인다.

그런데 우리는 이렇게 매일 예경하면서도 정작 부처님이 어떤 분이신지 잘 모르는 것도 사실이다. 우리가 공경 예배하는 불타야중이 수없이 많기 때문이다. 대승불교의 발달과 대승경전의 성립에 따른 많은 주불(主佛)과 삼신불(三身佛) 사상도 우리로 하여금 부처님을 알기 어렵게 만드는 결과가 된 것 같다.

무궁한 자비로써 천백억 화신불로 나투신 석가모니불과 영원한 능력으로서의 보신불인 노사나불, 그리고 영원한 생명으로서의 법신불인 비로자나불이 계시다는 삼신불 사상에 우리는 젖어 있다. 또 대승초기 반야계 경전의 법신불뿐 아니라 법화경에서의 석가모니 분신불, 화엄경에서의 삼불원융 비로자나불, 정토계 경전의 극락세계 아미타불, 미륵 삼부경의 당래하생 미륵불, 이외에도 약사여래불, 부동지여래불, 연등불, 가섭불, 현겁천불, 심지어 심성불까지 이루 헤아릴 수 없이 많은 부처님이 계시다. 우리는 어느 부처님을 어떻게 따라야 할 지 어리둥절하게 된다.

이처럼 많은 부처님이 출현하신 것은 우리 중생들의 근기와 욕망에 의한 불타관의 변천이 있었음을 시사해주는 것이기도 하다.

불기(佛紀) ○○○○년의 주인공이신 석가모니 부처님의 재세 당시에는 부처님(Buddha·佛·佛陀·붇다)은 석가모니 부처님(釋迦牟尼佛·釋迦世尊·釋尊) 한 분뿐이셨다. 지금부터 이천 오륙백 년 전 인도 네팔지방 가비라국의 싯달타 태자로 태어나 출가 수행 후 번뇌를 끊고 깨달음을 얻으셔서(降魔成道), 중생을 제도하시다 입멸하신 석존 한 분만이 붓다였다.

석가모니 부처님은 스스로 여래(如來)라 하셨다. 여래는 열 가지 다른 명호인 여래십호(如來十號)로 명명되기도 한다. 즉 여래·응공(應供)·정변지(正徧知)·명행족(明行足)·선서 세간해(善逝世間解)·무상사(無上士)·조어장부(調御丈夫)·천인사(天人師)·불(佛)·세존(世尊)이다.

부처님은 스스로 모든 이의 공양에 응할 수 있는 자격과 능력을 갖추었음을 뜻하는 '응공' 즉 '아라한'이라고 하셨다. 녹야원에서 교진여 등 5비구가 부처님의 설법을 듣고 처음 깨달음을 얻었을 때 부처님께서는 이 세상에 여섯 아라한이 있다고 기뻐하셨음이 전해진다. 부처님도 아라한이라 자칭하셨던 것이다. 제자들에게 있어서 석존은 바로 깨달음을 얻게 해주시는 스승이셨던 것이다. 그렇다고 해서 아라한이 된 5비구와 제자들을 불(佛)이라 하지는 않았다. 제자들에게 있어서 수행의 극과(極果)는 불(佛)이 아니라 아라한이며 불타는 석가 세존 한 분뿐이신 것이다.

그런데 부처님께서 입멸하신 후 불타관은 바뀌어 갔다. 육신의 몸을 가진 석존이 열반에 드신 후 제자들은 부처님의 위대함에 대한 추모와 존경의 마음이 더욱 깊어지고, 따라서 점차로 부처님을 미화하고 신격화하기에 이르게 된다. 그러나 그것은 후대의 불교도가 마음대로 공상한 것이 아니라 깨달음이라고 하는 명제를 어떻게 받아들이고, 또 교리의 발전과정 속에 불타의 이미지를 어떠한 위치에 놓느냐 하는 불신관(佛身觀)의 문제와 관련되어 있는 것이다.

시대가 흐름에 따라서 깨달음은 수행자에게 점점 어렵게 생각되었고 석가모니 부처님께서는 단지 6년 고행만으로 부처님이 되신 것이 아니라 과거 전생부터 항상 선행을 하고 수행을 거듭하여 그 결과 금생에 비로소 깨달음을 얻으실 수 있게 된 것으로 보여졌다.

그리하여 석가모니 부처님은 과거세 연등 부처님 시대에 이미 미래에 부처가 되리라는 수기를 받았으며, 수기를 받은 이후 깨달음을 구하고자 수행하던 석존의 과거 몸을 보살이라고 불렀다. 이 때의 보살은 물론 수기를 받은 석존의 과거 몸인 본생보살(本生菩薩) 한 분뿐이었다. 그 본생담의 내용은 자타카를 통하여 널리 알려졌으며 불전문학으로서 본연부 경전군에 속해 있다. 또 부처님은 전륜성왕의 모습과 같은 32상 80종호의 대인상(大人相)을 갖고 계시다 하여 색신(色身)을 장엄하게 되었다.

이와 같이 석가모니 부처님 재세시에는 한 분밖에 없던 불타가 석존 입멸 이후 시대를 거치면서 제자들의 사모의 정으로 인해 석존이 신격화되어감으로 해서 과거불이 등장하게 된 것을 볼 수 있다. 석존 이전 과거불로서 연등불뿐 아니라 가섭불을 위시한 과거 7불사상이 확립되었다. 또한 현재에도 다른 국토에는 부처님이 계시며 미래에도 부처님이 계시는 것으로 생각했다. 그리하여 입멸하신 석가 세존을 대신하여 제자들의 귀의처가 되기도 했다. 그러나 한 시대 한 국토에는 언제나 한 분의 불타만이 존재하신 것이다. 1세계 1부처였다.

그런데 서력기원 전후로 대승불교가 홍기 발달하면서 한 시대 동일 국토에 많은 불타가 있다고 하는 사상이 생겨났다. 시방삼세제불(十方三世諸佛)의 출현이 바로 그것이다. 그리고 영원한 생명을 가지고 상주불멸하는 법신불(法身佛)을 추앙했다.

대승불교의 홍기자들은 불전(佛傳)에 나오는 색신불에 귀의하고 공양올리는 것만으로 만족하지 않고 스스로도 본생보살처럼 6 바라밀을 닦아 부처가 되어 보겠다는 원을 세웠다. 그리하여 깨달음을 얻고자하는 보리심을 일으킨 자는 누구나 보살이라 하였으니, 이 대승보살(大乘菩薩)을 본생보살에 비해 원생보살(願生菩薩)이라 하였다. 범부중생도 누구나 보살이 될 수 있으므로 범부보살(凡夫菩薩)이라 했으며 그리하여 수많은 각자(覺者), 곧 부처가 상정된 것이다. 나아가 깨달음을 구하는 범부보살만이 아니라 자신의 성불문제는 이미 해결되고 오로지 중생구제를 위하는 대보살(大菩薩)이 출현하게 된다. 관세음보살·문수보살·보현보살·지장보살 같은 대비보살들이다.

아울러 이러한 제대보살을 협시로 하는 많은 부처님이 각 경전의 경주(經主)로 출현하게 되어 중생의 근기에 따라 나투시게 된다. 대승불교 교리의 발달에 따라 불신관(佛身觀)도 다시 변천되어갔으며, 법·보·화(응) 삼신불로 대표되게 되었다. 그러나 어디까지나 본존불은 석가모니 부처님이신 것이다.

II. 석존(釋尊)과 근본교설(根本敎說)

II. 석존(釋尊)과 근본교설(根本敎說)

1. 석가모니(釋迦牟尼) 부처님

우리 불자들의 귀의처인 삼보 가운데 첫째가 불보이며, 불보 중에서도 석가모니 부처님께서 본존불로서 가장 으뜸되심을 보았다. 석가모니 부처님이 어떤 분이신지 바로 알고 바로 믿는 것이 무엇보다도 중요하며 우선되어야 함을 볼 수 있다.

해마다 사월 초파일, 부처님 오신 날이 되면 각 대중매체에서 부처님의 생애에 대하여 특집으로 다루어 보여준다. 그때마다 우리는 법당에 존상을 모셔놓고 매일 예경하는 부처님과는 너무나 다른 부처님을 맞이하게 된다. 그리고 초파일 행사가 끝남과 동시에 다시 평소 원불(願佛)로 모시던 부처님께로 되돌아간다. 다시 말해서 일반적으로 믿고 받드는 부처님은 이 사바세계에서 우리와 같은 육신의 몸으로 태어나신 석가모니 부처님과는 너무나 거리가 먼 다른 분인 것이다. 그래서 때때로 혼란이 일어나기도 한다. 가장 성대한 잔치를 베풀고 경축드리지만 실은 거의 알지 못하고 가까이 모시지 않은 듯하다.

그러면 어떻게 석가모니 부처님의 참모습을 바로 볼 수 있는

가. 부처님의 생애를 전해주는 문헌은 꽤 많다. 신수대장경에 수록된 한역 경전만 해도 본연부(本緣部)에 속하는 68부 334권의 경이 있다. 그 중에서 『불본행집경(佛本行集經)』 60권은 석존의 과거·현재·본생의 인연을 여러 불전(佛傳)과 본생담(本生譚)에 의하여 체계적으로 집대성한 것으로서 불전 중에서 가장 자세한 것으로 알려져 있다. 또 마명(馬鳴)이 지은 『불소행찬(佛所行讚)』은 석존의 생애에 관한 장편 서사시로서 예로부터 불전문학의 백미라 일컬어져 왔다. 그런데 이들 불전에서는 사실을 중시하면서도 신화적으로 이상화시킨 부분 또한 적지 않으므로 석존의 참모습과는 다소 거리가 있다고 하겠다. 석존의 사상·언행을 가장 진상(眞相)에 가깝게 전하고 있는 것은 오히려 아함부 경전이 아닌가 한다. ‘여시아문(如是我聞)’이라는 경 첫머리의 말이 그대로 받아들여질 수 있는 경이 『아함경』인 것이다. 인간이 추구할 수 있는 최고의 경지를 실현시킨 ‘석가족 출신의 성자(Sākyamuni)’로서 깨달으신 분〔Buddha〕의 모습이 거기에 나온다. 그분은 우리에게 있어 단상에 계시는 예배의 대상이 아니라 우리를 이끌어 주시는, 글자 그대로 도사(導師)요, 스승(本師)이시다. 그러한 스승으로서의 부처님 모습은 우리들에게 오직 정각(正覺)의 한 길로 갈 수 있는 무한한 희망과 용기를 갖게 해주신다.

부처님의 일대기는 팔상성도 즉 도솔래의상·비람강생상·사문유관상·유성출가상·설산수도상·수하항마상·녹원전법상·쌍림열반상(兜率來儀相·毘籃降生相·四門遊觀相·踰城出家相·雪山修道相·樹下降魔相·鹿苑轉法相·雙林涅槃相)으로 널리 알려져 있다. 4대성지(四大聖地)를 중심한 ‘불생가비라 성도마갈타 설법바라나 입멸구시라’라는 게송으로 기억되기도 한다.

석존은 인도 가비라국(Kapilavatthu, 現 네팔국 타라이 지방)의 태자로 태어났다. 본명은 싯달타(Siddhattha 悉達多)이며 그 종성(種姓)이 고타마(Gotama 瞿曇)라 하여 '고타마 싯달타'라고 부른다. 석존의 탄생에 대해서는 탄생게를 중심으로 한 전설적인 이야기가 회자되고 있다. 룸비니 동산에서 갓 태어난 아기태자는 사방 일곱 걸음을 걷고는 "하늘 위나 하늘 아래에 내가 오직 존귀하다(天上天下 唯我獨存)"라고 외쳤다는 것이다.

불전에 따라서는 "이 태어남을 윤회하지 않는 마지막 삶이 되게 하리라. 내 오직 이번 삶 동안에 모든 중생을 제도하리라(此生爲佛生 則爲後邊生 我唯此一生 當度於一切)"고 기록한 곳도 있다. 신화적인 이 탄생설화를 통해서 우리는 생명의 존엄성과 무한한 가능성을 약속하고 실증해보인 석존의 시발점을 느낄 수 있다. 영원한 인류의 스승으로서의 부처님은 바로 이 탄생을 출발점으로 삼고 있으므로 태자의 탄생을 찬양과 숭앙으로 거룩하게 만들었다고 할 수 있다. 그러나 이 장엄한 탄생게가 표현하는 내용이 석존과 무관한 것은 아니다. 석존은 성도 후 얼마 안 되어 다음과 같은 말씀을 하신 적이 있다.

　나는 일체의 승자(勝者), 일체지자(一切智者)이다. 일체 제법에 속박되지 않으며 일체에서 벗어나 갈애를 끊고 해탈하여 스스로 증지(證智)했으니 누구를 나의 스승으로 일컬으리.
　내게는 스승도 없고 나와 견줄 자 없으며 인천 세간에 나와 비길 자 없도다.

여기서 석존은 나면서부터 붓다며 최승자라기보다, 석존이 그러한 무비(無比), 최승(最勝), 정각자(正覺者)가 될 수 있었던 것은 오랜 수행정진의 결과 마침내 크게 깨달으셨기 때문인 것으로 이해된다.

석존의 출가 전 생활은 호화롭고 행복했으나 사문유관(四門遊觀)이라는 이야기로 수식되는 생노병사(生老病死)의 대전제로 인해 모든 것을 버리고 성스러운 구도(求道)를 시작하게 된다. 그리하여 일체 유혹과 번뇌를 완전히 타파하고 크나큰 깨달음을 얻으셔서 석가모니 부처님이 되셨던 것이다.

석존이 얻으신 깨달음의 내용은 어떠한 것인가. 통념상 그것은 도저히 알 수 없는 것으로서 오직 불타만이 아는 것이라고 여겨져 왔다. 그러나 범천권청(梵天勸請)의 설화는 그와는 정반대의 사실을 전해주고 있다. 부처님께서 깨달으신 법이 심심미묘하지만 그 법을 듣고 깨달을 수 있는 자도 있음을 관찰하고 확신을 얻은 사실을 연꽃에 비유하여 나타내고도 있다. 그리하여 법을 설하기로 결심하시고 "감로의 문은 열렸느니 귀 있는 자는 들으라"고 외치고 계신 것이다. 또 부처님께서 깨달아 가르쳐 보인 법을 "그대들도 보라"고 하신 적도 있다. 그렇다면 부처님의 깨달음은 우리도 알 수 있는 내용인 것이다. 부처님께서 가르치고 열어 보이신 '법'이란 무엇인가 묻고 찾지 않으면 안 될 것이다.

아무튼 위와 같은 설법 전도의 결심 끝에 초전법륜(初轉法輪)이 이루어진다. 그리하여 교진여 등 5비구를 위시하여 60명의 제자가 모였을 때, 부처님께서는 제자들에게도 그 유명한 '전도의 선언'을 하셨다. 중생의 이익과 안락을 위하여 각자 전도하러 떠나라고 분부하신 것이다.

이처럼 생사 고뇌를 해결하기 위하여 출가수행한 석존과 중생을 가엾이 여겨 중생의 안락을 위해 법륜을 굴리시는 석존은 한

분이면서도 분명 다른 모습이다. 자신의 고뇌를 해결하기 위해 출가한 석존이 최고의 지혜를 성취하여 그 목적을 달성했다는 것과, 최고의 지혜를 성취한 석존께서 중생을 위하여 그 지혜를 설하게 되었다는 것은 두 가지 다른 지혜와 자비 즉 석존의 두 얼굴이다.

석존의 출가는 처음부터 자비의 실천이 아니다. 그러나 석존의 출가(지혜의 완성)와 전법교화(자비의 구현)는 필연적으로 결합됨을 볼 수 있다. 그리하여 석존은 45년의 긴 세월 동안 전도하셨다. 한결같이 유행설법하시다가 춘추 80세에 반열반하셨다. 부처님께서 최후의 전도길에 오르시고 설법하신 것을 기록한 경이 오늘날까지 전해져오는 유행경(遊行經)이며 소승 『대반열반경(大般涅槃經)』이다. 입멸을 앞두고 제자들에게 당부하신 부처님 말씀은 지금도 우리의 심금을 울린다. 승가의 화합을 당부하신 칠불퇴법(七不退法)이라든지, 계(戒)를 스승으로 삼으며, 스스로를 의지처로 삼고 법을 의지처로 삼으라(自歸依 法歸依)고 하신 말씀은 널리 존숭되고 있다. 석존은 자신이 깨닫고 가르치신 법의 상속자가 되기를 제자들에게 유훈으로 남기셨다. 부처님의 교법과 계율을 따르고 실천하는 것이 불제자의 도리며 부처님께 올리는 참다운 공양이라 하겠다.

석가모니 부처님은 열반에 드시면서까지도 도사(導師)로서의 면목을 보여주셨다. 석존의 색신(色身)은 법신(法身)으로 영원히 남아 우리 중생들을 이끌어주시는 것이다. 중생의 미혹 무명을 밝혀주시는 무량한 법신광명으로 길이 남으신 것이다.

나무 석가모니불.

2. 부처님의 최초설법(初轉法輪)

부처님께서 깨달으셔서 가르쳐 보이신 법은 무엇인가. 그 법을 찾고자 한다면, 우리는 부처님의 최초 설법까지 다시 거슬러 올라가지 않으면 안 될 것이다. 부처님께서 깨달음을 얻으셨더라도 만약 그 법을 중생들에게 설해보이지 않으셨더라면 그 깨달음은 우리 중생들과는 아무런 상관이 없었을 것이다. 부처님께서 깨달으신 법을 중생들에게 가르쳐주셨기에 부처님은 우리들의 귀의처가 되고 빛이 되신 것이다. 그래서 부처님(Tathāgata)을 '진리의 세계로 가신 분(如去, Tathā-gata)이 아니라 진여세계에서 중생계로 오신 분(如來, Tatha-agata)'으로 부르고 있는 것이다. 따라서 부처님께서 최초로 법륜(法輪)을 굴리신 초전법륜(初轉法輪)은 부처님의 성도(成道) 사실 못지 않게 중대한 의의가 있다고 하겠다.

그러한 크나큰 의미를 지닌 일이어서인지 부처님의 최초설법이 그리 쉽게 이루어진 것은 아님을 발견할 수 있다. 우리는 부처님께서 깨달음을 얻으신 후 곧바로 그 자리에서 일어나지 않으시고, 3·7일간 자수용법락(自受用法樂)을 누리셨다는 말을 들어 알고 있다. 스스로 법열을 느끼고 그 즐거움을 즐기고 계셨다는 말이다. 과연 그러하다면 부처님에게 있어서 중생은 2차적인 문제가 된다. 그것은 부처님의 대자비가 아닐 것이다.

그런데 자세히 보면 그때 부처님께서는 깨달음의 즐거움을 혼자 누리고 계신 것이 아니라 중생들을 위해 깊이 사색에 잠겨 계셨음을 볼 수 있다. 원시 아함 경전중 『권청경(勸請經)』과 『존중경(尊重經)』에 당시의 상황이 엿보인다. 『권청경』에 보면 내가 얻은 매우 깊은 이 법은 알기 어렵고 깨닫기 어려우며 생각하기 어려운 것이다. … 비록 내가 사람들을 위해 미묘한 법을 설하더라도 사람들이 그것을 믿고 받아주지 않고 또 받들어 행하지 않으면 한갓 수고롭고 손해만 있을 뿐이다. 나는 이제 차라리 침묵을 지키자. 설법할 것이 없다.

이처럼 부처님께서는 깨달으신 바 진리가 심심난해하여 탐욕으로 정신생활이 이끌어지는 중생으로는 그 법을 깨닫기가 쉽지 않음을 보시고 법을 설하지 않고 침묵을 지키려고 생각하셨다.

그때에 바라문교의 최고신인 범천(梵天)이 등장하여 법을 설해주시길 세 번이나 간청하였으니 그것이 이른바 널리 알려진 범천권청(梵天勸請)의 설화이다. 신흥종교와 재래종교는 대립되는 것이 일반적 추세라고 볼 때, 재래종교의 최고신인 범천의 권청은 부처님의 법이 최고 최상의 지위를 누릴 수 있는 의미를 내포하고 있는 것이라 볼 수 있다.

범천의 권청이 있자 석존은 다시 세간을 관찰하셨다. 그리하여 사람들 중에는 때에 찌든 자도 많지만 반면에 아직 물들지 않은 자도 있음을 보셨다. 마치 연꽃이 연못의 진흙에 뿌리를 내리고는 있지만 아직 물속에 잠겨 있는 것도 있고 혹은 수면에 나와 있는 것도 있고, 혹은 물 위에 높이 솟아 나와서 아름다운 꽃을 피운 것도 있는 것과 같음을 보셨다. 그리고 그것들은 다 물에 더럽혀지지 않고 곧 피어날 수 있는 것과 같다. 그리하여 비록 무명에 싸여 있으나 상근기 중생들은 이해할 수 있으리라 생각하시고 드디어 구호의 문을 개방하셨던 것이다.

이처럼 무명의 어두움에 휩싸여 인생의 진실을 모르는 중생들에게 자신이 깨달은 진리의 세계를 어떻게 알려줄 것이며, 어떻게 그들을 고통의 삶으로부터 밝음의 삶에로 이끌어낼 것인가, 어떠한 방법으로 그들을 일깨울 것인가 하는 등의 문제들을 부처님께서는 보리수 아래 정각의 자리에서 깊이 생각하셨다. 그리하여 중생들을 제도하러 자리를 떨치고 일어나셨던 것이다.

여기서 침묵하기로 작정했던 석존의 마음이 설법하려는 쪽으로 기울어진 것은 범천의 권청 때문인 것으로 묘사되어 있다. 그 권청에 의해 한번 더 세간을 관찰한 결과 중생에 따라서는 부처님께서 깨달으신 그 법을 알아들을 수 있는 자도 있음을 보고 설법을 시작하셨다는 것이다. 그런데 범천의 권청 이전에 자신의 고뇌 해결을 목적으로 한, 그래서 깨달음을 얻으신 석존과 중생을 가엾이 여기고 중생의 이익과 안락을 위해 설법하시는 석존이 결합되는 그 필연성은 무엇인가. 그것을 대체로 『존중경』에서 찾고 있으니,

존경할 것이 없고 공경할 것이 없는 생활은 괴롭다. 나는 어떠한 사문 혹은 바라문을 공경하고 존중하며 가까이에 머물 것인가.

어떤 하늘이나 악마·범(梵)·사문·바라문·천신이나 세상사람에서도 내가 두루 갖춘 계율보다 낮고 삼매나 지혜·해탈·해탈지견보다 나아서 나로 하여금 공경하고 존중하며 받들어 섬기고 공양하게 하여 그것을 의지해 살 만한 것이 없다. 오직 바른 법이 있어서 나로 하여금 스스로 깨달아 삼먁삼붓다를 이룩하게 하였다. 나는 차라리 내가 깨달은 이 법을 공경하고 존중하며 받들어 섬기고 공양하면서 그것을 의지해 살아가리라.

라는 말씀을 통해서이다. 석존은 자신이 깨달은 진리를 우러러 받들고 그 진리에 봉사하면서 살 수밖에 없음을 느끼고 전도(傳道)의 결심을 하셨다는 것이다. 석존께서 깨달으신 바 진리를 중생에게 전하는 작업이 전도요 포교(布敎)며 홍법(弘法)인 것이다. 석존은 자신이 얻은 깨달음을 다른 사람에게도 똑같이 이루게 하신 것이다.

일반적 전도의 정신은 이타(利他)이다. 만인의 이익과 안락을 위한 것이다. 그런데 위에서 보면 부처님은 일차적으로 자리(自利)를 위해서이다. 그러나 그 자리가 이타와 다른 것이 아니라 자리가 곧 이타로서 자타일여(自他一如)이다. 남만을 위한 선행(善行)은 극히 제한되고 형식적이다. 불교에서 말하는 자비는 남의 아픔과 괴로움을 자기의 아픔과 같이 여겨서 그 괴로움을 덜어주고자 선행을 하는 것이며 남에게 즐거움을 주려는 것이니, 그것이 바로 내가 사는 길이기도 하다.

이렇게 전도의 결심을 하신 부처님께서는 법을 전해 제도할 가까운 인연을 찾아서 녹야원으로 가셨다. 거기서 다섯 수행자들에게 설법함으로써 부처님의 최초설법이 이루어졌던 것이다. 석존이 5비구에게 설하신 것이 중도(中道)의 선언이며 네 가지 진리(四聖諦)이며 여덟 가지의 실천요목(八正道)이었다. 경에서는 그때에 제천(諸天)이 소리를 울려 이 초전법륜을 찬탄하였고 대천세계는 크게 진동했으며 무량광명이 세간에 충만했다고 장엄하게 묘사하고 있다. 석존의 깨달음이 불교가 된 것은 삼보가 갖추어지는 바로 이 초전법륜에서 비롯된 것이다. 그후로 석존은 입멸하실 때까지 전법교화의 일생을 사셨으며 제자들에게도 그 유명한 '전도의 선언'에 보이는 바와 같이 전법 전도할 것을 고구정녕

부탁하셨던 것이다.

부처님께서 가르침을 베풀어 법륜을 굴림에 있어서 여러 가지 방편을 사용하셨음을 볼 수 있다. 부처님의 교설은 방편시설(方便施設)이요, 수의설(隨宜說)이다. 5비구에게 설하신 중도설 역시 예외일 수는 없을 것이다. 고행을 수행으로 간주했던 그들에게 우선 설하신 말씀은 고행에도 치우치지 말고 쾌락에도 치우치지 말라는, 수행자는 그 양극단을 떠나야 한다는 고락중도설(苦樂中道說)이었을 법하다.

아무튼 대기설법(對機說法)하셨던 석존의 설법의 특질을 좀더 구체적으로 몇 가지 들어보면 우선 상호설법(相好說法)을 들 수 있다. 중생들이 부처님의 훌륭한 모습을 뵙기만 하여도 감화가 되는 것을 말한다.

둘째로 문답법(問答法)을 많이 쓰고 계신다. 무문자설(無問自說)의 경우도 있기는 하나 청중의 질문에 답하는 경우가 거의 대부분이다. 설법시에도 석존이 대중들에게 질문하시고 또 거기에 답하시는 경우가 많다.

셋째로 전의법(轉意法)을 사용하고 계신다. 전의법이란 상대의 논설을 처음부터 부정하지 않고 그 형식을 긍정하면서도 그 내용을 전환하여 새로운 의의를 부여하는 방법이다. 바라문을 비롯하여 기타 외도들을 가르칠 때 많이 사용한 것이니, 『육방예경(六方禮敬)』 등이 그 대표적인 경전이다.

넷째로 묵언법(黙言法)이다. 부처님께서는 대답할 가치나 필요가 없을 때에는 답변을 하지 않고 침묵하셨으며, 제자들에게도 묵빈대치(黙擯對治)할 것을 보이셨다.

다섯째는 운문(韻文)을 많이 사용하여 기억 암송하기에 편하게 하셨다.

여섯째는 인연담(因緣談)을 이용하여 인과법을 바로 알고 수행에 힘쓰게 하였다.

부처님께서는 이러한 여러 방편으로 모든 근기의 중생들이 다 깨달음을 얻게 해주셨으며, 우리들에게 부처님의 세계로 갈 수 있는 무수한 길을 열어 보여주신 것이다.

3. 중도(中道)의 선언

부처님께서 최초로 설법하신 초전법륜(初轉法輪)의 내용은 중도(中道)이며 사성제(四聖諦), 팔정도(八正道)였다. 불교에서 가장 오래된 부처님의 방편설이 중도의 선언인 것이다. 즉,

> 비구들이여, 출가한 자는 두 극단에 친근해서는 안 된다. 그 둘이란 무엇인가. 온갖 욕망에 오로지 집착함은 비열하고 천하다. 범부의 소행이어서 성스럽지 않고 또 무익하다. 그리고 스스로 고행을 일삼는 것은 다만 괴로울 뿐 성스럽지 못하며 또 무익하다. 비구들이여, 나는 이 두 가지 극단을 버리고 중도를 깨달았다. 그것은 눈을 뜨게 하고 지혜를 생기게 하며 적정과 증지(證智)와 등각(等覺)과 열반(涅槃)에 도움이 된다. 비구들이여, 그러면 내가 깨달은 바 중도(中道)란 무엇인가. 그것은 성스러운 팔지(八支)의 도(道)니라. 정견(正見)·정사유(正思惟)·정어(正語)·정업(正業)·정명(正命)·정정진(正精進)·정념(正念)·정정(正定)이 그것이다.　　　　　『여래소설경(如來所說經)』

이 말씀에 이어서 고(苦)·집(集)·멸(滅)·도(道)의 사성제(四聖諦) 법문을 설하고 계신다. 이처럼 온갖 욕망의 쾌락과 금욕적 고행의 두 가지 극단적인 입장에 대하여 비판하고 새로운 실천론인 중도를 제시하셨다. 그 길을 통하여 부처님께서는 정등각(正等覺) 열반(涅槃)을 얻게 하셨던 것이니, 그것을 다시 구체적으로 전개하면 팔정도가 됨을 보이고 계신다. 부처님 최초의 설법이 바로 두 가지 극단에 치우치지 않는 중도의 실천이었던 것이다. 이 고락중도설(苦樂中道說)이 불교에서의 중도설의 원형이기도 하다.

이 중도의 입장은 부처님께서 제자인 소나(守籠那)에게 하신 유명한 '거문고 줄의 비유' 말씀에서도 잘 드러나 있다. 거문고를 뜯으며 부유하게 지내다 출가한 후 필사적인 각오로 수행하여도 자유의 경지를 얻지 못해 초조한 나머지 환속할 것을 결심한 소나에게 부처님께서는 역시 중도의 실천행을 권하셨다. 거문고를 뜯는 일조차 줄이 적절하게 죄어 있지 않으면 아름다운 소리를 낼 수 없듯이 도(道)의 실천도 마찬가지이니, 욕망에 사로잡히는 것이나 자진해서 고행에 열중하는 것이나 어느 것도 정당하지 못하다. 너무 괴로움을 겪으면 마음이 평정할 수 없으며 지나치게 긴장을 풀면 또한 게을러진다고 하시면서 중(中)을 취해야 할 것을 말씀하고 계신다. 극단을 떠나 중도에 처하는 그때에 바른 실천이 성립한다는 것이다. 줄의 완급이 알맞아서 미묘한 제 소리를 낼 수 있는 거문고와도 같은 실천의 양상, 그것이 중도이다. 따라서 그것을 한마디로 말하면 중(中)은 정(正)이라고 할 수 있다. 곧 중도는 정도(正道)이니, 중도의 원리가 여덟 가지 정도로 구체화되어 전개되고 있는 것이다. '성스러운 팔지(八支)의 도' 즉 '팔정도(八正道)'라고 불리는 것이 그것이다.

  팔정도의 ① 정견(正見)은 바르게 본다는 뜻이다. 진리를 똑바르게 응시함을 말한다. ② 정사유(正思惟)는 바른 의업(意業)이며, ③ 정어(正語)는 선한 구업(口業)이며, ④ 정업(正業)은 선한 신업(身業)이니, 이 셋은 바른 행위를 의미한다. ⑤ 정명(正命)은 바르게 생활하는 것으로서 바른 직업을 가지는 것이다. ⑥ 정정진(正精進)은 바르게 노력하는 것이고 ⑦ 정념(正念)은 바르게 기억하는 것이며, 끝으로 ⑧ 정정(正定)은 바르게 집중한다는 말로서 이 셋은 바른 수행을 뜻한다. 정정은 우리에게 삼매(三昧)로 잘 알려진 수행법이며 삼학(三學)중 정(定)에 해당한다. 정견은 삼학중 혜(慧)에 해당하며 나머지 여섯은 계(戒)에 속하는 수행법이다.

  그리하여 정견과 정정은 정혜쌍수(定慧雙修)로 특히 중시되어 널리 알려진 수행 덕목이기도 하다. 이러한 팔정도는 열반적멸에 이르는 길이니 먼저 진리를 똑바로 응시하고(正見) 그에 입각해서 새로운 종교적 생활을 영위하면서(正思惟~正念) 마음을 진리에 계합하게끔 집중(正定)하면 괴로움(苦)의 멸(滅)이 있게 된다. 즉 고(苦)의 멸(滅)에 이르려면 이러한 팔정도가 행해져야 한다는 것이다.

  그런데 정(正)이라 함은 곧 중(中)이므로 적멸, 열반에 이르기 위해 여기서 요청되고 있는 것은 그 행위이거나 수행이거나 극히 평범한 것이다. 놀랄 만한 고행이나 극단적인 행위도 없다. 양변을 여의고 밸런스가 취해진 생활이란 극히 평범한 것이며, 평범 속에 깃들인 진미를 맛볼 수 있어야 중도의 원칙이 의미하는 바가 비로소 체득될 것이다. 후세에 '평상심이 도(平常心是道)'라고 한 것도 이와 통하는 말이라 할 것이다.

적멸·정등각의 세계와 그 적멸에 이르는 팔정도는 출세간(出世間)의 과(果)와 인(因)에 해당된다. 그것은 또한 세간(世間)을 바로 관찰함으로써 나오는 실천적 교법이다. 이 세간은 고(苦)이며, 그 괴로움은 연기(緣起)한 것[集]이다. 연기한 괴로움은 현실적으로 있기 때문에 그것을 멸하지 않으면 안 된다[滅]. 멸하기 위해서는 팔정도를 수행해야 하는 것이다[道]. 이러한 세간의 과(果)와 인(因)인 고(苦)·집(集)과 출세간의 멸(滅)·도(道)를 합하여 네 가지 진리(四諦) 또는 네 가지 성스러운 진리(四聖諦)라 하는 것이다.

『아함경』에 보면

네 가지 성스러운 진리가 있으니 어떤 것이 네 가지인가. 괴로움(苦), 괴로움의 집(集), 괴로움의 멸(滅), 괴로움의 멸에 이르는 도(道)의 네 가지 성제가 곧 그것이다.　　　　『잡아함 권15』
뭇 교설은 사성제(四聖諦)로 집약된다.　　　　『중아함 권30』

라고 설하고 계신다. 부처님의 많은 교설은 다 사성제에 포섭된다고 천명하고 계신다. 사성제는 괴로움을 여의는 실천적 교설 중 최초요, 으뜸가는 진리이다. 고제(苦諦)란 이 세간이 고(苦)임을 진리로서 단언한 것이다. 이 세간고는 우리 중생들이 지각을 하든 안 하든 출가하든 않든간에 명백한 사실이다.

집제(集諦)란 그 세간고가 '말미암아 생기는 소이'는 무엇인가 하는 집기(集起)의 의미이다. 고가 발생하는 조건이다. 고의 발생 조건 중에는 무명(無明)과 갈애(渴愛)가 으뜸이다. 생에 대한 갈애, 소유에 대한 탐욕, 권세에 대한 격정 등 지나친 욕망들이 그 원인이라고 지적되었다. 갈애가 모든 것을 예속시키며 갈애로 인해 괴로움을 받는다고 강조되어 있다.

우리들이 인생을 괴로움이라 보는 것은 오래 살고자 원하나 늙음과 죽음이 신속히 다가옴을 어찌할 수 없기 때문이며, 혹은 많은 것을 소유하고 싶은데 욕구가 채워지지 않기 때문이다. 때로는 죽고 싶은 생각이 들지 않는 것도 아니나 그것은 더욱 더 잘 살고 싶은 욕망이 잠재해 있기 때문이리라. 그런데 부처님께서는 그렇게 오래 살기를 원하고 많은 것을 갖고자하는 생각이야말로 괴로움의 원인이라고 하신 것이다. 충족할수록 늘어나는 것이 욕망의 성격이기에 그 욕망의 격정을 제거할 수밖에 없는 것이다. 갈애의 멸은 바로 고(苦)의 멸로서, 고의 멸은 적멸의 세계에 이르게 한다. 적멸 즉 열반에 이르는 고멸(苦滅)의 방법이 중도인 팔정도로 제시되고 있는것이다.

부처님께서는 또한,

> 세간의 집(集, 發生)을 여실하게 바로 보면 세간이 없다는 견해가 있을 수 없고, 세간의 멸(滅)을 여실하게 바로 보면 세간이 있다는 견해가 있을 수 없다. 여래는 그 두 끝을 떠나 중도에서 설한다.
>
> 이른바 이것이 있기 때문에 저것이 있고 이것이 생기므로 저것이 생긴다.　　　　　　　　　　　　　『잡아함 권10』

고 하시면서 이어서 십이연기를 설하고도 계신다. 중도의 이론적 근거는 연기(緣起)의 법칙임을 볼 수 있다. 세간의 집과 멸을 바로 보면 유(有), 무(無)의 분별심을 떠나게 된다. 있지도 않고 없지도 않는 것(非有非無)이 중도이며, 있기도 하고 없기도 한 것(亦有亦無)이 중도이다.

원시불교의 고락중도·유무중도설이 대승불교 흥기 이후 용수보살에 의해서는 팔불중도설(八不中道說)로 표현되게 된다. 생과 멸의 망견을 떠나 불생불멸(不生不滅)이 중도이며 능생능멸(能生能滅)이 중도이다. 따라서 생사·열반의 초월이 중도이며 살활자재(殺活自在)가 중도행인 것이다.

4. 연기(緣起)의 법칙

중생의 괴로움(衆生苦)을 소멸하기 위한 방법으로서 팔정도(八正道)가 설해지고, 그 실천의 원칙은 중도(中道)로 표현되고 있음을 보았다. 그러한 중도의 이론적 근거는 연기(緣起)의 법칙임을 알 수 있다.

부처님께서 보리수 아래에서 깨달으신 깨달음의 내용도 바로 연기법이었으니 붓다가 붓다로 불리게 된 것이 이로 말미암음이라 하겠다. 그리하여 연기의 원리 위에 불교의 사상과 실천의 전 체계가 구축되어갔던 것이다.

연기(緣起)의 법은 내가 지은 것도 아니고 다른 사람이 지은 것도 아니다. 여래(如來)가 세상에 출현하든 출현하지 않든, 이 법은 상주(常住)요 법주(法住)요 법계(法界)이다. 여래는 다만 이 법을 자각하여 바른 깨달음을 이루어 중생들에게 설하나니, 이것이 있으므로 저것이 있고 이것이 생하므로 저것이 생한다. 즉 무명(無明)을 연(緣)하여 행(行)이 있고 내지 하나의 커다

란 고온(苦蘊)의 집(集)이 있게 된다. 이것이 없으므로 저것이
없고 이것이 멸하므로 저것이 멸한다. 즉 무명이 멸하므로 행이
•멸하고 내지 하나의 커다란 고온(苦蘊)의 멸(滅)이 있게 된다.

『雜阿含 卷12』

연기의 이법(理法)과 그 이법을 불안한 인간존재〔苦蘊〕에 적용
하여 그 발생과 소멸의 과정을 검토한 십이연기를 석존의 오도
(悟道)내용으로 삼고 있는 말씀이다.

연기란 '연(緣)하여 결합해서 일어난다'라는 의미인 쁘라띠띠
아사무뜨빠다(pratityasamutpāda)의 역어이다. 모든 존재는 어느
것이나 그럴 만한 조건이 있어서 생긴 것, 즉 말미암아 생긴 것
이니 상의상관(相依相關)의 관계에 있다는 것이다. '이것이 있으
므로 저것이 있고 이것이 생하므로 저것이 생한다(此有故彼有 此
生故彼生)' 또는 '이것이 없으므로 저것이 없고 이것이 멸하므로
저것이 멸한다(此無故彼無 此滅故彼滅)'라는 연기의 이법(理法)은
모든 존재의 발생과 소멸에 적용할 수 있는 까닭에 보통 연기의
기본공식이라 일컫고 있다.

이것은 마치 두 개의 갈대단이 서로 의지하고 있을 때 서 있을
수가 있으며, 그 중 어느 하나를 떼어낸다면 다른 한쪽도 넘어질
수밖에 없는 것과 같다고, 갈대단에 비유 설명되고 있다. 연기란
이것이 있은 연후에 저것이 있는 것이 아니라, 이것이 있는 곳에
저것이 있는 것이다. 저것과 이것이 함께 있음을 뜻한다. 이것과
저것이 상의성이라는 것은 이것과 저것이 공존(共存)하는 공존성
이다. 따라서 연기에서 공존의 원리를 찾을 수 있다.

이처럼 일체의 존재는 모두 이 연기의 법칙에 의해 성립된다고

한 것은 석존 출가의 과제였던 중생고(衆生苦), 생사고(生死苦)가 연기에 의한 것이며, 괴로움에서의 해탈 또는 연기에 의한 것임을 밝힌 것이다. 부처님께서는 고(苦)는 연생(緣生)임을 누누이 역설하고 계심을 볼 수 있다. 부처님께서는 한때 제자들에게 다음과 같이 설하시고도 있다.

> 비구들이여, 나는 아직 정각을 성취하지 못한 보살이었을 때 정념에 의해 이렇게 생각했다. '참으로 이 세상은 괴로움에 빠져 있다. 태어나고 늙고 쇠해지고 죽어서 다시 태어난다……무엇이 있음으로 말미암아 노사가 있는 것일까'.
>
> 비구들이여, 그때 나에게 바른 사유와 지혜에 의하여 해결이 생겨났다. '생이 있으므로 말미암아 노사(老死)가 있다. 생에 말미암아 노사가 있다'고.　　　　　　　　『잡아함 권 12』

그리하여 세존께서는 연기를 순역(順逆)으로 생각하셨음을 계속해서 설하고 계신다. 거기서도 ① 무명(無明), ② 행(行), ③ 식(識), ④ 명색(名色), ⑤ 육입(六入), ⑥ 촉(觸), ⑦ 수(受), ⑧ 애(愛), ⑨ 취(取), ⑩ 유(有), ⑪ 생(生), ⑫ 노사(老死) 등 십이지 연기의 성립을 보이고 있다. 무명에 의해 차례로 노사 등 모든 고온(苦蘊)이 생김을 관하셨으며, 따라서 무명이 멸하여 명(明)을 얻음으로 인해 생사의 모든 괴로움이 탈각됨을 관하셨다고 하신다. 부처님과 부처님의 제자에게 있어서는 이 고온, 즉 인간의 유한성에 고통받는 자기 존재야말로 출가의 과제였으므로 연기의 이법을 유정의 연기로 설하신 것이며, 그것을 십이지로 보이고 계신 것이다.

세간의 괴로움을 발생시키며 성립시키고 있는 이러한 조건들이 사성제에서의 집(集)에 해당하니 고(苦)와 집(集)도 연생(緣生)이다. 따라서 고의 조건을 제거하기 위한 조처인 팔정도와 그로 인해 고가 소멸됨도, 또한 연기임을 바로 봄에 의해 이루어질 수 있다. 그러기에 세간은 무명에서 연기하여 연기해 있기 때문에 없다고 말해서는 아니 된다. 그렇다고 결정적으로 있다고 할 수도 없으니 무명에서 연기한 것은 무명의 멸과 함께 없어지는 성질의 것이기 때문이다. 따라서 연기한 것은 유(有)와 무(無)의 두 끝을 떠난 중도적 입장이라고 한 것이다. 바꾸어 말해서 중도의 이론적 근거는 연기의 법칙이라고 한 것이다.

부처님께서는 이와 같은 연기의 존재론을 무상(無常)이라는 표현으로 제기함으로써 거기서 고(苦), 무아(無我)의 결론으로 유도하고 있다. '무상한 것은 고다'라고 선언함으로써 석존은 다시 한번 출가시의 과제인 괴로움과 연기를 관계지운 것이다. 일체의 존재는 그럴 만한 조건이 있음으로 해서 존재하는 것이며, 그 조건이 없어지게 될 때 그 존재는 소멸하게 되므로 항상함이 없다. 무상하다. 영원하지 않고 무상한 것은 괴로움이다. 괴로운 것은 나(我)가 아니다. 나의 것이 아니다. '나'란 영원하고(常一生) 자재로워야 하기(主宰性) 때문이다. 그런데 일체제법은 무상하고 괴로움이므로 나의 실체라고 하지 못한다. 연기의 법칙위에 무상의 원리가 세워지고 무아의 도리가 그것을 근거로 하여 주장되었다. 이 셋―제행무상(諸行無常)·일체개고(一切皆苦)·제법무아(諸法無我)는 삼법인(三法印)이라 일컬어지며 불교의 현실판단에 해당된다.

부처님께서는 이러한 현실을 있는 그대로 바로 파악할 것을 강조하고 계신다. 만약 무상한 것을 무상하다고 관하면 정견에 이른다고 한다. 무상한 것이 무상한 것으로 받아들여지는 일, 무아인 것이 무아로서 인식되는 일이 바른 지혜이며 그것이 명(明)이다. 명은 가려진 것이 제거됨으로써 존재가 그 진상을 드러내는 일이다. 명이 없음은 무명이라 하니 무명이 있게 되면 고온(苦蘊)의 발생이 생겨난다. 역으로 명이 있는 곳에 정견 등 팔정도의 바른 실천이 이루어지고 괴로움의 소멸이 있게 된다. 그러한 무상한 존재 속에 상주하는 법칙성 즉 연기법은 석존이 깨닫기 전에도 존재했던 것으로, 단지 깨닫고 못 깨닫는 차이가 있을 뿐이다. 연기의 깨달음이야말로 인간의 존재방식을 근본적으로 바꿔놓는 결정적 계기가 되는 것이다.

이와 같이 연기의 법칙은 십이연기로 대표되는데 십이지 중 가장 중심되는 것은 물론 무명이다. 무명이 인간 고뇌의 지(知)적 원인이라면, 그 정(情)·의(意)적 원인으로는 갈애(渴愛)를 들 수 있다. 채워도 채워도 채워지지 않는 목마른 욕망이 갈애이다. 그리하여 무명과 갈애를 2지 연기, 거기에 노사까지 3지 연기라 하기도 한다. 부파불교에서는 이 무명을 과거인(過去因), 갈애를 현재인으로 보고 생노사를 미래과(未來果)로 보아 삼세인과로 설명하고도 있다. 이처럼 연기법은 시간이 흐름에 따라 달리 해석되며 교리가 발달됨에 의해 새로운 연기설로 발전하게 된다. 업감연기(業感緣起), 뢰야연기(賴耶緣起), 진여연기(眞如緣起 또는 如來藏緣起), 법계연기(法界緣起) 등이 그것이다.

업감연기란 삼세양중인과로 설명되는 십이지를 크게 번뇌〔惑〕와 업(業)과 그로 말미암은 고(苦)에 배대시키고, 제법이 생겨나는 원인을 유정의 업력에 있다는 것이다. 그러면 여기서 일단 조작된 업력은 그 과보를 초래할 때까지 어디에 보존되는가 하는 업의 소의처(所依處)가 문제된다. 그리하여 뢰야연기설로 발전하게 된다. 육식(六識) 이외에 아뢰야식의 존재를 인정하고 모든 업력은 종자로서 아뢰야식 중에 보존되어 있다가 인연을 만나면 다시 현생하게 된다는 것이다. 즉 일체현상은 중생 각자의 아뢰야식으로부터 변현된 영상에 불과하다고 본 것이다. 만법유식(萬法唯識) 심외무경(心外無境)이라는 말이 뜻하는 바가 그것이다.

그런데 여기서 자기의 식소변(識所變)이 아닌, 다른 이의 식에서 전변된 제법에 대해서는 유식의 의미가 성립되지 않으므로 보변적인 유심체를 설정하게 된다. 중생심의 본체는 진여이며 이 진여가 연을 따라서(隨緣) 현상계의 일체제법을 현상한다는 것이니 이른바 진여연기이다. 그러나 진여가 차별만상을 현상하는데는 매개자가 필요하니 무명의 존재이다. 따라서 평등진여로 환귀하자면 역시 무명을 거쳐야 하는데 그 무명이 어떻게 생겨났는지 알 수가 없다. 그리하여 일심(一心) 중의 만덕 자체가 무명의 연을 빌지 않고 그대로 연기한다는 법계연기설로 발전하게 된다. 법계 전체가 능연기가 되고 소연기가 되어서 현상계가 모두 실체의 전 활현으로 중중무진하게 연기한다는 것이다.

이처럼 연기의 설명방식은 변천되어 왔으나 연기의 원래 의미는 변함이 없다고 하겠으니, 연기의 진리를 보지 못하면 번뇌의 생사고에 끄달리지만 연기를 깨달으면 일진법계(一眞法界)의 부처님 세계에서 자유로이 노닐 수 있을 것이다.

5. 깨달음의 길

　연기(緣起)의 깨달음은 등정각(等正覺)이요, 해탈이며 열반이다. 연기법의 관찰도 중도의 실천처럼 괴로움을 소멸하고 번뇌의 속박에서 벗어나 자유롭고 안온한 해탈 열반에 이르는 방법이다. 앞에서 살펴본 삼법인·사성제·팔정도 십이인연이 그러하고 십업설(十業說 : 身業3·口業4·意業3)과　삼십칠조도품(三十七助道品 : 四念處·四正勤·四如意足·五根·五力·七覺支·八正道)이 그러하다.

　부처님의 모든 교설은 깨달음에 이르기 위한 방편이며 길이다. 그리고 부처님 재세 당시 제자들이 도달할 수 있는 수행의 최고 경지는 아라한이며 해탈 열반에 드는 것이었다. 그런데 석존 입멸 후 대승불교운동이 일어나면서 성불(成佛)이야말로 수행의 구경목표가 되었다. 모든 중생들에게도 다 부처될 성품이 있으며 일체중생이 모두 부처님의 아들, 딸임을 자각하게 된 것이다. 그러한 자각, 부처 되고자 하는 마음이 보리심(菩提心)이요 보리심을 일으키는 것이 발심(發心)이다. 그리고 발심한 자를 보살(菩薩)이라고 부른다.

　보살이 구경에 되고자 하는 그 부처〔佛〕는 복혜구족(福慧具足)의 양족존이며 무량한 공덕을 갈무리한 법신(法身)이다. 깨달음의 길은 복과 지혜 등 무량공덕을 닦는 공덕행(功德行)으로 그 비중이 옮겨졌다. 원시 부파불교시대보다 한층 더 적극적이고 대중적인 방법으로, 출세간의 열반법에 조차도 집착하지 않는 출출세간(出出世間)의 경지를 추구한 것이다.

　석가모니 부처님께서 깨달으신 상의상관(相依相關)의 연기(緣起)의 법칙성에 따라 제법은 무아(無我)며 무자성공(無自性空)이다. 생사법만 자성이 없는 것이 아니라 열반법도 무자성이다. 세간법만 공한 것이 아니라 출세간법도 공하다. 생사든 열반이든 일체제법이 무자성공인지라 둘이 다르지 않다. 그러한 진리를 여실히 바로 보는 지혜가 반야이며 반야의 실천과 완성이 반야바라밀(般若波羅蜜)이다.

　반야바라밀을 행할 때 생사가 곧 열반이요, 나와 남, 남과 내가 둘이 아니게 된다. 그래서 나를 위하는 일이 남에게 이로움을 주는 것이며, 남을 위하는 모든 공덕행이 곧 나를 위하는 길이다. 그 길을 가는 자가 보살이며 보살의 길이 바로 성불의 길이다. 그래서 보살의 모든 공덕행은 반야바라밀이 그 기초가 되며 반야바라밀이 보살만행을 수반하는 것이다. 대승경전의 저변에는 반야공사상이 자리하고 그 위에 온갖 보살도가 구축되어 부처님 세계로 인도하고 있는 것이다. 우리 모두 다 함께 갈 수 있는 대승보살의 길이고 누구나 같이 도달할 수 있는 부처님의 세계이기에 경에는 무수한 방편문이 시설되어 있다. 팔만사천방편 해탈문이라고 함이 그것이다.

　대승의 최초기 경전인 『반야경』에서는 반야공에 입각한 반야바라밀 중심의 육바라밀을 설하고 있다. 『반야바라밀경』이라는 경명도 이를 뜻함이다. 보시바라밀(布施波羅蜜)·지계(持戒)바라밀·인욕(忍辱)바라밀·정진(精進)바라밀·선정(禪定)바라밀·지혜(智慧, 般若)바라밀의 육바라밀이 대승보살의 대표적인 수행법으로 일컬어짐은 주지의 사실이다. 또 『반야경』에서는 경의 유포〔受持讀誦·爲他人說〕를 적극 권장하고 있다. 경의 유통을 역설함은 대승경전 공통의 것이다. 아예 경전의 수지(受持)·독송(讀誦)·해설(解說)·서사(書寫)를 보살의 4종 수행법으로 중시한 곳도 있으니 『법화경』 등이다.

『법화경』에서는 그 외에도 아주 다양한 수행법을 시설하고 있다. 예를 들면, 상불경(常不輕)이라는 보살은 언제나 사람들에게 예배만 할 뿐이었다. "나는 깊이 당신을 존경합니다. 감히 가볍게 업신여기지 않습니다. 당신들은 다 성불할 것이기 때문입니다.(我深敬汝等 不取輕慢 所以者何 汝等皆行菩薩道 當得作佛)"라며 만나는 사람에게마다 절하는 것이 상불경보살의 수행이었다.

또한 탑을 세우거나 불상을 그리든지 장엄하면 불도를 이루며, 탑묘·불상·탱화에 꽃이나 향 내지 음악으로 공양올리더라도 불도를 이룬다고 한다. 심지어는 아이들이 장난으로 모래를 모아 불탑을 만들거나 손가락으로 불상을 그리더라도 다 불도를 이루며, 탑묘 안에서 일심 아닌 산란한 마음으로라도 '나무불(南無佛)'이라 부르기만 해도 이미 다 불도를 이루었다고 한다.

보살도의 정화라고 할 수 있는 『화엄경』에서는 이런 일불승(一佛乘)적 견지에서 대승보살도를 설하고 있다. 신심(信)을 기조로 하여 십주(十住)·십행(十行)·십회향(十廻向)의 단계를 거친 마지막 십지(十地) 계위에서 다음과 같은 보살도를 시설하고 있다.

처음 환희지에서는 십대원(十大願)을 세우고 제2 이구지에서는 십선도(十善道)를 행하고 제3 발광지에서는 삼법인(三法印)을 관하며 제4 염혜지에서는 삼십칠조도품(三十七助道品)을 실천하고 제5 난승지에서는 사성제(四聖諦)를 닦으며 제6 현전지에서는 십이연기(十二緣起)를 관하고 제7 원행지에서는 십바라밀(十波羅蜜)을 완성하고 제8 부동지에서는 무생법인(無生法忍)을 증득하며 제9 선혜지에서는 사무애지(四無碍智)를 얻고 제10 법운지에서는 대법우(大法雨)를 뿌리는 것으로 되어 있다. 나아가 초지로부터 제10지까지 차례로 십바라밀이 배대되어 있기도 하다. 『화엄경』에서는 육바라밀에다 방편(方便)·원(願)·력(力)·지(智) 등 4바라밀을 더하여 십바라밀을 시설하고 있다. 열이라는 숫자는 완전한 만수(滿數)를 상징하는 것이다.

　이처럼 육바라밀을 닦는 보살은 말할 필요도 없고 사성제를 닦는 성문도 십이연기를 관하는 벽지불도 다같이 한줄기 불승(佛乘)속에 있다. 아함에서 대승에 이르는 전 불교교리를 망라하여 십지의 수행 계위를 조직하고 있음을 볼 수 있다. 환희지에서의 십대원이란 공양원(供養願)·수지원(受持願)·전법륜원(轉法輪願)·수행이리원(修行二利願)·성숙중생원(成熟衆生願)·승사원(承事願)·정토원(淨土願)·불리원(不離願)·이익원(利益願)·성정각원(成正覺願)이다. 이 열 가지 대원을 근본으로 삼아 무량서원을 내고자 함이니, 정행품에만도 140원이 세워지고 있다. 보살의 청정한 신·구·의(身口意) 삼업(三業)이 원(願)의 모습으로 보여짐이니 원력이 클수록 보살행이 광대해지는 것이다.

　다음 십선도는 초기 대승의 계법인 십선계에 해당된다. 이는 원시교설에서도 십업설의 적극적인 선한 행위로 강조되고 있다. 이 십선도를 화엄경에서는 지계바라밀의 내용으로 하여 마음의 때를 여의도록 하고 있다. 대비심(大悲心)이 없이 십선도를 닦으면 성문지·연각지에 이르고, 대비심을 닦으면 불지(佛地)에 오르게 됨을 보이고 있다.

　그런가 하면 입법계품에서는 선재동자가 문수보살의 법문을 듣고는 발심한 후 53선지식을 역참하면서 낱낱 선지식으로부터 해탈문을 성취하게 된다. 대비행을 베푸는 관세음보살의 대비행해탈문(大悲行解脫門)이라든지, 사자빈신비구니의 성취일체지해탈문(成就一切智解脫門), 해당비구의 반야바라밀삼매광명법문(般若波羅蜜三昧光明法門), 구족우바이의 무진복덕장해탈문(無盡福德藏解脫門) 등 50여 해탈문이 보이고 있다. 이처럼 숱한 깨달음의 길을 열어놓고 있다. 그리고 일체유심조(一切唯心造)인지라 그 마음을 잘 활용하여(善用其心) 중생의 삶에서 부처님의 세계를 구현할 것을 가르치고 깨우쳐주고 있다.

여타 대승경전에서도 각기 수많은 수행 방편문을 설하고 있으며, 그러한 경전을 소의로 하여 형성된 학파·종파에서 연구한 교리 발달에 따라 보살행문도 계속 발굴되어 갔다. 그리하여 우리가 평소 접하고 있는 실천법, 즉 예불·염불·칭명·송주·기도·불공·조탑·요탑·창사·독경·간경·사경·면벽·관심·좌선·참선·포교·설법·청법 등도 모두가 수행 아닌 것이 없다. 일체가 깨달음의 방편 아님이 없다. '불사문중 불사일법(佛事門中 不捨一法)'이라는 말이 나올 법도 하다. 부처님 십대제자들의 수행이 수승한 분야가 각기 다른 것도 그에 다름 아니다.

이상과 같은 숱한 방편문을 크게 보면 자력(自力)과 타력(他力)의 두 문으로 나눌 수 있다. 혼자 힘으로 불국토에 갈 수 없으면 불보살님의 가피력에 의해서 함께 갈 수 있기 때문이다. 그런데 자력·타력 두 문도 궁극적으로는 부처님의 본원력에 의해서이다. 햇빛을 통해 해를 볼 수 있듯이 부처님께 귀의하여 부처가 될 수 있기 때문이다.

부처님은 부처가 되는 길을 깨우쳐주신 분이다. 길은 밟고 다녀야 길이다. 가지 않으면 길이 아니다. 예전에 있던 길이 없어질 수도 있다. 새로운 길을 발견하고 만들 수도 있다. 더 빠르고 안

전하고 넓은 길을 닦을 수도 있다. 그래서 많은 방편문이 시설되
어 왔던 것이다. 성불의 길, 불국토를 이루는 길은 많다. 길을 깨
쳐 가는 것, 그 행위가 깨달음이라고 말해도 좋을 것이다.

Ⅲ. 불교교단의 성립과 변천

1. 승가(僧伽) – 화합교단

2. 불교와 여성

3. 대승불교(大乘佛敎)의 출현

Ⅲ. 불교교단의 성립과 변천

1. 승가(僧伽) – 화합교단

부처님의 모든 교설은 앞에서 본 바와 같이 깨달음에 이르기 위한 방편이다. 성불을 위한 온갖 방편문은 우리 중생들에게 필요한 것이다. 부처님의 세계로 함께 가는 좋은 벗의 모임, 부처님 제자들의 화합된 단체를 승가(僧伽) 즉, 교단(敎團)이라고 한다.

불교 교단의 구성원은 비구·비구니·우바새·우바이의 사부대중(四部大衆)으로 이루어져 있다. 또는 사부중에다 사미·사미니·식차마나니를 더하여 칠중(七衆)으로 나누기도 한다. 이는 승가와 교단을 동일시한 데서 이루어진 것이다.

그런데 승가(Saṃgha)의 원래 의미는 출가 수행자의 통제된 집단, 다시 말해서 전문 승려의 집단인 승단(僧團)만을 가리키며, 승가를 승(僧)이라고 약칭하기도 한다. 그래서 우리는 삼귀의를 할 때 '거룩한 스님들께 귀의합니다'라고 '귀의승(歸依僧)'하고 있는 것이다.

출가 수행자의 집단에 대해서 귀의하고 신뢰하여 형성된 재가 신자의 집단은 형태상 다른 면을 갖고 있으므로 출가와 재가는 일단 구별하여 생각되어 왔다. 이 재가신자의 집단을 나타내는 술어로서는 가나(gaṇa) 라는 말이 사용되었음을 볼 수 있다. 그러나 출가든 재가든 동일한 부처님 교법을 신봉하는 제자들이므로 같이 합하여 교단이라고 일컬은 것이다. 재가와 출가 그 어느 집단이 빠져도 교단은 성립될 수 없다. 이 교단의 원어는 물론 승가(Saṃgha)이며, 그 대표적인 의미로 화합중(和合衆)을 내세운다. 화합된 대중, 교단의 화합은 승가의 가장 바람직한 모습으로 무엇보다도 중시되어 온 것이다.

승가는 교진여 등 5비구의 귀의에 의하여 비로소 성립되었다. 5비구가 귀의하기 전, 두 상인(Tapussa와 Bhallika)이 녹야원으로 가시던 부처님을 뵙고 최초로 공양을 올리며 부처님과 부처님 교법에 귀의를 하였다. 그러나 두 상인이 재가여서인지 숫적으로 2인이기 때문인지, 아무튼 그것으로 승가가 형성되었다고 보지는 않는다. 그 후에 5비구도 2귀의만 하였기 때문이다. 승가의 성립 후 처음으로 3귀의를 한 자는 야사(Yasa)이다. 3귀의를 한 최초의 우바새는 야사의 아버지이고, 3귀의를 한 최초의 우바이는 야사의 어머니와 고이(故二 ; 부인)이다.

비구니의 출가는 훨씬 뒤에 이루어졌다. 최초의 비구니인 구담미(Mahāprajāpatī-gautamī)의 출가에 대한 경이나 비구니 교단의 성립에 대한 문헌들에 의하면, 비구니 교단은 부처님 성도 후 약 20년만에 이루어졌음을 추정할 수 있다. 당시 인도사회에서의 여성 출가는 결코 쉬운 일이 아니었음을 짐작케 한다.

녹야원에서 첫 안거를 마치고는 그때까지 제자가 된 60명의 아라한들에게 전도의 길을 떠날 것을 당부하시고, 부처님께서도 붓다가야 근처인 네란자라 강이 흐르는 우루벨라 병장촌으로 가셨다. 거기서 외도로 유명한 3가섭과 그 제자 1,000명을 항복받아 불교에 귀의케 하였다. 이로 인해 마갈타국 빔비사라 왕의 완전한 귀의가 이루어졌고, 왕의 적극적인 정치적 외호와 죽림정사의 기진(寄進) 등은 불교교단의 발전에 커다란 기여를 하였다. 왕사성 죽림정사에서 부처님은 당시의 수많은 종교와 사상가를 압도하고 불교교단은 교단으로서 자리를 완전히 굳혀갔던 것이다. 사리불·목건련·마하가섭 등의 귀의도 그 당시의 일이다.

또 코살라 국의 사위성에 사는 대상인 급고독 장자가 장사차 왕사성에 들렀다가 부처님의 명성을 듣고 귀의를 하게 된다. 급고독 장자는 기타 태자의 동산에 정사(情舍)를 지어 부처님께 바쳤으니, 그래서 정사의 이름이 기수급고독원 줄여서 기원정사라고 불린 것이다. 기원정사는 부처님께서 가장 오래도록 주처하신 곳으로서 바라문교의 세력이 강한 서북인도지역에 불교교단이 뿌리를 내리게 되는 주요 안거지가 되었으며 급고독 장자는 불교교단을 경제적으로 지탱하는 주된 외호자로서 빔비사라 왕과 함께 교단의 2대 외호자로 손꼽히고 있다.

성도 후 2년경에 행해진 부처님의 고국 방문은 교단에 있어서 또 한번의 획기적 사건이었다. 석존과 같은 석가족 출신의 대거 출가가 잇달았기 때문이다. 라훌라·아난·난타·아나율 등 쟁쟁한 제자들을 비롯하여 석가족 청년들이 석존의 가비라 국 방문으로 인해 거의 입단하였다. 그 여파로 후에는 석가족 여인들이 500명이나 한꺼번에 출가하기까지 된 것이다.

이처럼 부처님께서 가시는 곳마다 부처님을 뵙고 이름을 듣는 자마다 환희심을 내었고 바라문 외도들까지도 부처님께 귀의를 하여 불교교단은 순식간에 급팽창하였던 것이다. 부처님 재세 당시 석존께서 직접 다니시며 교화하셨던 곳은 동으로 참파에서 서로 코삼비까지 약 500㎞, 남으로 붓다가야에서 북으로 카필라밧투까지 약 400㎞에 이르는 지역에 해당된다고 한다. 그러나 불법은 이보다 훨씬 넓은 지역까지 전파되었으니, 설법제일 부루나 존자, 논의제일 가전연 존자 등을 위시한 제자들의 적극적인 전도로 인해 인도 서부지역에도 널리 퍼져 있었던 것이다. 수로나국으로 전도하러 떠나는 부루나 존자와 부처님의 대화는 널리 회자되고 있는 감동어린 사실이다.

이처럼 불교의 전파와 교단의 발전은 급속도로 진전되었는데 그것은 부처님의 복덕과 불법의 심오함, 출가제자들의 구도열, 재가불자들의 신앙심 등이 모아진 총체적 결과라고 할 수 있을 것이다. 거기에 결코 빠뜨릴 수 없는 것으로서, 부처님께서 강조하신 화합과 평등사상의 실천을 들 수 있다. 당시 인도의 모든 계급(바라문·왕족·평민·노예의 사성계급) 출신들이 남녀노소를 불문하고 모두 부처님 교단에 일불제자(一佛弟子)로 지낼 수 있었던 것은 평등과 화합정신으로 형성, 유지되었던 불교교단이 아니고는 있을 수 없는 기적과 같은 사실이라고 할 것이다.

승가는 원시공동체사회를 기본 토대로 하여 운영되었다. 공정한 분배, 집착없는 무소유 정신에 입각한 교단의 공동소유, 민주적 회의 방식들은 평등과 화합의 소산이자 원동력이었다. 교단의 회의는 갈마(羯磨)에 의하는데 결계(結界)를 하여 정해진 지역내의 모든 구성원은 한 사람도 빠짐없이 다 참석하도록 되어 있다. 병이 들었거나 특별한 사연으로 인해 불참할 때는 회의 결과에 대해서는 무엇이든 승복하겠다는 표시를 먼저 해야 하니 그것이 여욕(與欲)이다. 회의 도중에도 중요 안건에 대해서는 백사갈마

(白四羯磨)를 한다. 백사갈마는 일백삼갈마(一白三羯磨)라고도 하는데 대중의 찬성을 세번씩이나 확인하는 방법이다. 오늘날도 수계나 자자의식 때는 행해지고 있다.

부처님께서 입멸하시던 해인 마지막 안거 때 제자들을 불러 모으신 후, 교단이 쇠퇴하지 않고 불법이 오래 전승되도록 당부하시는 말씀이 『장아함 유행경(遊行經)』에 보인다. 승가의 화합과 번영을 가져오는 법으로서 칠불퇴법(七不退法)으로 널리 알려져 있는 말씀이다. 이는 그 당시 부처님께서 좋아하셨던 공화국인 밧지국 사람들에 의해 준수되었던 생활의 관습법이 승가의 화합을 유지하는 불퇴법의 모델로서 도입된 것이다.

승가의 칠불퇴법이란 첫째 자주 모여 바른 뜻을 강의하고(數相集會 講議正義), 둘째 상하가 화동하여 공경히 수순하고, 셋째 법을 받들어 어긋남이 없고, 넷째 선지식을 잘 모시고, 다섯째 마음을 두호하여 효경으로 으뜸을 삼고, 여섯째 청정히 범행(梵行)을 닦아 욕망을 따르지 않고, 일곱째 다른 이를 앞세우고 자기는 뒤로하여 명리(名利)를 탐하지 아니하면 나이 많은 사람과 적은 이가 화목하여(長幼和順) 법이 무너지지 아니 한다(法不可壞)는 것이다. 부처님께서는 거듭해서 제자들에게 불퇴법을 당부하고 계신다.

그로부터 석 달이 지나지 아니하여 부처님은 반열반하시게 되는데 입멸하시기 직전에 부처님께서는 시자인 아난 존자의 물음에 응하여 계(戒)를 스승으로 삼을 것이며, 스스로에게 귀의하고 법에 귀의할 것(自歸依 法歸依, 自燈明 法燈明)을 유훈하셨다.

부처님께서 열반에 드신 후, 그 계와 법을 중시함에 따라 결집이 이루어지고 교법과 계율의 정통성을 지키기 위해 결집이 거듭

된다. 세월이 흐름에 따라 부처님의 뜻을 달리 해석하게 되고 각기 정당성을 주장함에 따라 불멸 후 100년 경부터는 교단의 화합이 깨어지고 분열이 일어나게 되었다. 그 분열은 대승불교가 흥기하기까지 약 사·오백년간 더욱 심화되어 갔다.

마침내는 부처님의 근본 뜻을 헤아려 새불교운동이 대대적으로 일어났으니, 서로 소외시켰던 비구와 비구니, 우바새와 우바이, 출가와 재가제자들이 평등과 화합의 기치 아래 다시 모여 대승불교를 일으켰던 것이다. 대승불교는 드디어 비판의 대상으로 삼았던 소승까지도 모두 수용하여 일불승(一佛乘)의 일승불교로 발전되었다. 승가에 있어서 평등과 화합은 결코 소홀히 할 수 없는 우리의 과제라고 하겠다.

2. 불교와 여성

석존 재세 당시 승가(僧伽)가 그렇게 번영하고 급팽창한 것은 평등사상의 구현에 의해서임도 간과할 수 없다. 부처님은 당시 극심했던 사성차별제도와 남녀차별의 관습을 깨고 누구든지 승가의 구성원으로 받아들여, 화합된 대중의 교단공동체를 형성하고 유지하였던 것이다. 그 당시 다른 어떠한 종교나 교단에서도 허용하지 않았던 여성의 출가를 불교에서만 유일하게 허용하여 당시 인도인들의 정신적 귀의처가 되게 하였던 것이니, 여성출가는 사성평등의 주창에 못지 않은 석존의 대결단이요, 불교 평등사상의 구현이라 하겠다.

경전 가운데 여성에 대한 말씀이나 여성을 위한 말씀이 현존하는 전체 경전 수에 비하면 극소수이긴 하나, 그래도 여성이 경의 주인공으로 등장하고 주인공인 여성의 이름이 경의 제목으로 된 경전도 꽤 남아 있다. 설법의 동기나 목적 그리고 내용도 다양하거니와 대상의 계층도 각양각색이다. 중산층에 속하는 평민 장자(長者)의 딸, 왕족계급의 왕녀, 가난한 여인과 걸인, 또 어린아이에서 죽음을 앞둔 노파에 이르기까지 다 등장한다. 일상생활 속에서의 예의범절을 비롯하여 복락을 누리게 되는 생천(生天) 법문, 심지어 깨달음을 성취하여 득도하는 모습도 보인다.

원시경전 중『옥야경』과『수마제녀경』은 부처님께 기원정사를 지어 바쳤던 급고독 장자의 며느리인 옥야와 딸인 수마제녀를 주인공으로 한 경이다. 옥야는 용모가 단정하고 친정집도 시댁 못지 않게 부자였다. 옥야의 언니인 녹모는 부처님께 녹모강당을 지어 바치기도 하였는데, 나들이를 할 때는 500대의 수레가 그 뒤를 따르며 호위하도록 했다고 한다. 이처럼 부유한 환경에서 자란 옥야는 교만하여 시부모와 남편을 잘 받들어 섬기지 아니하였다. 그래서 급고독 장자는 부처님께 옥야가 좀 다소곳해지도록 해주십사 부탁을 드린 것이 옥야경의 설법동기이다. 옥야는 부처님에게서 얼굴보다 마음이 단정해야 한다는 깨우침과, 이 세상에는 어머니 같은 아내, 누이 같은 아내, 선지식 같은 아내, 친구 같은 아내, 종 같은 아내 등 좋은 아내가 있다는 말씀을 듣고 스스로는 '종' 같은 아내가 되겠다고 맹세하고 좋은 며느리가 되길 다짐하고 있다.

그런데 장자의 딸인 수마제녀는 옥야와는 매우 대조적이다. 수마제녀는 부처님을 믿지 않는 외도의 집에 시집을 간 후, 시아버지와 남편은 물론 시댁 식구 전부를 부처님께 귀의시키고 있다. 신심많고 적극적이고 슬기로운 여성으로 묘사되어 있다. 결혼을 할 때 신앙하는 종교의 차이로 고민하는 남녀들이 많고 서로 다른 신앙으로 인해 고부간의 갈등이 심화되고 있는 요즈음, 우리 불자들이 본받아야 할 여성이라 하겠다.

또 '빈녀일등'의 설화와 같이 가난한 여인이 보시를 하고 하늘에 태어나 복락을 누리게 되는 일도 많이 설해지고 있다. 한 가난한 노파는 자기가 끼니를 때우려고 얻어다 놓은 뜨물을 걸식하러 온 가섭 존자에게 반쯤 보시해드린 일로 천상락을 받게 되었음도 경에 보이고 있다. 가섭 존자는 처음 걸식할 때는 가난한 집만 골라다녔다고 한다. 가난한 자로 하여금 복을 짓게 하기 위해서였다. 반대로 아난 존자는 부잣집만을 찾아다녔다. 가난한 자의 먹을 음식이 줄어들 것을 안타까워해서였다. 후에 이 사실을 아신 부처님께서는 가난한 자든 부자든 가리지 말고 차례차례로 걸식하도록 하는 차제걸식(次第乞食)법을 제정하셨다. 불교는 모든 중생이 다 교화의 대상임을 말해주는 것이리라.

그런가하면 『노녀경』에서는 인생이 무상함을 절실히 느끼고 생사법문을 부처님께 듣고 깨달음을 얻게 된 할머니를 주인공으로 한다. 이처럼 각 계층의 다양한 여성 모습이 경에 나타나 있는데, 『아라한구덕경』이나 『증일아함』의 「비구니품」, 「청신녀품」에는 부처님께서 비구니와 청신녀들 중 각 분야별로 제일(第一)인 자를 인가하고 칭찬하고도 계신다. 여래께 공양을 제일 잘 올리는 말리 부인을 위시하여 최초·최후 득도자 그리고 지혜제일·좌선제일·신심 해탈제일자 등 각 분야마다 최고의 수행경지를 인정받고 있다.

그런데 석존께서 입멸하신 후 약 500년 동안 교단이 20개 부파로 분열을 계속해간 부파불교시대의 말기에는 부처님의 평등사상과는 달리 남녀차별적 현상이 다시 나타나고 점점 노골화되었음을 볼 수 있다. 예를 들면 부파교단의 세력이 약해지고 비구들이 다른 종교, 외도들의 존경을 받을 수 없는 것은 여자들이 출가하여 비구니가 되었기 때문이라고 한다. 부처님의 정법이 오래 천 년이나 지속될 것인데 여자들이 출가하여 비구니가 되었기 때문에 정법이 500년밖에 가지 못한다고 한다. 이것이 '정법 500년 감소설(正法五百年減少說)'이다. 그리고 그 이유는 여자에게는 다섯 가지 불가능한 것(五障)이 있기 때문이라고 한다. 여자는 전륜성왕·제석천왕·범천왕·마왕이 될 수 없고, 여자는 여래가 될 수 없다는 것이다. 이것이 여인오장설(女人五障說)이다. 여자는 우두머리가 될 수 없다는 것이다. 그때까지는 남자들 역시 수행의 극과가 아라한이었고 여래는 될 수 없었음에도 불구하고 여자는 성불할 수 없음을 역설하고 있다. 이를 여인불성불설(女人不成佛說)이라 일컫는다.

그러다가 부처님의 근본사상으로 되돌아가자는 새불교운동이 일어나게 되니 이른바 대승불교운동이다. 부처님의 평등사상은, 우리 범부들도 누구나 발심만 하면 보살이 될 수 있고 부처가 될 수 있다는 '일체중생실유불성(一切衆生悉有佛性)' 내지 '개공성불도(皆共成佛道)'의 외침으로 다시 빛을 발하게 된다. 우리 모두 다함께 부처님세계로 가자는 대승운동에는 자연 소외당하고 있었던 계층이 많이 참여하게 되었으니 여성불자들 또한 예외가 아니었다. 그리고 여자도 성불할 수 있다는 주장이 당연히 고개를 들게 된다. 그런데 부파불교의 세력도 만만치 않아서인지 두 주장의 절충이라 할 수 있는 변성남자성불설(變成男子成佛說)이 만연하게 된다. 여자도 성불할 수 있기는 하나 일단 남자 몸으로 바뀐 뒤에야 성불할 수 있다는 설이다. 그래서 『전여신경(轉女身經)』이라는 경제(經題)를 가진 경전까지도 성립하게 된다. 그러나 그것도 잠시뿐, 『법화경』의 8세 용녀(龍女) 성불과 같은 일생 동안에 변성성불하는 단계를 거쳐, 여자도 여신(女身) 그대로 성불하게 되는 여인즉신성불설(女人卽身成佛說) 또한 천명되었다. 아마 지금 우리 불자들 중에는 남녀노소를 막론하고 이 몸 그대로 자타일시성불도(自他一時成佛道)하자는 보살의 원력에 따르지 아니할 자는 아무도 없으리라.

　가장 이상적인 인간상이 보살(菩薩)이었던 대승불교시대에 여성 또한 보살이 되어 대승의 기치를 높이 들고 자신을 완성시켜 간 모습을, 널리 알려져 있는 경전 가운데 그 몇몇 사례만 들어 보자. 우선 초기 반야계 경전인 『금강경』에서는 선남자뿐만 아니라 선여인(善女人)이 아뇩다라삼먁삼보리심을 일으키고 발심한 보살로 표현되어 있다(善男子 善女人 發阿耨多羅三藐三菩提心 應云何住 云何降伏其心). 『법화경』에서는 보살에게 법문을 설하는 법사(法師)의 공덕을 극찬하고 있는데 법사 또한 선남자 선여인이 모두 될 수 있음을 설한다. 선여인이 여래의 방에 들어가서 여래의 옷을 입고 여래의 자리에 앉아서 『법화경』 설함을 보이고 있다(善男子 善女人 入如來室 着如來衣 坐如來座 爾乃應爲四衆 廣說斯經). 『유마경』에서는 천녀(天女)가 아직도 여자가 남자보다도 열등하다고 집착하고 있는 소승 성문들의 집착을 타파하고 남녀상(男女相)에 남자니 여자니 하는 고유한 자성이 없음(無自性空)을 보이고 있다. 그리하여 유마의 불이법문을 드러내고 있는 것이다. 또 보살도(菩薩道)의 정화라 할 수 있는『화엄경』에서는 '보살은 누구이며 보살은 어떠한 행을 하는가'라는 의문을 갖고 보살행을 원만히 성취하기 위해 역참하고 있는 선재(善財)의 선지식으로 여성이 등장하고 있다. 사자빈신비구니를 비롯하여 구바녀, 바수밀녀 등 20명의 여성이 선재동자의 선지식으로 출현하니, 이는 선재가 찾아다닌 53선지식 가운데 약 40퍼센트에 달하는 숫자이다. 그들은 각기 자기가 성취한 해탈문을 선재에게 일러주며 또한 다른 선지식도 소개해 주고 있다. 오늘날 우리들에게 시사해주는 바가 크다고 하겠다.

대승의 많은 경전 중 후대에 끼친 대승 여래장사상적인 면에서도 중요하지만 특히 여성들에게 있어서 빼놓을 수 없는 경으로『승만경』을 들 수 있다.『승만경』은『승만사자후일승대방편방광경』의 줄인 말이니, 승만 부인이 일승법문을 사자후한다는 것이다. 승만은 바사익 왕과 말리 왕비의 딸로서 부처님께 3원 10대수(三願十大受)의 대서원을 맹세하고, 부처님의 가피력으로 구경일승법문을 설하는 당당한 보살로 묘사되어 있다.

출가·재가, 남·녀를 막론하고 대승의 이상상으로 설정되고 불려졌던 보살이라는 호칭이 오늘날에는 관음보살 등의 대보살 외에는 재가여성에게만 사용되고 있음은 음미해볼 일이라 하겠다.

3. 대승불교의 출현

석존의 깨달음과 초전법륜에 의해 성립된 불교와 불교교단은 오늘에 이르기까지 많은 변천이 있어 왔음은 짐작되는 바이다. 부처님 제자들에게 있어서 가장 엄청나고 크나큰 사건은 석가모니 부처님께서 대원적에 드신 일이라 할 수 있다. 석존의 입멸은 교단사의 대 전환점이 된 것이다. 부처님 재세 당시에는 설사 어떠한 일이 일어난다 해도 크게 걱정될 것은 아니었다. 외도들이 교단을 비난하는 일이 있어도, 제바달다가 500명의 비구들을 거느리고 교단을 이탈하였어도 그리 문제되지 않았다. 제자들은 언제나 부처님께 의논드려 문제를 해결할 수 있었고, 석존의 법력으로 늘 상황은 예전대로 회복되었기 때문이다.

따라서 부처님의 반열반은 제자들에게 있어서는 심한 충격이 아닐 수 없었다. 열반하신 소식을 들은 가섭 존자가 부처님의 교법과 계율을 정비할 필요성을 절감하고 다비 직후 그 자리에서 결집(結集)을 선언한 사실에서도 그 심각성을 추정할 수 있다. 그럼에도 불구하고 결집의 시기를 방사(房舍) 수리 후인 3개월 뒤로 미루었으니, 결집에 앞서 방사 수리부터 먼저 하기로 합의를 본 점은 석존 입멸 후 불교교단을 보는 타종교인〔外道〕의 눈을 의식한 소치인 것이다. 율전의 방사건도에 설해진 이 사실은 석존의 열반이 제자들에게 얼마나 자신감을 잃게 하였는지를 말해주는 단적인 예라 하겠다.

결집은 부처님께서 열반하시기 직전에 남기신 법귀의 법등명 (法歸依 法燈明)과 계(戒)를 스승으로 삼으라는 유훈을 받드는 일이기도 했다. 불멸 후 교단의 의지처로서 스스로의 자기자신 〔眞我〕과 계(戒)와 법(法)이 중시되었고 교단의 존재양식이 계와 법 중심이었다. 그리하여 교단에 있어서 교법과 계율의 상속에 절대적 중요성이 부여되었고 시일이 흐름에 따라 자연히 계법의 정통성에 시비가 일게 되어 사자상승의 계보에 의해 분파가 이루어졌다. 불멸 후 100년경 계율에 대한 해석을 달리함에 의해 재차 이루어진 두번째의 결집에서 교단은 보수와 진보의 두 파로 드디어 나뉘어지게 되었으니 상좌부와 대중부의 근본 분열이 있게 된 것이다.

그후 상좌부와 대중부 내에서도 계와 법에 대한 해석의 다름과 지역의 격차 등에 따라 분열이 계속되었고 불멸 후 약 500년경 (B.C. 1세기)에는 20부파가 형성되었던 것이다. 그들 20부파는 각기 교단의 존재양상을 달리하였다. 이러한 근본분열 이후 20부파의 형성까지를 부파불교시대라고 부르며 그 이전을 원시불교시대라고 한다. 그리고 원시불교시대 가운데서도 부처님께서 열반에 드시기 이전, 부처님 재세시기를 근본불교시대라고 따로 구분하기도 하며, 부파불교 또한 후에 대승불교도들이 폄칭한 소승불교라는 명칭을 붙여 소승불교시대라고도 부르고 있다.

부파불교시대 말엽, 부파교단에 항거한 새로운 불교운동이 인도 전역 곳곳에서 일어났으니 곧 대승불교운동이었다. 대승불교시대의 막이 오른 것이다. 13세기경 이슬람교의 침입에 의해 불교가 힘을 잃게 될 때까지 인도에서 대승불교시대는 계속되었다. 앞에서 인용한 바 있는 대승경전들은 바로 이 시기에 대승사상을 천양하기 위해 성립된 것이었다.

그러면 대승이라 자칭한 새불교운동이 당시의 20부파 전체 교단을 소승이라고 낮추어 부르며 반기를 든 것은 무슨 이유에서였으며 그들이 주창하고 천명한 기치는 무엇인가.

우선 대승불교를 일으킨 주역인 보살(菩薩)을 보자. 그 시대 대승의 새불교운동을 일으킨 사람들은 스스로를 보살이라 불렀다. 본생보살(本生菩薩)의 원행을 닮고자 서원하였기에 원생보살(願生菩薩)이 된 것이다. 모든 사람들로 하여금 보살이 되도록 권청하였고, 그 시대 가장 이상적인 인간상 역시 보살로 규정하고 내세웠다. 그때까지는 비구(比丘)의 모습이 이상상이었다. 모든 번뇌와 집착을 떨쳐버리고 해탈과 열반을 추구하는 수행자가 비구였다. 오로지 일체 번뇌가 사라진 적정한 열반의 세계에 도달하고자 노력하였고 그러한 경지에 다다른 자를 아라한이라 하여 존숭하였다. 그래서 비구는 집착을 하지 않으려고 소유를 없앴다(無所有). 적게 가지려고 노력했다(少欲知足). 처자권속은 물론이요, 집도 없었다. 출가(出家)생활이 최상의 방법이었던 것이다.

그러다 보니 불교는 자연 출가 위주의 불교가 되어 세속에서 가정생활을 하는 재가신도들이 배우고 지키기에는 너무나 어렵고 번거로웠다. 재가신자는 교단에서 소외될 수밖에 없었다. 따라서 불교는 만중생을 구제한다는 본래의 뜻과 멀어지게 되니, 부처님 근본사상으로 되돌아가자는 새로운 운동이 일어났으며 수행자 또한 새 모습의 보살이 대두되었던 것이다.

그리하여 보살은 출가 재가를 가리지 않으며, 오히려 재가보살의 수가 월등히 많았다. 보살은 집이 있어도 상관없고 처자권속을 거느려도 상관없으며 재물 역시 많이 가질수록 좋다. 단지 비구처럼 집착하지만 않으면 된다. 자신을 위해서 집착하지 않고 다른 이의 행복을 위해 사용하면 된다. 이웃과 나누어 가지고 널리 중생들에게 회향하기 위해서는 가진 것이 많을수록 좋다.

그래서 공덕을 짓는 것이 보살의 수행방법이다. 번뇌가 없는 아라한보다 지혜와 복덕과 자비의 만덕을 구족한 부처가 되는 것이 보살의 구경목표이다. 번뇌를 없애는 데 급급하지 않고 공덕행을 짓는 데 열중한다. 이처럼 스스로도 이롭고 남도 이로운 자리이타의 보살행을 하며, 부처 되고자 원을 세우는 것을 발심이라 한다. 발심한 중생이 보살이며 보살은 누구나 성불하게 된다고 한다.

대승불교는 이렇게 보살에 의해 주도되어 갔다. 생사를 싫어하고 열반에 탐착하는 것이 아니라, 생사는 물론 열반법도 그 자성이 공(空)한 줄을 알아서 집착하지 않는다. 나도 없고(我空) 법도 공한 줄(法空)을 비추어 보는 지혜가 바로 반야지혜이니, 따라서 반야공(般若空)사상은 모든 대승경전의 기저에 흐르고 있는 것이다.

또한 대승은 누구나 부처님 세계에 이를 수 있음이니 중생의 욕락과 근기에 따라 다양한 수행문을 시설하고 있다. 자력으로 보살행[難行道]을 할 수 있는 이는 물론이요, 힘이 모자라는 하근기 중생들도 부처님과 대보살들의 가피력으로 부처님 세계에 함께 갈 수 있는 것이다[易行道]. 불교 수행문의 2대 조류인 자력문(自力門)과 타력문(他力門)이 여기서 설정된 것이다. 그런데 불보살님의 가피력 또한 중생들의 지극한 신심 위에 드리워지는 것이니, 이로 볼 때 자력문과 타력문은 궁극적으로는 둘이 아니라 할 것이다.

보통 대승교단의 시원을 불탑교단(佛塔敎團)이라고 한다. 부처님 열반 후 불사리를 모셔 놓은 불탑주변에 모여 부처님을 그리워하고 부처님을 예경하였던 단체들이 대승불교를 있게 한 모태라는 것이다. 그들은 난해하고 복잡한 교리와 계율에는 상관않고 열반하신 석존을 신격화한 색신불(色身佛)을 모시고 부처님의 가호와 가피를 빌었다. 그런데 그들 중에 새로운 자각을 한 자들이 나타났다. 단지 부처님을 찬탄만 할 것이 아니라 부처님께서 몸소 닦으신 6바라밀을 수행하여 부처님처럼 되고자 한 것이었다. 그리하여 스스로를 부처님께서 과거에 수행하시던 때의 모습인 보살이라 불렀던 것이다. 그리고 그들도 함께 부처님 세계로 가게 되는 방편이 큰 수레[大乘]로 불렸고 전문 출가자만이 부처님 세계로 갈 수 있는 수행법이 상대적으로 작은 수레[小乘]로 말해졌다.

이와 같이 대승불교는 정통부파교단의 단점을 보완하기 위해, 아니 정통교단을 배척하고 불길처럼 일어났다. 그러다가 어느 정도 자리를 굳힌 다음에는 대승의 입장에서 부파를 받아들이고 있다. 일불승의 사상으로 불교의 전 수행법을 회통시키고 있다. 자신과 입장을 달리하는 무리들 역시 모두 감싸고 수용하는 것이 진정한 대승정신이기 때문이다.

대승불교사상은 인도에서 거대한 두 흐름으로 체계화되었으니 중관(中觀)사상과 유식(唯識)사상이다. 또 하나 제3의 흐름을 든다면 여래장(如來藏)사상이다. 이러한 대승사상과 수많은 대승경전은 중국으로 또 한국으로 전래되어 부처님의 가르침은 더욱 빛나게 되었으니, 대승의 정신을 받아들여 생활화한 것이 한국불교이다. 불교가 전래된 이래 오늘날까지 통불교(通佛敎)로 그 맥이 이어져왔음도 이를 말해주는 것이라 하겠다.

Ⅳ. 인도불교사상의 전개

Ⅳ. 인도불교사상의 전개

1. 아비달마교학(阿毘達磨敎學)

대승불교의 홍기와 함께 불교는 다시 새로운 힘을 갖고 불교사상도 찬란히 전개해간다. 그러한 인도의 대승불교사상을 살피기 전에 먼저 부파불교시대에 형성된 아비달마(阿毘達磨 Abhidharma) 불교에 대해 언급하고 넘어가야 할 것이다. 부파불교의 아비달마교학은 매우 복잡하고 현학적인 것으로 간주되고 있으며, 그래서 민중과는 유리된 채 일부 출가자들의 전유물화되었다고 비판받아 왔던 것이다. 그런데 불교사상을 이론적으로 파악하기 위해서는 중관(中觀)과 유식(唯識)사상뿐 아니라, 그 기점으로서의 아비달마 사상을 파악해야 할 필요가 있다. 대승사상은 아비달마를 딛고 일어선 것이기 때문이다.

20부파는 자료마다 그 명칭이 조금씩 다른데 북방의 설일체유부(說一切有部)에서 전하는 분파계통을 보면, 「상좌부, 설일체유부, 독자부, 법상부, 현주부, 정량부, 밀림산부, 화지부, 법장부, 음광부, 경량부, 대중부, 일설부, 설출세부, 계윤부, 다문부, 설가부, 제다산부, 서산주부, 북산주부」 등이다. 이들 각 부파는 교법에 대한 전문적인 연구를 깊이 하였는데 그것을 아비달마교학이라고 한다. '법(dharma)에 대한(abhi) 연구〔對法〕'라는 뜻이다. 그들 각 부파는 자신들의 연구성과를 결집하여 간직하였고, 그리하여 모든 부파는 독자적인 아비달마를 갖게 되었던 것이니 그러한 문헌을 아비달마문헌 또는 논(論)이라고 한다. 따라서 종래의 경(經)과 율(律)에 논(論)이 추가되어 소위 삼장(三藏)이 성립되기에 이르렀으니, 이러한 삼장의 성립은 부파불교시대의 가장 큰 업적으로 평가되고 있다.

그러나 오늘날 그 모든 부파의 삼장은 거의 남아 있지 않고 설일체유부와 남방 상좌부의 것만이 전해지고 있다. 이 중에 후자는 팔리(巴利, Pāli)어로 기록되어 있어 이를 팔리삼장이라 부르고, 전자인 유부의 삼장은 현재 한역(漢譯)으로만 남아 있다. 아비달마 교학은 이 두 삼장 중에서 특히 논장이 고찰의 주대상이 되었고, 논장 중에서도 유부계의 근본 논서인 『발지론(發智論)』 등 한역 7론(七論)이 주로 연구되어 왔다. 이밖에 2세기경 카니시카(Kaniṣka) 왕 때 결집된 200권이나 되는 방대한 아비달마대비바사론(阿毘達磨大毘婆沙論)이 있고, 4세기경 세친(世親)에 의해 저술된 아비달마구사론(阿毘達磨俱舍論)이 있다. 구사론은 경량부의 견지에서 유부의 교리를 간결하게 조직 서술한 것으로 그 후 유부교학 연구의 가장 중요한 문헌으로 인정되어 왔다.

아비달마는 존재의 분석이라 할 수 있다. 불교에서 달마 즉 법(法)이란, 보통 부처님께서 가르치신 진리의 말씀을 가리키는데, 이와는 달리 일반적인 사물 존재를 의미하기도 한다. 아비달마 불교의 가장 중심적인 교학은 현실의 확인 즉, 개인의 실존적 반성이라 할 수 있다. 아비달마 논사들이 정밀하게 발달시킨 달마의 이론은 이를 해명하기 위해서라고 볼 수 있다. 유부에서의 달마는 단순히 존재 그 자체가 아니라 집적되어 있는 존재를 구성하는 바의 '존재의 요소'로 생각되고 있다. 인간의 내면세계와 객관세계를 분석하여 체계적으로 분류하는 것이 특징이다. 이것을 제법분류법이라고 하는데, 구사론에서 설하는 5위 75법(五位七十五法)이 그 대표적인 것이다. 5위(五位)는 정신과 물질세계를 다섯 가지로 분류한 것으로서 색법(色法), 심왕법(心王法), 심소유법(心所有法), 심불상응행법(心不相應行法), 무위법(無爲法)을 말한다. 먼저 모든 존재의 법으로서 물질[色]을 들고, 다음 그것에 대립하는 마음[心王]을, 그리고 마음과 상응하는 심소법, 마음과 상응하지 않는 심불상응행법을 제시한다. 이들은 유위법(有爲法)이니, 다시 이와 대립하는 것으로서 무위법(無爲法)을 들고 있는 것이다. 유위법은 번뇌와 선악의 업력으로 윤회하는 유루(有漏)의 세계이고, 무위법은 내면세계와 객관세계가 다 청정하며 윤회를 해탈한 무루(無漏)의 세계를 가리킨다. 또 75법(七十五法)은 5위의 내용을 다시 세분한 것이니 색법 11, 심왕법 1, 심소유법 46, 심불상응행법 14, 무위법 3으로 하여 합해서 75법이 된다. 이들은 우리 인간을 중심으로 분류한 것이다.

이들 5위 75법에 대하여 간단히 설명을 부가해보면, 색법(色法)이란 색은 물질세계, 법은 법칙을 뜻하는 것으로 인간의 육체와 인간이 접촉하는 객관세계를 총칭한 말이다. 즉, 인간의 육체는 눈(眼根)·귀(耳根)·코(鼻根)·혀(舌根)·몸(身根)의 다섯 가지 감각기관(五根)을 통하여 객관세계의 모든 것(色境, 聲境, 香境, 味境, 觸境)을 접촉하고 감각하며 산다. 이들 외부의 인식대상(五境)은 물질로 취급(表色)한 것인데, 이외에 인간의 행위를 내심에서 발생시키는 정신적인 세력(功能)을 무표색(無表色)이라 하여 색법에 포함시키고 있다. 이처럼 5근과 5경 그리고 무표색의 11종을 색법으로 분류하고 있다.

다음, 인간은 육체만의 존재가 아니라 정신적인 존재이기도 하다. 그러므로 심법도 분류하여 설명하는데 심법의 체성은 오직 하나뿐이라고 한다. 위에서 말한 바의 우리 육체의 기관이 각기 대상을 인식하는 마음 작용은 여섯 가지(六識;眼識, 耳識, 鼻識, 舌識, 身識, 意識)이지만 그 체성은 유일하다는 것이다.

그러한 심식은 각기 선악의 작용들을 나타내는데 이들 심식의 작용을 심소유법 또는 심소법이라고 한다. 마음에 소속된 작용이라는 뜻이니, 심식을 심왕이라고 하고 심왕에 좌우되는 작용을 심소라는 것이다. 마음이 생기할 때는 반드시 마음의 작용이 동반하므로 이 심소를 심상응법이라고도 한다. 그런데 심왕과 심소는 대상에 대한 인식작용이 다르다. 6종의 심식(六識)은 대상을 총괄적으로만 식별하고 심소는 세밀한 부분까지 식별한다. 이 심소에 46종이 있다는 것이다. 여기에는 착한 마음과 동반하는 선의 심소도 있으며 악한 마음과 동반하는 악의 심소도 있다. 선과 악,번뇌의 마음작용이 육식 심왕에서 한없이 흘러 나온다. 그런데 이들 심소의 내용은 일상생활에서 나타나는 정신작용으로서 생겨났다가 그대로 없어지는 것이 아니라 미래의 과보를 받게 하는 업력(業力)이 된다. 착한 마음(善心所)은 즐거운 과보를 받게 하고 악한 마음(惡心所)는 괴로운 과보를 받게 한다. 만약 금생에 못받으면 내생에서라도 결국 받는다고 한다. 이것이 선인선과 악인악과(善因善果 惡因惡果)의 법칙이다. 다시 말하면 현재의 모습은 과거의 업력에 의한 결과[業報]이고 미래의 생활은 현재의 행위에 의해 결정된다는 것이다. 자업자득(自業自得)이다. 이와 같이 모든 생활과 윤회가 자신이 행동한 업력에 의하여 전개되므로 이를 업감연기(業感緣起)라고 한다. 현재의 생활은 물론 과거, 현재, 미래 3세의 윤회가 다 자신이 지은 업력에 의해 초래된다는 유명한 업감연기는 바로 부파불교 시대에 형성된 연기의 한 설명방식인 것이다.

그리고 마음과 상응하지 아니하여 정신작용으로는 보기 어려우나 그렇다고 단순히 물질적 현상으로 볼 수도 없는 다양한 달마로서의 심불상응행에 생, 멸 등의 14종이 있다. 이상과 같은 일체유위법(72法)은 순간적으로 생멸변화하지만, 그러나 그 변화는 단지 표면상의 변화이고 그 자체는 과거, 현재, 미래의 3세에 걸쳐 변하지 않는다고 한다. '제행무상'을 거부하는 듯한 이 유부의 '삼세실유 법체항유(三世實有 法體恒有)'설은 이후의 대승불교로부터는 물론이요, 다른 부파의 항의를 받기도 하였다.

그러한 유위법과는 달리 선악의 상대가 아닌 절대의 진리인 무루 무위법(無爲法)으로서 3종을 설정하고 있다. 자유자재하며 상주불변하는 진리(虛空無爲), 일체의 번뇌를 다 해탈한 열반의 경지(擇滅無爲), 그리고 생멸의 인연이 이미 다 끊어져 다시 더 끊을 것이 없는 불생불멸의 경지(非擇滅無爲) 등이다.

선업에 의해 선한 과보를 받아 선취에 태어남도 좋은 일이지만, 그것은 궁극적인 목표는 아니다. 아비달마에서 목표로 하는 깨달음의 경지는 이처럼 업보의 계박에서 벗어나 윤회를 초월하는 것이다. 무루의 지혜에 의해 번뇌를 소멸하고 깨달음의 열반의 경지에 이르는 길이 출세간의 길, 곧 성도(聖道)이다. 설일체유부 아비달마에서는 이에 견도(見道), 수도(修道), 무학도(無學

道)의 세 길을 제시하고 있다. 여기서 무학도는 수도의 과정이라기보다 견도, 수도에 의한 목적이다. 더 이상 배울 것이 없는것이 무학이다. 견도의 견은 4제를 관한다는 의미이다. 견도 후에 알기는 해도 여전히 끊어지지 않는 애욕과 같은 번뇌까지도 수도의 과정에서 다 끊었을 때 비로소 아비달마에서 최고의 성자로 불리는 아라한이 되는 것이다. 물론 이 도중에 수다원, 사다함, 아나함, 아라한의 네 단계 계위가 설정되어 있다.

아라한인 응공은 여래십호의 하나이다. 부처님도 스스로를 아라한이라고 부르셨다. 그러나 아비달마 논서에 있어서 수행자가 도달하는 궁극적 깨달음의 경지로서의 아라한과 불타의 경지는 분명히 구별되고 있다. 아비달마 논사들은 석존을 깊이 숭앙하는 마음에서 불타의 위대함을 극찬하면서 스스로 목적하는 바의 아라한과 불타의 거리를 엄격히 유지하였다. 그들이 도달한 아라한이 결코 불타일 수는 없었던 것이다.

2. 중관사상(中觀思想)

원시불교의 일체제법이란 색(色)·심(心) 2법인 5온(五蘊), 12처(十二處), 18계(十八界)를 벗어나지 않았고 그 일체법은 무상(無常)하고 무아(無我)임이 삼법인으로서 교설되었다. 오온으로 이루어진 '나'는 그 실체가 없으며, 모든 존재는 연기한 법이기에 고정 불변하는 자성이 없다는 것이다. 그런데 부파불교시대의 아비달마 유부교학에서는 오위칠십오법(五位七十五法)으로 제법의 범주로 삼았으며 그 법은 법체항유 삼세실유라고 주장하였음을 보았다. 유위, 무위 등 일체 제법의 실체는 불멸하고 실재하니 이러한 법체는 시간에 의지하므로 이 법체를 항유케 할 시간도 또한 실유라고 한다. 제법 무상의 원리에 의하여 시시각각으로 변화·변천해 가지만 그 실체는 항존한다는 것이며, '나'라는 것은 오온이라는 제요소의 가화합이므로 공하나〔我空〕 그 제요소인 법체는 삼세에 걸쳐 항유한다〔法有〕는 것이다.

그러한 유부(有部)의 실유(實有)설을 맹렬히 반대하는, 아공뿐 아니라 법공(法空)까지도 포함한 무상개공(無相皆空)의 공관(空觀)이 용수(龍樹, 150—250)에 의해 주창됨으로써 대승교학의 체계적 정비가 이루어졌으니, 바로 중관사상(中觀思想, mādhyamika)의 성립에 의해서이다. 중관학파에 의해 계승된 용수의 공사상이 중국에 전해져서는 지나 13종의 하나인 삼론종으로 발전하게 되었다. 용수의 학파를 중관학파라 하는 이유는 그의 저서인『중론(中論)』의 사상을 계승한다는 의미이고,『중론』 외에『십이문론』과 제자인 제바(提婆, 170—270)의 저서『백론』을 합해 삼론이라 한 것이다. 여기에『대지도론』을 더하여 4론이라 하기도 한다. 뿐만 아니라 용수는 8종(八宗)의 조(祖)라는 존칭을 받는 바와 같이 모든 대승사상의 기조가 되는 것이 바로 이 공사상이다.

용수는『중론』「관사제품」에서,

여러 인연으로 생한 법을　　　　　衆因緣生法
나는 공이라고 말한다.　　　　　　我說卽是無〔空〕
이것은 또한 가명이고　　　　　　　亦爲是假名

또 중도의이다.	亦是中道義
일찍이 한 법도 인연으로 좇아	未曾有一法
생하지 아니함이 없으니	不從因緣生
이런 연고로 일체법은	是故一切法
이 공 아님이 없다.	無不是空者

라고 밝히고 있다. 이는 중관학파의 근본 사상을 집중적으로 드러내고 있는 게송으로서, 용수가 주장한 공(空, śunya)은 연기성공(緣起性空)이요 따라서 무자성공(無自性空)이며 중도(中道)임을 보여주고 있다.

　중관의 연기이론은 인연(因緣), 공(空), 가명(假名), 중도(中道) 이 네 가지의 내재적 관계를 나타내고 있다. 모든 법은 다 연기한 것이므로 자성이 없어 공하다는 것이다. 그래서 연기법은 실유가 아니라 가유며 가명이다. 공과 가명은 동일한 연기법의 양측면으로서 공이 곧 가명이며 가명이 곧 공이다. 그러므로 유에도 집착하지 않고 공에도 집착하지 않으니 곧 중도관〔有空中道〕이다. 일체 사물에 대한 인식이 모두 가명에 의거한 것이고 또 실재하는 자성이 없음을 알면 곧 공을 이해하고 공성을 인식한 것이니 이것이 바로 공관이고 중관인 것이다. 이처럼 연기제법이 무자성공임을 여실히 아는 지혜를 반야(般若)라고 하니 이 공은 또한 반야공이다.

　이러한 공, 중도의 원리를 용수는 불멸, 불생, 불상, 부단, 불일, 불이, 불래, 불거의 8불(八不)로 나타내고 있으니(不滅亦不生 不常亦不斷 不一亦不異 不來亦不去 能說是因緣 善滅諸戲論 我稽首禮佛 諸說中第一 『中論』「歸敬頌」) 이를 팔불중도(八不中道)라 한

다. 용수는 일체존재를 생멸, 상단, 일이, 내거의 4대(對) 범주로
보고 이 4대의 상반된 의미로써 일체 현상이 모두 자성이 없다는
도리를 밝히고 있다. 이 8미(迷)를 부정하여 편견을 극복하고 여
덟 가지 극단을 떠나게 하므로 이를 팔불중도라 한 것이다.

이 팔불의 구체적 의미를 간단히 살펴보면, 불멸불생이란 생멸
의 양극단을 부정한 것이다. 일체법의 생은 인연이 화합하여 나
타난 것이며 멸하는 것도 인연이 다 되어 사라지는 것뿐이다. 인
연의 유무에 따라 생멸이 있게 되는 것인데, 실재적 생멸이 있다
고 착각하고 집착하는 것을 고쳐주기 위해 먼저 생멸을 부정한
것이다. 불상부단이란 모든 법은 어떤 것에 연(緣)하여 생하는
것이니 인연의 집산으로 모이고 흩어지고 하는데, 영원히 상주한
다거나 단멸한다고 착각하는 극단적인 사고를 타파한 것이다. 불
일불이란 현상계의 모든 사물은 서로 다르나 그 진리의 본체에서
보면 동일한지라 하나이면서 다르고 다르면서 하나인데, 영원히
다르다거나 동일하다는 집착을 부정한 것이다. 불거불래는 일체
중생이 무명망상으로 윤회하여 왔다갔다 하지만 본래 진리의 당
체는 오고 가는 체성이 아닌데, 임시로 왔다가 가는 것을 실제의
현상으로 집착함을 타파한 것이다.

이 팔불의 내용을 일상생활하는 우리 주변의 일로써 곡식에 비
유하여 이해를 돕고도 있다. 우리 앞에 있는 곡식은 씨〔種子〕에
서 싹이 나와 열매를 맺은 결과이다. 그런데 그 씨는 그 이전의
곡식에서 거둔 것이고 다시 그 이전으로 소급해 올라가서 그 시
초〔始因〕가 없다고 말할 수 있다. 옛날부터 계속 전해져 내려 왔
으니 어느 때 갑자기 있게 된 것―무(無)에서 유(有)가 생긴 것
이 아니다(不生). 다음에 지금의 곡식은 이전의 곡식에서 나온

것이나 그 이전의 곡식은 결코 없어지지 않는다. 왜냐하면, 그것이 만약 없어진다면 지금의 곡식은 있을 수 없기 때문이다(不滅). 그러나 이전의 곡식이 없어지지 않는다고 해서 그것이 언제까지나 그 모습 그대로 있는 것은 아니다. 종자에서 싹이 트고 꽃이 피고 열매를 맺으니 종자는 끊임없이 형태가 변해서 서로 같지 않다. 싹으로 있을 때는 그 씨는 이미 변괴되어 있는 것이다(不常). 그렇다고 해서 만물이 단절되는 것은 아니다. 만일 단절된다면 씨에서 싹이 나오고 곡식이 열리는 그러한 상속은 있을 수 없을 것이기 때문이다(不斷). 다시 말하면, 종자가 멸해도 싹이 생기므로 단(斷)이 아니고, 싹이 생기해도 종자가 멸하기 때문에 상(常)이 아니다. 그러나 단절이 없다고 해서 만물이 하나인가 하면 그렇지 않다. 곡식은 씨와 같지 않고 씨는 곡식과 같지 않기 때문이다(不一). 반면에 하나가 아니라고 해서 그것들이 모두 다른 것도 아니다. 곡식의 씨와 싹과 열매는 다른 물건이 아닌 곡식이라는 공통성이 있는 것이다(不異). 다음에 싹이 곡식에서 나오긴 했으나 곡식 중에 싹이 오는 곳이 없다. 어디 딴 곳에서 왔는가 하면 그렇지 않다. 곡식의 싹이 씨가 아닌 다른 데서 온 것은 아니기 때문이다(不來). 동시에 곡식은 딴 것이 되어서 밖으로 나가는 것도 아니다(不去).

이같은 팔불의 중관사상은 파사현정을 기치로 한 것이니, 팔불로써 집착을 타파하여 공임을 보인 것은 파사요, 그리하여 중도를 드러낸 것은 현정이다. 현상계는 여러 인연이 화합한 존재로서 인연에 의해 생기기도 하고 인연에 의해 없어지기도 한다. 그러므로 모든 현상에는 고정된 영원불멸한 자성이란 것이 없어 공이다. 현상계의 모든 존재는 가유(假有)다. 그래서 유는 공을 포함한 유이다. 또 가유라 하나 유는 유이다. 그래서 공도 유를 포함한 공이다. 따라서 제법은 유도 아니고 무도 아니며 역유역무도, 비유비무도 아니다. 진공묘유며 유공중도(有空中道)가 제법실상이며 실제열반이다. 그러므로 있는 데 치우쳐서 집착하거나 없는 데 치우쳐서 좌절하지 않는 삶이 중도 공의 세계이며, 있는데도 집착하지 않고 없는 데도 집착하지 않는 정관 정견의 반야행이 해탈 성불의 길임을 제시해주고 있다.

그와 같이 아공(我空)·법공(法空)·구공(俱空)의 공사상이 확립된 후로는 불멸 이후 과제가 되어왔던 법의 문제에는 그다지 관심을 갖지 않게 되었다. 어떻게 하면 반야의 성취자가 되며 복덕의 구현자가 되는가, 즉 성불이 구경의 관심이 되었고 그 수행법은 구체적인 보살행으로 전개되어 보살행의 계위가 설정되어 갔다. 그리고 그러한 보살행은 중생 속에서 공덕을 지어가는 것으로서 끝없는 원력을 중시하게 되어 중생의 행위는 업(業)에서 원행(願行)으로 바뀌어졌다. 공(空)의 체달이 수행의 방법을 소극적인 번뇌의 소멸에서 적극적으로 공덕을 짓는 행위로 전환시켰던 것이다.

3. 유식사상(唯識思想)

마음의 집착과 속박을 여의고 반야공의 중도적 공덕행을 통하여 성불의 세계로 인도하였던 용수의 공사상은 세월이 지남에 따라 차츰 원래의 뜻과는 달리 지나치게 공허한 사상으로 치우쳐

가게 되었다. 공을 드러내는 데 너무 집착한 나머지 모든 존재를 부정하는 잘못 이해된 공〔惡取空〕을 비판하고 이를 바로 잡고자 다시 아비달마불교의 부족한 교리를 보충하여 나타난 것이 유식사상(唯識思想)이다. 반야 공성(空性)이 성립하는 장으로서의 식(識)의 존재를 인정한 것이다. 유식사상은 무착(無着, 310-390) 세친(世親, 320-400) 등에 의하여 성립되었으며 인도 유식사상을 담고 있는 대표적인 경론으로는 『해심밀경』, 『입능가경』과 『유가사지론』, 『섭대승론』, 『유식삼십론』, 『성유식론』 등이 널리 알려져 있다.

유식(唯識)이란 글자 그대로 '오직 식(識)만이 존재한다'는 것이다. 유식무경(唯識無境)이 바로 유식사상의 근본명제이다. 존재하는 것은 오직 마음(識)뿐이고 외적 사물은 식이 변하여 나타난 마음의 그림자라고 본 것이다(唯識所變). 유식(vijñaptimātra)이라는 말이 처음 사용된 곳은 『해심밀경』의 「분별유가품」이다. 유가 체험으로 유식임이 설해졌고 요가를 수행하는 유가사(瑜伽師, yogācāra)들에 의해 봉지되었다. 따라서 이들 유식학파를 유가유식학파로 부른 것이다.

유식의 식(識)은 근본적으로는 아뢰야식(阿賴耶識, 第八識)이며, 혹은 8종의 식(八識;眼識, 耳識, 鼻識, 舌識, 身識, 意識, 末那識, 阿賴耶識)을 가리킨다. 유식학에서는 일체제법을 오위백법(五位百法)으로 분류하고 있으니, 심왕법(8) 심소유법(51) 색법(11) 불상응행법(24) 무위법(6) 등이다. 법의 분류가 아비달마 구사론과 비슷한 면이 많이 보이긴 하지만 그 내용은 근본적으로 다르다. 우선 오위의 순서에서 8식인 심왕법을 처음에 둔 것부터가 제법은 유식이라는 유식사상의 특징을 잘 보여주고 있다. 색법을 심법 다음에 둔 것도 물질은 우리 인간의 정신이 변한 것, 다시 말해서 식소변(識所變)에 불과하기 때문이다. 그리고 유위법은 어디까지나 식이 변해서 나타난 것으로서 가유(假有)이며 유위법이 모두 멸하여 없어질 때 비로소 진여가 현현되는 것이므로 무위법을 마지막에 둔 것이다. 아뢰야식 내지 제식의 존재도 궁극적으로는 부정되는 것이며, 결국 중생의 본성인 진여성으로 되돌아가야 함을 내포하고 있다.

그런데 심식을 질적으로 변혁시켜 진여성을 드러내기 위해서는 먼저 심식의 본질을 구명하고 그 구조를 해명하는 것이 급선무이다. 바꾸어 말하면 자기 마음을 해명해가는 노력의 절정에서 아뢰야식이 발견된 것이라 할 수 있다. 아비달마 사상까지는 6식을 들고 있는데 유가행파는 6식 속에 이들 식을 일으키는 근원적인 식으로서 아뢰야식을 발견하고, 이어서 아뢰야식을 자아라고 집착하는 말나식을 상정하였다. 그리하여 전5식(前五識), 제6의식(意識), 제7말나식(末那識), 제8아뢰야식(阿賴耶識) 등 여덟 가지 식(八識)의 존재를 주장하게 되었던 것이다. 전오식은 5근(眼根, 耳根, 鼻根, 舌根, 身根)에 의하여 각기 그 인식의 대상인 5경(色境, 聲境, 香境, 味境, 觸境)을 구별하는 마음으로서 안식(眼識), 이식(耳識), 비식(鼻識), 설식(舌識), 신식(身識)을 가리킨다.

제6의식(意識)은 의근(意根)에 의지하여 물질계, 정신계를 포함한 유형무형의 모든 대상(法境)을 분별하는 마음이다. 이 의식은 전오식과 명확히 구별된다. 우선 의식의 의지처인 의근은 물질로 이루어진 전오식과는 달리 순수한 정신적인 기관으로서 제7식이 그 역할을 맡고 있다. 그 인식대상인 법경(法境)도 객관계만이 아니라 내면의 경계까지도 포함된다. 그리고 전오식은 대상

의 자성만을 분별하지만 의식은 자성도 분별하고(自性分別), 과
거를 회상하고 미래를 생각하며(隨念分別), 착각과 더불어 오류
를 범하기도(計度分別) 한다. 그리고 이 식은 전5식과 함께 객관
계를 인식하기도 하며(五俱意識), 객관계의 대상과는 관계없이
단독으로 내적 명상(名相)을 대상으로 작용하기도 한다(獨頭意
識). 꿈속에서도 활동하고(夢中意識), 선정에 들어 마음이 고요함
은 의식이 안정된 결과이다(定中意識). 이처럼 의식은 현재의 사
물을 헤아리고(現量), 여러가지를 비교 판단하고(比量), 잘못 판
단하기도(非量) 하는 등 광범하게 작용하는(廣緣意識) 것이다.

제7말나식(末那識)은 아뢰야식에 의지하며, 항상 끊임없이 아
뢰야식을 상대로 사량 집착하여 근본번뇌를 일으킨다. 아뢰야식
의 견분(見分)을 '나'라고 집착〔護法說〕하여 자아의식을 일으키
는 것이다. 무아인 줄을 모르고(我痴), 자아가 존재한다는 견해를
일으키며(我見), 그릇 집착한 나를 의지하여 자기가 제일이라는
오만한 마음을 내며(我慢), 자기에 대한 강렬한 집착심을 일으킨
다(我愛). 자기에 대한 애착심은 인간의 가장 근본적인 괴로움인
죽음에 대한 공포를 야기시킨다. 이러한 아치, 아견, 아만, 아애
의 근본 4번뇌는 의식 등 다른 식에게 많은 지말적인 번뇌를 일
으키게 하는 영향을 주기도 한다. 그리하여 생사윤회하는 괴로움
의 원동력이 되는 것이다.

제8아뢰야식(ālaya vijñāna)은 장식(藏識)이라 번역되니, 능장
(能藏), 소장(所藏), 집장(執藏) 등 3장의 뜻이 있는 연유에서이
다. 아뢰야식설의 맹아는 부파불교에 있어서 윤회하는 주체의 추
구이다. 업감연기(業感緣起)에서 말하듯이, 우리는 자기가 지은
업의 세력에 의해서 삼계에 생사윤회한다면, 그 업의 영향이 결

과를 초래할 때까지는 대체 어디에 보존되어 있다가 차례로 나타나는가 라는 의문이 생기게 된다. 이에 업의 영향을 저축하여 윤회를 반복케하는 윤회의 주체를 상정하게 되었다. 이처럼 윤회하는 주체를 추구해간 정점에서 발견된 것이 아뢰야식인 것이다. 그러므로 아뢰야식은 선악의 행위에 의한 업력을 보존하므로 아뢰야식은 업력을 보존하는 능장(能藏)이 된다. 동시에 아뢰야식은 수동적 입장에서 업력을 받아들여 보존하는 역할을 하므로 소장(所藏)이라 한다. 집장(執藏)은 소집장(所執藏)이니 이 식은 제7말나식에 의하여 자아(自我)로 집착되어지기 때문이다. 요컨대 아뢰야식은 아집(我執)이 있는 동안의 명칭으로서 수행에 의하여 아집이 없어지면 제8식 자체는 남아있다 해도 그 명칭은 사라지게 되는 것이다.

이처럼 아뢰야식은 모든 업력 종자를 보존하면서 선악업력을 여타의 식(識)에 공급하여 발동케 하며 모든 선악의 행동을 나타나게 하는 기능을 보유하고 있다. 우리는 이 식을 중심으로 살고 있으며 아뢰야식은 현재의 생명체로서 내외의 현실을 전개시키는 주체가 된다. 동시에 아뢰야식은 윤회의 주체가 된다. 우리가 이 세상에 태어날 때도 과거세의 업력을 보존한 이 식이 최초로 태어난 것이며 내생으로 떠날 때도 금생의 업력을 보존하고 있다가 육체로부터 최후에 떠난다. 그리하여 육도(六道) 가운데에 어디론가 강한 업력에 따라 최초의 생명체가 되어 출생하게 된다. 이와 같이 아뢰야식은 다른 식에 비하여 그 체성이 단절되지 않고 과보를 받는다는 뜻에서 과보식(果報識)이라 하고, 또 전생과 금생 그리고 내생의 삼세에 윤회하면서 다른 과보를 받게하는 기능을 가지고 있으므로 이숙식(異熟識)이라고도 이름한다. 아무튼 아뢰야식에 보존된 업력 가운데 별업(別業)은 자신만이 수용하고, 공업(共業)은 다른 이와 함께 수용하면서 중생의 현실을 전개하므로 이를 뢰야연기(賴耶緣起)라고 하는 것이다.

위와 같이 유식이라 하여 그 존재가 강조된 심식들은 생사윤회하는 망식(妄識)이다. 번뇌를 정화하여 청정한 진여 본성으로 돌아가야 한다. 진여성으로 되돌리기 위해 필연적으로 오염된 마음의 존재가 전재된 것이다. 이러한 심식의 질적 전환을 전의(轉依)라고 한다. 전의는 의타기성(依他起性)이 변계소집성(遍計所執性)을 멀리 여의고 원성실성(圓成實性)을 얻는 것을 말한다. 제8식 내지 8식을 허망에서 진실성으로 전환시키는 것을 의미한다. 구체적으로 말하면 번뇌장(我執)과 소지장(法執)을 끊어 열반과 보리를 성취하는 것이다. 유식론에서는 우리의 의식생활의 내용을 중도적으로 설명하여 삼성(三自性)과 삼무성(三無自性)으로 말하고 있다. 삼성이란 번뇌망상인 변계소집성과 인연에 의지해 생겨난 의타기성과 원만 실성인 원성실성을 말한다. 그런데 변계소집의 망상은 허공 꽃과 같이 체상이 없으므로 상무성이고, 의타기성은 인연생이라 고정적인 자성이 없으므로 생무성이고, 원성실성은 일체 유무의 상을 떠나서 진리의 수승한 바탕인 동시에 무자성이므로 승의무성이다. 삼성과 삼무성은 서로 연관을 가지면서 일체 만법이 편유(偏有)와 편공(偏空)을 떠난 비유비공의 중도세계임을 제시하는 것이다. 유식과 중관은 전혀 다른 사상이 아님을 보여주고 있다.

전의의 다른 방면으로는 망식을 정화하고 전환하여 지혜를 증득하는 전식득지(轉識得智)를 강조하고 있다.(攝大乘論) 전오식이 청정하면 성소작지(性所作智)로 전환하고 제6의식이 청정하면

묘관찰지(妙觀察智)로 전환하며 제7말나식은 평등성지(平等性智), 제8아뢰야식은 대원경지(大圓鏡智)로 전환한다. 중생의 8식을 부처님의 4지(四智)로 전환시켜 법신이 자재함을 유식의 구경으로 삼고 있는 것이다.

이처럼 유식성(唯識性)인 진여를 회복하여 성불하는 것이 유식사상의 핵심이다. 그러자면 자리이타의 보살행을 실천해야 함이 필수적이다. 3아승지겁 동안 십바라밀을 닦아서 십주, 십행, 십회향의 삼현과 십지의 수행단계를 지나 드디어 부처님의 지혜를 이루고 성불하는 길로 인도하고 있다.

4. 여래장사상(如來藏思想)

인도 대승불교에 있어서 중관과 유식사상은 2대 사조로 인정되고 있다. 여기에 제3조류로 나타난 것이 여래장사상(如來藏思想)이다.

여래장(tathāgata garbha)사상이 대승불교 중에 하나의 학설로서 위치하게 된 것은 중국에 와서이다. 화엄종의 현수 법장(賢首法藏)이 대소승경론을 소승·중관·유식·여래장사상으로 크게 네 등분 「기신론의기(起信論義記)」하면서부터이다.

그러나 그 사상은 인도에서부터 이미 출현, 전개되어 왔다. 『여래장경』·『대반열반경』·『승만경』·『부증불감경』 등의 경전은 이 여래장사상을 담고 있는 대표적인 경이며, 보성론·불성론·대승기신론 등은 여래장사상을 형성시킨 주요한 논서이다.

우리나라에서도 이 여래장사상은 널리 유통되고 있는데 특히 해동소(海東疏)라 불리는 원효(元曉)의 『기신론소·별기』는 원효의 불교사상을 바로 여래장사상이라고 규정짓게도 할 만큼 여래장사상의 대표적 문헌으로 여겨져 왔다. 거기서 기신론의 여래장사상이 중관과 유식의 대립을 화해시켜서 회통하고 있다는 주장이 보여 더욱 주목되고 있다.

여래장사상이란 '일체중생은 여래장이다' 즉, 중생은 여래를 감추고 있다는 사상이다. 다시 말해서 모든 중생에게는 불성이 있다는 주장이다(一切衆生 悉有佛性). 이 여래장사상의 배경으로서는 우선 '자성청정심(自性淸淨心)'을 들 수 있으니, 대승 이전 아함경전에서 설해지고 있는 심정설(心淨說)을 이어받은 것이다. 다음은 '여래의 종성(gotra)' 설이다. 여래종성(如來種性), 불성(佛性, buddha dhātu)이란 중생의 마음속에 있는 불(佛)의 인(因), 부처가 되는 인이라고 하는 것인데 바꾸어 말하면 성불의 가능성 곧 중생 자체가 가진 능력이다. 셋째는 '여래의 태(胎)'이니 자라면 여래가 된다는 의미로서 여래의 태아(tathāgata garbha)이다. 넷째는 '여래의 계(界)'이다. 계(dhātu)란 경계에 의해 구분된 일정한 영역을 가리키는 것으로서 역시 여래의 본질(性)을 말한다. 그래서 화엄경〔微塵含千喩〕이 여래장사상의 선구도 되는 것이다.

이와 같이 중생은 그 마음속에 불성이 있고 여래를 감추고 있으며, 여래의 태아가 그 속에 갈무리되어 있으므로 중생은 여래장인 것이다. 중생은 모두 여래장이기에 여래가 되는 성불을 기약할 수 있다. 따라서 여래장사상은 깨달음의 완성에 도달할 수 있는 가능성이 일체중생에게 보편적으로 존재한다는 것을 강조한 것이다.

그런데 여래장에는 또 그 여래와 같은 본질, 불성이 감추어져 있어서 보이지 않는다는 뉘앙스가 있다. 여래장이란 말은 여래장 사상의 전개와 늘 밀접하게 관련되어온 법성(法性), 진여(眞如), 법신(法身) 등의 말을 대할 때는 그것이 언제나 중생의 무명과 번뇌에 감추어져 있어서 보이지 않는다는 의미로 사용되었다. 그래서 인도에서는 중생의 입장에서, 불성보다도 여래장이라는 술어를 더 많이 사용한 것이 아닌가 여겨지고 있다.

『승만경』에서도 '여래장이란 여래의 경계'〔如來藏章〕라 설하고 있으면서 다시, '여래법신이 번뇌장을 여의지 않으므로 여래장이다'〔法身章〕라고 하여 여래의 세계가 많은 번뇌에 싸여 있음을 보이고 있다. 그러나 여래장은 번뇌 속에 있으나 청정성을 잃지 않는다. 따라서 미혹 중생이 그 청정한 자성의 마음을 가지고 있다는 사실을 알기가 쉽지 않다고 한다. 이에 우리에게 널리 알려져 있는 마명(馬鳴) 보살의 『대승기신론』을 중심으로 여래장의 구체적인 면을 살펴보기로 하자.

기신론에서는 우리가 가진 이 청정심과 염오심을 진여심과 생멸심으로 설명하고 있다. 우리 중생심을 크게 진여문과 생멸문으로 나누어 진여문의 진여심(眞如心)을 여래장이라 하고 생멸문의 생멸심(生滅心)을 아뢰야식이라 부르고 있다.

진여인 여래장은 무어라 말할 수 없는 자리이지만 굳이 분별을 해본다면, 공여래장(空如來藏)과 불공여래장(不空如來藏)의 두 가지 의미로 설명할 수 있다. 진여에는 더러움(染法)이나 허망한 것이 전혀 없으므로 망념이 없이 공하다 하여 공여래장이라 한다. 반면에 진여에는 온갖 무루공덕이 다 원만구족해 있기 때문에 불공여래장이라 한 것이다.

그런데 이 여래장을 의지하여 생멸심이 있으니, 불생불멸의 진여가 생멸과 화합한 것이 아뢰야식이다. 그러므로 여래장과 동일하지도 않지만 그렇다고 전혀 다른 것도 아닌 것이(非一非異) 아뢰야식이라고 한다. 이처럼 생멸문은 진여문을 의지한 연고로 심생멸 역시 각(覺)과 불각(不覺)의 두 종류가 설정될 수 있다. 전자에는 본각(本覺)과 시각(始覺)이 있으며 후자에는 근본불각(根本不覺)과 지말불각(枝末不覺)이 있다. 수행을 통해 이루게 되는 시각(始覺)도 구경각(究竟覺)·수분각(隨分覺)·상사각(相似覺)·범부각(凡夫覺)의 4종각으로 구분하고 있다. 이는 각각 마음의 생·주·이·멸(生住異滅)을 깨닫는 것이다. 이중 최후의 구경각은 망심이 처음 일어날 때에 마음에 그 초상(初相, 生相)이 없는 것인 줄 깨달아서 미세한 망념까지도 다 여의는 것이다. 이러한 시각 역시 본각과 다르지 아니하며 본각 또한 진여심과 다름이 없는 것이다.

이와 같이 생멸세계는 진여, 여래장이 연을 따라(隨緣) 생겨나게 된 것이다. 따라서 이 연기현상을 진여연기(眞如緣起) 또는 여래장연기(如來藏緣起)라고 한다. 마치 잔잔한 바다에 바람이 불어 파도가 일어나는 것처럼 진여에 무명풍이 불어서 현상세계가 벌어진다고 한다. 그래서 삼계는 허위요, 마음이 만든 것(唯心作)이라는 말을 한다. 그런데 파도가 바닷물과 다르지 않듯이, 현실세계가 진여와 다른 것이 아니다. 허위의 삼계를 만들어낸 것은 무명만이 아니고 진여가 그것에 참예되어 있다. 그러므로 현실의 체는 진여이나 깨달아져 있지 않을 뿐이다. 현실에서 보면 현실과 진여는 다르나 진여 쪽에서 보면 진여와 현실은 다르지 않다. 진여 외에 현실은 없다. 다시 말해서 중생의 입장에서는 중생과 부처가 다르나, 부처의 입장에서는 부처와 중생이 다르지 않다. 따라서 『화엄경』에서 설하고 있듯이 마음(衆生心, 一心)과 부처와 중생이 차별이 없는 것이다〔心佛及衆生 是三無差別〕.

그러므로 『기신론』의 여래장사상에 입각한 수행법으로는 발심(發心)을 들고 있으며, 발심을 위해 신심(信心)을 일으킬 것을 권하고 있다. 발심에도 세 종류가 있다. 먼저 믿음을 성취한 발심(信成就發心)이니 바르게 진여법을 생각하는 곧은 마음(直心)과, 즐거이 모든 선행을 쌓는 깊은 마음(深心)과, 일체중생의 괴로움을 덜어주고자 하는 자비로운 마음(大悲心)을 일으키는 것이다. 나아가 진여 법성에 수순해서 육바라밀을 실천하는 해행발심(解行發心)이 있고, 그리하여 진여법신지(眞如法身智)를 체득하여 만덕을 구현하는 자연업의 증발심(證發心)을 시설하고 있다.

그리고 이러한 발심을 하기 위해서 먼저 즐거이 진여법을 생각하고, 무량공덕을 갖추신 부처님께 항상 공경, 공양하며 삼보께 귀의하는 등 네 가지 신심(四信)을 일으킬 것을 전제로 하고 있다. 또한 이러한 신심은 보시·지계·인욕·정진·선정지혜〔止觀〕 등의 수행〔五行〕을 닦음으로써 일어난다. 그런데 스스로 근기가 하열한다고 생각하는 중생에게는 시간적, 공간적으로 한량없는 무량수 무량광이신 아미타불 즉, 자신의 여래장청정법신불을 항상 예념할 것을 일러주고 있다.

이상과 같은 여래장사상은 그후 화엄, 선을 위시하여 모든 대승사상의 근원이 되었다. 그런데 문제는 진여가 무명의 연을 만남에 의해 진여의 체가 온통 그대로 일어나 생멸변화하는 만유가 되니 이 생멸 미계(迷界)에 있는 진여를 여래장이라 하였는데,

그러면 무명은 어떻게 해서 생겨난 것인가. 이에 대해서 『기신론』에서는 단지 '홀연히 일어났다(忽然起)'고만 말하고 있다. 그래서 무명은 그 시작을 알 수 없으므로 무시무명(無始無明)이라 한다. 무명의 정체를 알 수 없기에 이의 해결을 위하여 여래장연기설에 이어서 후에 법계연기사상이 나타나게 되는 것이다.

5. 밀교사상(密敎思想)

인도 대승불교사상을 논함에 있어 한 가지 더 빠뜨릴 수 없는 것으로 밀교(密敎)사상을 들 수 있다. 밀교는 비밀불교(秘密佛敎)의 줄인 말로서 비밀로 설해진 가르침이라는 뜻이니, 현교(顯敎)와 상대적 개념을 지닌 말로 간주되어 왔다.

이 밀교는 비밀승(秘密乘, guhyayāna)이라고 번역되었는데 그 밖에 밀장·다라니교·금강승 등으로도 불렸고, 근래 서양에서는 탄트라불교(Tantric Buddhism)로 부르고 있다. 탄트라불교는 7, 8세기경 불교에 인도교적인 요소가 가미된 것으로서 오늘날 네팔이나 티베트 등지에서 행해지고 있는 밀교를 위주로 한 말이다. 탄트라는 원래 주술적 신비적 의궤를 가르치는 전적의 총칭으로서, 베다 이래의 인도 고대문화도 이어받고 있으나 베다 외의 문화체계도 가지고 있다. 또 탄트라교는 여성 에너지인 성력(sakti) 숭배가 중심을 이루고 있어 남녀의 합일이 교리와 실천의 중심부분을 이루는 그러한 의미를 담고 있는 말이다.

이교적인 이 밀교가 불교의 정통적 지위를 주장하게 된 것은 인도에서 대일경『(大日經)』, 『금강정경(金剛頂經)』 등의 경전이 편찬되고서부터이다. 인도에서 밀교가 성립되기까지에는 교학적으로나 교단적으로 매우 복합적인 원인과 배경을 갖고 있다. 밀교교리 또한 다양하고 복잡하며, 관정(Abhiṣecani)이나 호마(Homa) 등 의식도 매우 중요시되고 있다.

인도 초기불교에서는 명주(明呪)와 비법(秘法)을 금지시키고 있었다. "세속의 주술이나 비법을 행하면 바일제니라"「四分律」또는 "세속의 명주 비법은 축생학이다"「小部」라는 말들은 이를 잘 보여주고 있다. 그런데 부파불교시대 말엽, 부파간의 대립이 지속되고 불교교단이 이론중심, 출가중심의 불교로 흘러가고 있을 때 석존이래 주춤했던 바라문교가 민간신앙을 흡수하고 불교사상을 모방하여 힌두교로 재정비하였다. 바라문교의 세력확장은 자연히 불교교단의 약세를 가져왔고 그에 대비하여 불교에서도 바라문교, 힌두교, 민간신앙사상 등을 폭넓게 수용하여 불교적으로 재정립하게 되었으니 이것이 밀교의 출발이었다. 당시 불교도 내에서도 주문을 외우고 밀법을 행하는 자가 점점 늘어가게 되자, 수행자가 일신의 보호를 위해 도움이 되는 주법(治毒呪 等)은 행해도 좋다는 선별승인을 하게 되었고 후에는 민간비법과 바라문교의 주법을 모방하여 불교 특유의 진언(眞言)을 창안해냄으로써 밀교성립의 기반이 조성되었던 것이다. 제천사상이나 관음신앙을 위시한 보살사상 등도 모두가 이러한 영향 속에서 불교가 수용했거나 창안한 사상들이었다.

그리하여 새로 전개된 대승불교 속에서 점차로 무르익어간 밀교적 기운으로 드디어 『대일경』과 『금강정경』 같은 밀교경전이 7세기경에 성립되었으니, 이는 밀교의 역사에서 하나의 획기적

분수령을 이루었다. 이후 이 두 경을 기반으로 하는 체계적인 불교를 순밀(純密)이라 하고, 그 이전의 비조직적이고 단편적인 밀교를 잡밀(雜密)이라 일컬어 왔던 것이다. 오늘날 티베트불교에서 행해지고 있는 비밀의궤나 경전의 분류법에 의하면, 소작탄트라, (수)행탄트라, 유가탄트라, 무상유가탄트라로 밀교가 분류되고 있다. 잡밀의 경전 의궤가 바로 이 소작탄트라에 해당하며 『대일경』은 행탄트라, 『금강정경』은 유가탄트라, 그리고 『금강정경』 이후에 성립 발달한 경전 의궤를 무상유가탄트라라 일컫고 있다. 또한 이들 경전의 성립사적인 순서를 고려하면 7세기경 성립한 『대일경』, 『금강정경』 등에 의거한 정통밀교를 인도의 중기밀교라 하고, 그 이전을 초기밀교, 이후를 후기밀교로 보기도 한다. 후기밀교는 8세기 인도에서 성립한 탄트리즘의 전개와 함께 성립한 밀교로서 소위 탄트라불교로 발전하게 되면서 금강승, 구생승, 시륜승의 삼대유파를 형성하게 되었다.

아무튼 근래에 와서 이처럼 특수한 성적 요가의 색채를 띤 탄트라 또는 탄트리즘이라는 용어가 밀교의 모든 경궤(經軌)를 가리키는 듯한 인상을 주고 있다. 그것은 이미 8세기에서 14세기에 걸쳐 인도나 티베트에서 탄트라밀교가 행해지고 있었음을 말해준다고 하겠다. (14세기경 티베트에서는 계율, 현교, 밀교의 겸수를 강조하는 불교개혁이 단행되었고 그 불교계를 지도한 종까빠의 후계자가 달라이라마로 불려졌다. 현재는 제 14대 달라이라마가 인도 망명 중이다.)

최근 널리 사용하고 있는 가장 표준적 분류법은 역시 인도, 티베트 등 모든 불교권에 걸친 밀교를 포함시킬 수 있는 방법이 되는, 밀교를 초기(6세기 이전), 중기(7세기경), 후기(8세기 이후)

의 세 시기로 나누어 설명하는 역사적 분류법이다. 초기밀교는 주로 석가여래가 설법하시는 형식을 취하고, 다라니를 외는 것이 중심이며, 제액초복(除厄招福)의 현세적 이익을 목적으로 하고, 만다라는 아직 완성되어 있지 않았다.

이에 비해 정통밀교에 속하는 중기밀교는 비로자나불인 대일여래(大日如來)가 본존이며, 대승불교사상과 밀교의례의 밀접한 융합을 시도하여 삼밀수행(三密修行)으로 즉신성불(卽身成佛)함이 구극 목표가 되었다. 그리고 대일여래를 중심에 모신 만다라가 완성되어 밀교적 세계의 축도가 되었다.

만다라(曼茶羅, Maṇḍala)란 보다 시각적이고 육감적이며 상징적인 방법을 동원하여 밀교교리와 사상을 전개시킨 것으로서 원래 부처님께서 깨달으신 세계(悟境)를 말한 것인데, 그 의미를 전향하여 수행의 도량 또는 불보살 등 제존을 봉안하는 뜻으로도 쓰이게 되었다. 또 대일경사상을 상징적으로 묘사한 것은 태장계만다라이고 금강정경사상은 금강계만다라로 체계화되었다. 태장계만다라는 중생에게 원래 갖추어져 있는 맑고 깨끗한 본성인 정보리심(淨菩提心)을 나타낸 것으로 이법신(理法身) 또는 이만다라(理曼茶羅)라고 한다. 금강계만다라는 중생이 아직 깨닫지 못한 무명의 상태에서 그 본성인 보리심을 깨달아가는 수행의 공덕을 나타낸 것으로서 이를 지법신(智法身) 혹은 지만다라라고도 한다. 그런데 이 이법신과 지법신은 서로 다른 별개의 것이 아니라 본래 불이(不二)의 관계에 있다. 그것은 본체가 서로 같기 때문이니, 일체법은 자성이 없어서 본래 무생이고 불생이며 공이다. 즉 밀교에서는 유(有), 공(空), 불생(不生)의 의미를 지닌 아자(阿字)를 교의의 근본으로 하고 있는 것이다. 이것이 아자체대설(阿字體大說)이다. 이 아자를 기본으로 후에 6대연기설(六大緣起說)도 형성되었다. 모든 존재를 구성하는 본체를 6대(六大; 地水 火 風 空 識)로 파악하고 6대 자체에 각기 다른 나머지 5대를 갈무리하고 있어 6대는 무진연기의 세계를 전개하게 되는 것이다.

밀교에서는 이러한 아자(阿字)나 6대체대에서 생성된 모든 존재의 모습(相)을 다시 4종의 만다라로 표현하고 있다. 즉 대만다라(mahāmaṇḍala), 삼마야(samaya)만다라, 갈마(karma)만다라, 법(dharma)만다라 등 4종 만다라로 법의 실상을 나타내고 있는 것이다. 이 4종 만다라는 종교적 의미와 함께 철저한 현실긍정의 철학적 의미도 담고 있다. 회화, 조각 등으로 표현된 불보살상과 상호의 덕성을 말하는 대만다라는 바로 6대로 구성된 우주와 인생의 전체적인 모습이다. 삼마야만다라는 불보살만이 가지고 있는 물건〔持物〕과 수인(手印)의 특성을 말하는데, 이는 각 개체들의 독립된 모습을 의미한다. 갈마만다라란 불보살이 중생구제를 위하여 행하는 일체의 활동을 의미하는데 모든 존재의 변화나 작용과 다른 것이 아니다. 그리고 법만다라는 불보살의 명칭과 가르침의 내용을 뜻하는 것으로, 독립된 각 개체의 명칭이나 문자, 음성, 언어 등을 가리키는 말이기도 하다. 이처럼 일체의 존재는 모두 4만의 모습 아님이 없다〔四曼實相〕. 일체만상이 다 6대 법신의 당체인 까닭이다. 단지 중생들의 무지에 의해 그러한 진리를 깨닫지 못할 뿐이다. 그래서 갖가지 불행과 악을 자아내고 있는 것이다.

그러므로 밀교에서는 중생으로 하여금 6대〔體〕로 구성된 동체와 4만〔相〕의 세계를 깨닫고 체득케 하기 위하여 그 실천 수행의 방법으로서 삼밀작용〔用〕을 교설하고 있다. 삼밀가지(三密加持)

또는 삼밀상응을 통해 성불로 인도하고 있는 것이다. 중생의 삼업을 밀교에서는 삼밀이라 하며, 가지나 상응이라는 말은 힘이 합하여져 동화되는 현상을 가리킨다. 삼밀에도 불(佛)의 삼밀과 중생의 삼밀이 있으며 중생삼밀은 다시 유상(有相)삼밀과 무상(無相)삼밀의 작용이 있다.

몸으로는 불보살의 행위인 결인(結印)을 하고 입으로는 진언(眞言)을 염송하고 마음으로는 언제나 부처님과 같이 삼마지(samādhī)에 들어서 본존인 법신대일여래의 덕성을 생각케 한다. 이를 중생의 유상삼밀이라 한다. 밀교의 수행자가 이렇게 유상삼밀을 행하는 동안 대일여래의 삼밀과 덕성의 위신력이 수행자의 삼밀에 상응하고 수행자의 신심이 부처님의 삼밀과 가지하게 된다. 부처님의 신밀(身密)과 중생의 신밀이 가지하고, 부처님의 어밀(語密)과 중생의 어밀이, 부처님의 의밀(意密)과 중생의 의밀이 서로 감응하여 결국은 중생과 법신이 일여하게 된다. 이러한 경지를 가지성불(加持成佛)이라고 한다. 중생이 삼밀가지의 수행을 닦아 일단 가지성불을 하고나면 이제는 따로 결인과 특수한 진언의 지송이 필요하지 않게 된다. 일체의 행위가 결인 아님이 없고 모든 언어와 음성이 그대로 진언이요, 일체 마음이 그대로 삼마지이니 이러한 경지의 삼밀작용을 무상삼밀이라고 하는 것이다. 그리하여 깨달은 자의 삼밀상에 우주만유의 덕상이 모두 갖추어져서 우주법계의 대아를 이루게 된다. 바로 이러한 육신성불을 목적으로 수행하는 것이다.

그런데 후기 밀교시대로 가면 성(性)을 통한 요가의 실천을 주장하는 좌도밀교(左道密敎)가 나타나게 된다. 인도불교의 최후에 발달한 것이 바로 이 좌도밀교였던 것이다. 초기 금강정경의 사상〔右道密敎〕이 반야공을 여성적 원리로 하고 방편을 남성적 원리로 하여 이것을 형이상학적으로 조화, 실천하려고 한 것과는 달리, 이 두 원리를 몸으로써 체험하려는 시도가 일어났다. 세계와 자기를 대우주와 소우주로 보고 이것이 서로 감응하는 것을 육체로 체험하여 깨달음을 성취하는데, 이때에 행자는 반야로서의 소녀를 필요로 한다. 남녀의 성욕과 본능을 긍정한 것이다. 이를 함께 산다는 뜻으로 구생승이라 한다. 이 구생승은 『시륜경』을 중심으로 교단을 조직한 것이다. 반야와 방편이 둘이 아님을 영원의 시간 속에서 찾는 것이다. 현재 자기가 갖고 있는 보리심의 무한성이 설해지고 그 마음이 곧 부처라고 한다. 따라서 이 몸 그대로가 본초불이요, 시륜불이며 금강신이다. 금강은 현교에서도 사용하지만 특히 인도의 밀교가들이 즐겨쓰는 용어여서 후기밀교의 일파인 금강승이 이러한 후기의 비밀불교 전체를 지칭하는 말로도 되었다.

이 사상은 본성청정설이나 여래장사상 등을 이은 것으로 인도 대승불교의 절정에 위치하는 것으로 볼 수도 있으나 그것이 잘못되어 음란하게 되었던 것이라 하겠다. 이 인도 후기밀교에서는 불교가 인도교와 모든 면에서 손을 잡게 되었고, 그러다가 점차 인도교와 밀교의 힘의 교체가 이루어지게 되었다. 인도에서 1203년 이슬람교도의 침입으로 비크라마시라 밀교성전이 파멸당하자 불교가 멸망하게 되었다고 한다. 그러나 불교가 그때 멸망했다기보다 그 이전에 이미 인도인의 정신문화 속에 흡수 해체되어버렸던 것이라 하겠다.

우리 한국도 좌도밀교는 받아들이지 않았으나 여타의 불교국가와 마찬가지로 밀교가 전래된 지 오래이고, 밀교의궤는 불교사상

과 신앙의례의 전반에 깊숙이 뿌리박혀 있음을 볼 수 있다. 인도
불교가 소멸되어가던 그때의 모습은 지금도 우리에게 많은 시사
점을 안겨주고 있음을 항상 잊지 말아야 할 것이다.

Ⅴ. 중국불교(中國佛敎)

V. 중국불교(中國佛教)

1. 중국 종파불교의 성립

석존 재세 당시인 근본불교시대에는 석존의 감화가 주로 갠지스 강 유역의 여러나라에 미치었다. 물론 부루나 존자나 가전연 존자를 위시하여 많은 제자들의 전도를 통해 인도서부 등 여러 지역에도 부분적으로 불교가 유포되기는 했다.

그런데 기원전 3세기경, 중인도 마우리아 왕조에 아쇼카 왕이 출현하여 전인도를 통일하면서부터 상황은 크게 달라지게 되었다. 호불왕인 아쇼카 왕의 적극적인 외호에 의해 불교는 인도 전역뿐 아니라 외국에도 널리 전파되었던 것이다. 왕은 아들인 마힌다 장로와 딸 상가미타로 하여금 스리랑카에 불교를 전하게 한 것을 비롯하여 많은 전도사의 파견으로 불교를 일약 세계적인 종교가 되게 하였다. 남쪽으로는 스리랑카, 북쪽으로는 히말라야 및 중앙아시아, 동쪽으로는 버마, 그리고 서쪽으로는 멀리 그리스, 이집트에까지 불교가 퍼지게 되었다.

그후 다시 2세기 전반에 서북인도를 중심으로 하여 중앙아시아에 걸쳐 광대한 영토를 점유한 대월지국 카니시카 왕의 보호로 말미암아, 자바 등 동남아 쪽으로도 확장되고 페르시아와 소아시아 방면으로 서점(西漸)하였다. 그리고 이미 그 이전에 동점(東漸)을 시작했던 불교는 더욱 세력을 얻어서 인도와 서역지방으로부터 활발하게 중국을 향하여 전래되었고 또 우리나라, 일본, 티베트 등 각국으로 유포되었다. 그리하여 동·서양 각국에 불교가 널리 퍼지게 되었던 것이다. 근래에 와서는 구미 각국에도 선포되어 불교를 신봉하는 신도의 수는 헤아리기 어려울 만큼 세계적인 성황을 이루고 있다.

중국에 불교가 전래되는 모습을 보면, 초기에는 인도불교 그대로가 아니고 서역지방에 전해져 있었던 서역불교가 전래된 것이었다. 중국불교 초전에 관해서는 10여 종의 이설이 있다. 그 가운데서 '금인강정설(金人降庭說)'이 거의 정설로 인정되어오고 있다. 후한 명제 영평 10년(67)에 금인(金人)이 서방으로부터 큰 빛을 내면서 궁궐 정원에 내리는 꿈을 꾸고 서방에 불교가 있음을 알게 된 명제는 서역으로 사신들을 보내어 불교를 구하게 하였다. 사신들은 중도에서 백마에 불상을 싣고 동행하던 가섭마등과 축법란을 만나서 함께 돌아오니 명제는 크게 기뻐하여 낙양 성문밖에 백마사(白馬寺)를 짓고 거주하게 하였다. 그들은 이곳에서 경전을 역출하였는데 현존하는 사십이장경이 곧 이때에 역출된 것으로 알려져 있다. 하지만 불교가 중국에 들어온 시기가 그보다 훨씬 앞섰다는 것은 상식화된 일이다. 전한 애제(B.C. 2) 이전부터 주로 무역하던 상인들에 의하여 전해지게 되었을 것으로 추정되고 있다. 그러나 실질적인 중국불교의 시작은 가섭마등보다 약 80년 후(147) 서역에서 온 안세고와 지루가참에 의한 경전의 역출로부터 잡고 있다.

중국불교 1900년 역사의 전반 900년은 범어불전의 번역과 연구의 시기였고, 그를 통한 교학의 발전이 후반기 동안 이루어졌다고 할 수 있다. 그러므로 중국불교사에 있어서 불전의 한역과 출판은 중요한 비중을 차지하고 있다. 중국불교의 위대함은 이 불전의 번역과 출판에 있다고 해도 과언이 아니다. 중국불교에 있어서 번역에 종사한 사람도 수백 명을 헤아린다. 주로 역경에 종사하면서 경·율·론에 통달한 스님을 삼장(三藏)이라는 칭호를 붙여 존경하였다. 구마라집 삼장, 현장 삼장은 모두 그러한 의미로 주어진 칭호이다.

한역된 경·율·론의 불전은 동진의 도안(道安; 314—385)이 「종리중경목록〈綜理衆經目錄〉」을 작성한 이래 계속 목록으로 정리되어졌다. 당의 개원시대에는 왕명에 의하여 대장경으로 정돈되어 목록이 만들어졌으며, 북송에 이르러 비로소 대장경의 출판을 보게 되었다(983). 이는 촉땅에서 이루어졌으므로 촉판대장경(蜀版大藏經)으로 불리게 되었다. 그후 중국에서는 거듭 16차례나 대장경이 간행되었다. 그런데 한 가지 크게 아쉬운 점은 한역 후 범어원본을 남겨두지 아니하였던 점이다.

이처럼 중국에 불교가 들어온 후 중국불교는 번역 일변도였으나, 동진 이후에는 불교의 전문적인 연구도 경전의 번역과 함께 병행되기 시작하였다. 번역과 동시에 새로운 학문적 체계도 수립하였던 것이다. 그리하여 각 경론에 담겨져 있는 불교사상을 중심으로 한 연구는 남북조시대를 거쳐 수·당대에 이르러서는 드디어 열매를 맺고 조직대성되어 제종으로 독립하여 나타났던 것이다.

이러한 종파의 독립은 중국불교사상 13종으로 일컬어지고 있

다. 지론종(地論宗), 섭론종(攝論宗), 비담종(毘曇宗＝俱舍宗), 성
실종(成實宗), 삼론종(三論宗), 열반종(涅槃宗), 율종(律宗), 선종
(禪宗), 천태종(天台宗), 정토종(淨土宗), 법상종(法相宗), 화엄종
(華嚴宗), 진언종(眞言宗＝密敎) 등 13종이다. 이들은 교단으로
서의 종(宗)이라기보다 학파적인 성격이 농후한 것도 있고(前7
宗), 반면에 학파적인 성격도 강하게 띠고 있지만 교단으로서의
종파로 발달한 것도 있다(後6宗). 그리고 인도에서 발달한 것이
거의 그대로 번역, 이식된 것과 새로 중국에서 발달, 성립한 것과
의 2종으로도 구별할 수 있다. 즉, 비담종·성실종·삼론종·지론
종·섭론종·법상종 등은 논을 소의로 하였고 그 논이 인도 논사
의 연구성과인 관계로 인도적이라 할 수 있으며, 여타 종파는 경
·율을 소의로 하여 그 경·율이 번역된 뒤에 중국에서 발달한 것
이므로 중국적이라고 할 수 있다.

　이러한 13종의 성립 발달과정을 보면, 처음 동진시대에 전개한
학파로 연구의 중심이 된 것은 비담, 성실, 삼론, 열반 등이었다.
먼저 비담종의 비담은 구체적으로는 아비달마로서 널리 소승논부
에 붙이는 명칭이나 그 논부는 주로 유부에 속하는 것이므로 비
담을 받드는 학파는 곧 유부로 보고 있다. 그중 세친(世親) 논사
가 지은 구사론 이전의 유부를 특히 비담학파라 하고 구사론에
의한 유부를 구사학파라 지칭하게 되었다. 이 유부학파가 중국에
전래될 때도 자연 신·구의 구별이 생기게 되었으니, 비담학은 전
진(前秦)의 부견(符堅;338~385) 때 전래되고 구사학은 진제 삼
장(眞諦三藏)에 의해 전래되었다. 이는 다시 당(唐) 현장에 의해
재전되어 구사종이라 하였다. 비담파 경전은 안세고에 의해서도
일부 전래되긴 하였으나 근본소의 경론의 번역자로서는 승가제바

(388-390)의 공적이 크다.

다음 성실종은 성실론을 주 소의로 한 것이다. 이 논이 중국에 전래되어 구마라집에 의해 역출(411-412)된 이후 중국에서도 성실론의 학파가 수립되었다.

삼론종은 용수의 『중론』·『백론』과 제바의 『십이문론』이 중국에 전래되어 구마라집의 번역(384-414) 이후 제자인 승조 등에 의해 연구가 활발하게 되었다. 후에 길장(549-623)에 의해 종파로서의 교의가 완전히 체계화되었다.

열반종은 중천축국의 담무참(385-433)이 『열반경』을 역출(423)한 이후, 열반경에 대한 연구로 하나의 학풍을 형성하게 되었다. 직접 경전을 연구하여 한 종지를 이룬 것은 열반종이 최초이다. 이 열반경의 사상이 중국불교에 미친 영향 또한 대단히 크다.

지론종은 보리유지 등에 의하여 역출(508-512)된 세친의 『십지경론』을 소의로 하며 혜광을 개조로 성립하였다.

섭론종은 세친의 『섭대승론』을 진제삼장이 번역(563)한 이후 담천(542-607)에 의해 널리 전파되어 일파를 형성하게 되었다.

정토종은 세친의 『정토론』을 보리유지가 번역(529)한 이후 활발히 전개되어 담란(476-525)이 설립하고 선도(613-681)가 완성한 것이다. 중국에 정토사상이 전파된 것은 후한 명제 때 안세고가 『불설무량수경』을 역출함으로부터였다.

천태종은 『법화경』(구마라집이 406년에 묘법연화경 역출)을 소의로 하며 천태지의(531-597)에 의해 천태교학이 완성되었다.

화엄종은 『화엄경』(불타발타라가 418년에 60화엄경 역출)을 소의로 하며 현수법장(643-712)이 화엄교학을 대성시켰다.

율종은 『사분율』을 혜광(402-412)이 번역하고 설립하였는데 당 도선(596-667)에 의해 완성되었다.

법상종은 현장(600-664)에 의해 개종(開宗)되었는데『성유식론』의 역출로 완성되었다.

선종은 양 무제 때 보리달마에 의해 발아된 후 당대에 이르러 신수(605-706), 혜능(638-713)의 출현으로 확립되었다. 당 중기 이후, 삼무일종(三武一宗)의 폐불사건 중 회창법란을 맞아 불교 제종이 점차 쇠퇴해갈 때도 선종은 더욱더 번성하였다.

밀교(진언종)는 당 중엽의 선무외(638-735), 금강지(663-723)가『대일경』과『금강정경』을 역출하고 불공삼장(705-774)이 그 사상을 크게 확장함으로써 성립되었다. 물론 밀교의 경이 중국에 전역된 것은 동진시대(317-419) 전반부터였고 그후 각 시대를 통해 번역이 계속되었다. 그러나 그 대부분은 주문〔神呪〕에 속한 것이었고 순밀의 전래는 당 중기에 이르러서였던 것이다.

이상의 13종 외에 특기할 만한 것으로 삼계교(三階敎)가 있다. 삼계교는 수(隋) 신행(540-594)이 삼계불법을 제창하여 당시 불교계에 일대 충격을 던졌다. 그러나 신행의 몰후 개황 20년(600)에 국가에서 삼계교적을 금단하기에 이르러 교단은 표면상 드러나지 못하게 되어버렸다.

이상과 같이 비담종의 설립을 효시로 하고 밀교 진언종이 완성되면서 중국에서는 13종파가 확립하게 되었고 불교사상이 찬란하게 번창하였다. 중국불교는 이들 교학의 발전과 더불어 종파불교로 발전해갔으며 종파불교야말로 중국불교의 특색으로 주지되어 왔던 것이다.

2. 교상판석(敎相判釋)

중국 13종의 성립과 발전은 중국불교의 특색이 바로 종파불교라는 의미를 시사한 것임을 보았다. 그런데 각 종파의 성립과 사상을 이해하는 데는 교상판석(敎相判釋)을 빼놓을 수 없다. 교상판석은 줄여서 교판(敎判)이라고도 하는데, 경전들을 계획적·체계적으로 정리, 분류하여 불타의 본지를 천명하려는 의도에서 행하여졌다. 불교를 연구하고 해석하는 한 가지 방법론으로 사용된 것이다.

경전이 인도에서 중국으로 수입될 때, 어떤 계획 아래서 이루어진 것이 아니고 산발적으로 뒤섞여진 채 중국에 들어왔다. 이들을 차례로 한역하여 그 분량과 종류가 상당한 수에 이르렀을 때, 다양한 설법내용을 담은 경전들에 대한 체계성을 따지게 되었다. 그리하여 남북조시대부터 경전에 대한 분류가 있게 되었으니, 어느 경전이 불타의 근본적인 뜻을 나타내고 있는가를 결정하는 것이 주안점이 되었다. 말하자면, 경전 하나하나를 말씀한 시기, 그 대상, 설법한 목적, 방법 그리고 사상의 깊고 얕음 등을 연구하고 비판해서, 그에 따라 불타의 본뜻이 담긴 경전을 설정하고 이를 기본으로 하여 다른 경전의 지위를 판정하였다. 그렇게 하여 모든 경전을 몇 개의 부문으로 나눔과 동시에 경전의 내용을 단계적으로 분류하였다. 따라서 불교교리의 서열적 분류가 이루어지고 드디어는 모든 불교 교리가 조직적으로 체계지워지게 되었다. 이를 교상판석이라고 하는 것이다.

이러한 교상판석은 극히 주관적인 견해로서 입교개종(立敎開宗)의 교리적인 근거로서 없어서는 안 되었다. 교판은 종파가 분

110

립되지 않았던 그 이전인 남북조시대의 전반부터 이미 이루어지고 있었기는 하나, 중국의 모든 종파의 개조에 의하여 활발히 행하여졌던 것이다. 이 교상판석을 대표하는 것이 천태교판과 화엄교판이다. 천태사상과 화엄사상은 중국불교사상에 있어서 가장 발달되고 특색있는 사상으로 일컬어져 왔다. 중국 13종 가운데 실천적인 면에서 중시되는 것이 선종과 정토종이라면, 사상적 측면에서 쌍벽을 이룬 것이 천태와 화엄인 것으로 주지되어 왔다. 교판 역시 그와 함께 인식되어온 것이다.

천태교판이란 천태종의 개조인 천태지의(538−597)에 의하여 이루어진 오시 팔교판(五時八教判)을 말한다〔오시팔교는 高麗 諦觀의 천태사교의에서 자세히 설명되고 있으므로 오시팔교판은 오히려 제관에 의해 완성된 것이 아닌가 한다〕. 천태교판이 이루어지기 이전에는 10가의 교판이 유명하니 남삼북칠(南三北七)로 불리고 있는 것이 그것이다. 천태는 당시 유행하고 있었던 이 남삼북칠의 교판을 취사선택하여 새로운 독자적 교판을 수립한 것이다. 법화사상을 높이 평가한 천태는 이 오시팔교판에서 그 주장을 뚜렷이 내세우고 있다.

오시(五時)란 석존의 설법을 설하신 시대에 따라 5기로 분류한 것이니, 화엄시(華嚴時), 아함시(阿含時), 방등시(方等時), 반야시(般若時), 법화열반시(法華涅槃時)가 그것이다. 화엄시란 화엄경을 설한 시기이며, 불(佛)성도 후 최초 3·7일간에 해당된다. 아함시는 아함경을 설한 시기이며, 불성도 후 12년간이다. 방등시는 『유마경』·『능가경』 등 대승경전을 설한 시기이며 8년간이다. 반야시는 『반야경』을 설한 시기이며 22년(21년?)간이다. 끝으로 법화열반시는 『법화경』과 『열반경』을 설한 시기이며 최후

8년간으로 배대하고 있다. 그런데 이 오시를 설명할 때에 별오시(別五時)와 통오시(通五時)로 구별지어 설명하고 있으니 단계적으로 하나하나 따로 떼어 생각하는 것이 별오시라면, 기근이 성숙한 사람은 시간적인 차례에 따르지 않고 법화경의 의미를 파악한다는 것이 통오시이다.

팔교(八敎)란 화의사교(化儀四敎)와 화법사교(化法四敎)를 합한 것이다. 화의사교란 석존께서 설법하신 방법이나 설법의식에 따라 분류한 것으로 돈교(頓敎)·점교(漸敎)·비밀교(秘密敎)·부정교(不定敎) 등이다. 돈교는 방편을 말미암지 않고 처음부터 직접 불타가 스스로 증득한 법문을 그대로 설하신 교설이니 화엄경을 설한 것이 이에 해당된다. 점교는 불타의 증오(證悟)내용을 직접적으로 받아들일 수 없는 근기의 사람들을 위하여 방편으로써 교화하는 교설이니, 아함·방등·반야 등의 삼시교(三時敎)가 이에 해당한다. 비밀교는 불타께서 여러 근기의 대중들에게 가르침을 펴실 때 어떤 사람을 위해서는 돈교를 설함과 동시에 어떤 사람을 위해서는 점교를 설하여 다 이익을 얻도록 하는 가르침이다〔同聽異聞〕. 부정교란 부처님께서 한 음성으로 진리를 말씀하시지만 중생들은 각각 자기 근기류에 따라 이해하므로 이익을 다르게 얻는 가르침이다. 그런데 법화 열반시는 이 화의사교에는 포함되지 않는다. 즉, 법화·열반의 설법은 설법방법 등 형식적 시설이 불필요하다는 것이다. 이 네 유형에 속하지 않는 법화경에 와서 비로소 석존의 본뜻이 제대로 전개되었다고 보는 것이 천태의 입장이다. 그러므로 법화경은 이승·삼승이란 없고 오직 일불승의 법을 밝히고 있다는 것이다.

다음 화법사교는 불타가 가르치신 교법내용을 분류한 것이니 장교(藏敎)·통교(通敎)·별교(別敎)·원교(圓敎)가 그것이다. 장교는 삼장교인 소승교를 가리키는 것이고, 통·별·원의 3교는 대승교를 삼종으로 분류한 것이다. 이중 통교는 대승교 공통의 법문이고, 별교는 보살을 위해 설한 법문이며, 원교는 원융·원돈의 가르침으로서 천태교학이 이에 해당한다는 것이다.

이처럼 오시로써 석가 일대의 설법의 차제를 정하고, 팔교로써 그 설법의 의식〔化儀四敎〕과 교법의 천심〔化法四敎〕을 분별한 것이 천태교판이다. 그런데 이상과 같은 천태오시교판은 비록 의지한 바 경문의 명증〔經證〕이 있긴 하나, 현대의 경전성립사적 연구성과에 견주어 볼 때는 수긍하기 어려운 점이 많다. 오시교판이 역사적 사실과 일치하지 않기 때문이다. 그럼에도 불구하고 천태교판은 여전히 나름대로의 의미와 가치를 지니고 있기는 하다.

그후의 여러 교판 중에서 특히 널리 알려진 것이 화엄의 오교십종판(五敎十種判)이다. 중국의 화엄사상은 현수법장(643-712)에 이르러 융성, 발전하게 되었는데 법장은 모든 교설을 화엄경을 중심으로 체계적으로 조직하면서 오교십종, 동별이교(同別二敎)의 교판을 세웠던 것이다.

오교(五敎)란 소승교(小乘敎)·대승시교(大乘始敎)·종교(終敎)·돈교(頓敎)·원교(圓敎)이다. 소승교는 아함경 등의 설이요, 대승시교에는 공시교(空始敎)와 상시교(相始敎)가 있으니 상시교는 『해심밀경』, 공시교는 『반야경』 등이 이에 해당한다. 이는 대승 초문의 교이므로 시교라 한다. 종교는 대승 종극의 교설이라 하여 『열반경』, 『능가경』 등을 이에 해당시키고 있다. 돈교는 돈성(頓成)·돈증(頓證)의 교설로서 유마경 등을 말하나 후에는 선종을 이에 해당시키게 되었다. 끝으로 원교는 원융무애의 교설로서

『법화경』,『화엄경』의 교설을 말한다.

그런데 이 일승원교(一乘圓敎)에도 별교일승과 동교일승의 둘이 있으니 동교일승은 삼승을 융섭하기 위한 것으로 법화경이 이에 속하며, 별교일승(別敎一乘)은 일승이니, 삼승이니 하는 대립적 경계를 모두 떠난 구경일승의 교설이니 화엄경이 바로 이에 해당한다는 것이다.

다음 십종판은 경전에 담긴 바 종취를 중심으로 분류한 것이다. 나〔我〕와 법이 모두 있다고 주장하는 아법구유종(我法俱有宗), 법은 삼세에 걸쳐 실유하나 나는 없다는 법유아무종(法有我無宗), 현재의 제법만이 있으며 과거와 미래법은 법체가 없다는 법무거래종(法無去來宗), 현재법 중에도 가와 실이 있다는 현통가실종(現通假實宗), 속제는 허망하고 진제가 진실이라는 속망진실종(俗妄眞實宗), 일체법은 다만 이름뿐이고 실유가 아니라는 제법단명종(諸法但名宗), 일체법은 다 진공이라는 일체개공종(一切皆空宗), 일체법은 진여로부터 연기한 것이니 진여에는 항사성공덕을 구족한 여래장(如來藏)의 실덕이 있다는 진덕불공종(眞德不空宗), 능연심과 소연상이 모두 끊어진 무념무상의 경지를 추구하는 상상구절종(相想俱絕宗), 사사무애법계인지라 낱낱 사법(事法)은 다 일체의 공덕을 원만하게 구족하고 있다는 원명구덕종(圓明具德宗) 등의 10종이 그것이다. 이 10종가운데 전6종은 소승, 후4종은 대승을 그 종취에 따라 다시 나눈 것이다. 마지막 원명구덕종이 바로 별교일승으로서 무진(無盡) 자재무애함을 현현하는 화엄경 법문이라는 것이다. 이 십종판은 인도 교리사의 발달을 추구해서 판석하려는 노력이 보인다고 하겠다.

이상과 같이 천태종과 화엄종에서의 교상판석을 잠깐 살펴보았으나 이외에도 많은 교판이 행하여졌음은 물론이다. 각 종파에서 소의로 하는 삼장이 가장 부처님의 본뜻을 전하는 교설임을 증명하기 위한 노력으로 경전의 우열이 정해지고 사상의 심천(深淺)이 논해졌던 것이다. 교외별전임을 주장하는 선종에서조차 선문의 종지는 종승(宗乘)이라고 하여 선종이 최상승임을 천명하고 있다. 이러한 교판의 전모를 이해하여야 중국불교사상을 바로 알 수가 있을 것이다.

3. 천태사상(天台思想)

경전을 오시팔교로 교판하고 제5시와 일승원교에 속하는 『법화경』의 절대성을 입증하기 위하여 세운 독자적인 교설이 천태의 사상체계이다. 천태교학은 존재의 양상[諸法實相]을 밝히고 있는데, 그 근본적인 세계이론으로 일념삼천(一念三千) 사상을 내세울 수 있다. 일념삼천이란 일념은 한순간 혹은 일찰나의 한 마음을 의미하는데, 그 일념 가운데 삼천의 세계가 갖추어져 있다는 것이다. 중생의 일념 속에 일체만법현상이 본래 갖추어져 있어서 다시 의지할 것을 필요로 하지 않음을 말하는 것이니, 이것이 천태의 성구실상론(性具實相論)이다.

불교에서는 윤회하는 고통의 세계를 6도(六道)로 보고 있다. 지옥·아귀·축생·아수라·인간·천상의 여섯 세계이다. 이 6도를 벗어난 곳이 깨달음의 세계이니 대승불교에서는 이에 성문·연각·보살로 나누고 있다. 이 성문승·연각승·보살승의 삼승 위에 천태는 불승(佛乘)인 또 하나의 세계를 더하여 6범4성(六凡四聖)의 열 세계〔十界〕를 상정하고 있다. 그런데 이 10계는 각각 별개의 세계가 아니라 각 세계에 다른 10계가 갖춰져 있다고 한다. 이것이 십계호구(十界互具) 사상이다. 말하자면, 우리 인간계에는 그 자체 가운데 인간뿐 아니라 지옥·아귀·축생·수라·하늘 그리고 성문·연각·보살·불(佛)이 존재한다는 것이다.

우리의 삶을 보면, 화가 나서 싸울 때는 수라세계의 중생과 같고, 어느 때는 보살과 같은 대자비심을 일으켜서 이웃를 돕기도 한다. 순간순간 그 마음이 달라짐을 발견할 수 있다. 아무리 착한 사람이라도 착한 마음과 똑같이 악한 마음이 내재해 있고, 아무리 악한 인간이라도 악심과 동시에 선심이 있다는 뜻이다. 가능성으로서 10계를 다 갖고 있다. 이처럼 지옥계에도 그 자체에 불계(佛界)까지 존재하고, 불계에도 지옥계까지의 10계가 존재한다는 것이다.

성불할 수 없다는 일천제(一闡提)도 닦아 얻은 선〔修善〕은 없으나 본성인 가능성으로서의 선〔性善〕은 있으며, 부처도 닦아 여의어야 할 악〔修惡〕은 없으나 가능성으로서의 악〔性惡〕은 존재한다고 한다. 만약 부처에게 성악조차 없다면 악으로 가득찬 중생계에 시현해서 중생을 제도〔同事攝〕할 수 없을 것이기 때문이라고 한다. 그러므로 아비지옥도 모두 부처의 마음에 있고, 부처의 세계도 범부의 일념을 넘지 않는다. 이같이 부처에게까지도 악이 있다는 주장이 바로 '성악설(性惡說)'이다. 이렇게 십계(十界) 상호간에 십계가 갖춰지므로 백계(百界)의 세계가 이루어진다.

이 백계에 십여시(十如是)가 덧붙여져서 천세계가 된다. 십여시란 『법화경』「방편품」에 나오는 여시상(如是相), 여시성(性),

여시체(體), 여시력(力), 여시작(作), 여시인(因), 여시연(緣), 여시과(果), 여시보(報), 여시본말구경(本末究竟)을 말한다. 십여시의 구체적 의미를 보면, 상(相)은 겉모습이니 표면에 나타나 관찰이 용이한 형상이다. 성(性)은 성분이니 내재하는 불변적 본성, 본질이다. 체(體)는 체질이니 상과 성이 합하여 이루어진 중생의 주체이다. 역(力)은 역용, 공능이다. 작(作)은 작위, 조작이다. 인(因)은 업인이니 미래의 과를 초래케 하는 직접적인 원인이다. 연(緣)은 조연(助緣)이니 간접적인 원인이다. 과(果)는 결과이니 지은 바 인에 따라 얻어진 과이다. 보(報)는 과보이니 간접적 연으로 생겨나게 된 내세의 보응이다. 본말구경(本末究竟)은 본상으로부터 말보에 이르기까지의 본말이 모두 구경평등하여 차별이 없음을 말한다. 온갖 법은 이러한 외면의 형상, 내면의 본성, 사물의 주체, 잠재적 힘과 작용, 구조, 직접적 원인, 간접적 원인, 직접적 인의 결과, 간접적 연의 과보, 그리고 이 형상에서 결과까지를 궁구하는 평등원리 등 십여시를 다 갖추었다는 것이다.

이 일천세계에 다시 삼종세간(三種世間)을 곱하여 삼천세계가 나오게 된다. 삼종세간이란 오음세간, 중생세간, 국토세간을 말한다. 중생세간은 정보(正報)로서 주체적인 중생을 말하며, 국토세간은 의보(依報)로서 중생이 살고 있는 환경인 국토를 말하며, 오음세간은 오온세간이라고도 하니 일체를 구성하는 색·수·상·행·식 등의 요소로서 앞의 두 세간의 총체를 말한다. 백계천계의 체성을 분석해보면 기본적으로 이 오온을 벗어나지 않기 때문이다.〔화엄교학(華嚴敎學)에서는 지정각세간(智正覺世間), 중생세간(衆生世間), 기세간(器世間) 등의 삼종세간을 설정하고 있다.〕

위와 같은 전체 우주의 모습, 즉 삼천의 실상이 곧 일념 속에 존재한다고 간주하여 일념삼천이라 한 것이다. 삼천세계가 한순간의 우리 마음에 다 내포되어 있다는 것이 바로 일념삼천설인 것이다. 현재 우리가 살고있는 순간순간의 일념 가운데 삼천세계가 갖춰 있으며, 우주의 삼라만상이 낱낱의 당처에 삼천세계를 갖추었다는 뜻이다. 이 갖추었다는 것은 공간적으로 삼천을 포함하고 시간적으로 삼천을 발생한다는 것이 아니고, 낱낱 그대로가 삼천의 제법임을 표시하는 말이다.

이 삼천제법 중 한 법을 들면 반드시 삼천의 제법을 갖추나 가장 관하기 쉬운 자기의 망심을 취하여 처음 공부하는 행자에게 보여주고 있다. 우리에게 있는 무한한 가능성은 불계에도 이를 수 있는 가능성이다. 여기서 불타의 세계로 갈 수 있는 천태의 체계적인 실천방법으로 지관겸수가 주창되고 있다. 이른바 천태선(天台禪)이라 불리는 것이 그것이다. 지관(止觀)은 일찍이 관심(關心)의 선수행으로 간주되었다. 지관의 지(samatha)는 모든 심상(心想)을 정지하고 무념에 머무는 것을 말하고, 관(vipaśyanā)은 망상의 산란한 마음을 멈추고 참지혜가 나타나서 모든 존재의 참모습인 실상을 관찰하는 것이다. 지는 정(定), 관은 혜라고 번역되기도 하고 또는 적(寂)과 조(照)라고 해석되기도 한다. 아무튼 지와 관은 실제로는 둘이 아닌 하나로, 마음을 일정한 곳에 멈추어 진리를 관찰하는 것이다.

이 지관의 방법에는 삼종지관〔漸次止觀, 不定止觀, 圓頓止觀〕이 있고, 그 대표적인 원돈지관에는 사종삼매, 십승관법(十乘觀法), 일심삼관 등의 정수행(正修行)과 이십오 방편(二十五方便)의 방편행이 있다. 여기서는 사종삼매(四種三昧)와 일심삼관(一心三觀)에 대해서만 약술해보기로 한다.

일심삼관이란 원융삼관이라고도 하는데 일심을 대상으로 하고 삼제(三諦)가 원융함을 관하여, 삼관상이 일심 중에 성립함을 관찰하는 것이다. 일체존재의 실상을 원융삼제(圓融三諦)의 관법으로 발견해가는 것이다. 삼제란 공(空)·가(假)·중(中)의 세 가지 진리이다. 모든 존재하는 것은 공이라고 관하는 것을 공제(空諦)라고 한다. 가제(假諦)란 모든 존재를 가(假)라고 인정하는 것이다. 제법의 체성은 공(空)하나 현상적으로 없지 않으므로 가(假)의 존재를 받아들이는 것이다. 그러나 또한 가(假)인 현상에 집착하는 것을 경계하기 위하여 다시 가제와 공제를 상호 부정하여 중제(中諦)를 말하게 된다. 가제에 의해 공제를 부정한 것처럼 공제에 의해 가제를 부정한 것이다.

하지만 이 중제는 공제와 가제를 떠나 있는 것은 아니다. 공제 가운데 가제와 중제를 포함하고, 가제 가운데 공제와 중제를 포함하며, 중제 가운데 공제와 가제를 포함하고 있다. 이 세 가지 존재의 자각이 혼연하여 일체가 된 곳에 삼제원융의 경지가 전개되는 것이다. 한 경계에 이 삼제가 갖추어져 있다는 뜻이다. 이것을 즉공(卽空), 즉가(卽假), 즉중(卽中)의 삼제라고 한다. 이 삼제의 진리를 관하는 것이 삼관이며, 우리 한 마음이 그대로 원융삼제라고 관하는 것이 일심삼관이다. 모든 존재가 있는 그대로 제법실상의 진리라고 보는 근거가 여기에 있는 것이다. 삼천 삼제가 일념 일심에서 생긴 것이고 또 그것에 갖추어진 것으로 파악하였으니, 일심은 만상과 그 실상의 원천으로서 진여 본성 곧 본체와 상통하는 것이다.

사종삼매란 마음을 하나의 대상에 오로지 집중하여 바른 지혜를 얻기 위한 실천의 방법으로 신체의 서고 앉는 동작에 따라 네 가지로 나눈 것이다. 먼저 상좌삼매(常坐三昧)이니, 앉은 채로 마음을 가라앉혀서 한 부처님의 명호를 부르면서 진리를 관하는 것이다. 다음은 상행(常行)삼매이니, 도량 내 불상의 주위를 걸으면서 아미타불의 명호를 염창하는 것이다. 셋째는 반행반좌삼매이니, 방등삼매 혹은 법화삼매(法華三昧)라고도 한다. 일정한 기간〔三七日〕 동안 불상의 주위를 돌면서 걷기도 하고 좌선도 함께 겸하여 하는 수행이다. 이때에는 예불, 참회, 송경 등을 수행한다. 넷째는 비행비좌삼매이니, 앞의 세 삼매 외에 할 수 있는 모든 삼매를 말한다. 말하자면, 신체의 행주좌와(行住坐臥) 어느 동작이든 관계없이 그 동작 속에서 우리의 마음을 응시하여 지혜가 나타나도록 하는 것이 사종삼매라는 천태의 실천방법인 것이다.

4. 화엄사상(華嚴思想)

중국 화엄사상은 화엄종조를 중심으로 한 화엄종에서 본 『화엄경』의 중심사상을 말한다. 그중에서도 특히 화엄종을 대성시킨 현수법장(643-712)의 화엄사상〔法界緣起〕을 대표적으로 일컫고 있다.

천태사상이 성구(性具, 性惡)사상이라 한다면, 화엄사상은 성기(性起, 性善)사상으로 중국불교사상사를 통해 쌍벽을 이루기도 하였다. 법장은 스승 지엄존자의 화엄교학을 이어받아 오교판을 세우고 화엄을 일승원교로 확정지었다. 아직 삼승을 상대하고 있는 동교일승〔법화〕과는 다른 별교일승이라는 최상위에 화엄을 올려

놓고 있다.

경의 중심사상을 고찰함에 있어서 경의 제목[經題]을 통하여 대의를 파악하는 방법이 있다. 화엄경(華嚴經, Avataṃsaka Sūtra)은 갖추어서 대방광불화엄경(大方廣佛華嚴經, Mahā Vaipulya Buddha Gaṇḍa Vyūha Sūtra)이다. '대방광불화엄'을 설하고 있는 경인 것이다. 대방광하신 부처님을 갖가지 꽃으로 장엄한다는 뜻이다. 크고 반듯하고 넓다는 대방광은 부처님의 모습을 표현한 말이다. 부처님의 지혜와 자비, 원력과 위신력이 무한히 크고 깊고 너르다는 것을 담고 있다.

그러한 무진 부처님의 세계를 보살 만행화로 드러내 보여주는 것이 화엄이다. 이처럼 부처님의 깨달음의 세계를 펴고 있기에 『화엄경』을 불타 자내증의 개현(開顯)경이라고 한다. 경전 성립 사적으로 볼 때 화엄경은 대승보살에 의해 새불교운동이 한창 꽃피던 시대인 서력기원 후에 성립된 초기 대승경전임에도 불구하고, 성도 직후 보리수 나무 아래에서 화엄경을 설했다고 함도 이를 상징한 것으로 볼 수 있다. 『화엄경』의 대방광불은 삼불원융(三佛圓融), 십신구족(十身具足), 융삼세간(融三世間)의 청정법신(淸淨法身), 비로자나불(毘盧遮那佛, Vairocana)이다. 석존(釋尊)이 곧 비로자나이며 노사나불이 곧 비로자나불인지라, 법신·보신·화신의 삼불이 원융한 부처님이다. 이 화엄교주 비로자나불은 우주만상인 삼종세간에 두루해 계시는 변만불[光明遍照]이다. 그래서 화엄불은 정각불·원불·업보불·주지불·화불·법계불·심불(心佛)·삼매불·성불(性佛)·여의불 [行境十佛]이다. 뿐만 아니라, 중생신·국토신·업보신·성문신·연각신·보살신·여래신·지신(智身)·법신·허공신[解境十佛]이다. 모든 것이 비로자나 부처님의 화현 아님이 없다. 여래출현(如來出現)이며, 여래성연기(如來性緣起) 즉 성기(性起)이다. 우리 범부중생이 그대로 부처임을 깨우쳐주고 있다.

『화엄경』에서는 위와 같은 대방광불의 세계를 문수, 보현보살을 위시한 제보살들이 설하고 있다. 비로자나불의 본원력과 위신력 그리고 보살 자신의 선근력으로 삼매에 들어 부처님의 지혜를 성취한 보살들이 부처님의 세계를 드러내고 있는 것이다. 부처님의 세계가 보살행을 통하여 장엄되며, 그 보살행을 행함으로써 우리 범부중생이 바로 부처의 삶을 살게 됨을 보이고 있다.

중생이 본래 부처이지만 그러나 중생은 자기가 바로 부처인 줄을 모르기 때문에 신심과 발심이 필요하다. 신심이란 자기가 부처인 줄을 확실히 믿는 것〔淨信〕이다. 이 신심을 성취하면 아뇩다라삼먁삼보리심을 일으키게 되고〔發心〕, 처음 발심할 때가 바로 깨달음을 이루는 때이다〔初發心時便成正覺〕.

『화엄경』에서의 초발심은 보살계위 중 최초의 단계인 초발심주에서 이루어지고 있다. 그러므로 십주, 십행, 십회향, 십지, 등각, 묘각으로 이어지는 화엄의 보살계위〔42位〕는 성불로 향해가는 인행이라기보다 정각 후의 보리행이며 불행(佛行)이다. 인(因)과 과(果)가 둘이 아닌 인과교철의 과행이다. (대승보살계위로는 보통 10信·10住·10行·10廻向·10地·4加行·등각·묘각·구경각 등 57위를 들고 있다. 그러나 화엄경에서의 신(信)의 단계는 10신이라기보다 모든 보살도를 지지하고 있는 기반이다).

「입법계품」에서 선재동자가 역참한 53선지식의 낱낱 해탈문도 다 독자적인 가치를 지닌 완전한 해탈문이며, 선재의 역참은 구체적으로 불세계를 구현시켜 나가는 역정인 것이다. 그러므로 화엄사상을 보살사상으로 규정짓고도 있다. 그 가운데서도 십지행을 대표로 내세우고 있다. 그래서 「십지품」을 「입법계품」 못지 않게 중시해왔던 것이다.

십지의 보살행은 10바라밀을 차제로 내세우고 있다. 또한 구체적으로는 초지인 환희지에서 십대원을 세우고, 제2 이구지에서는 십선도를 행하며, 제3 발광지에서는 삼법인을 관하며, 제4 염혜지에서는 37조도품을 닦으며, 제5 난승지에서는 사성제를 닦으며, 제6 현전지에서는 12연기를 관하며, 제7 원행지에서는 십바라밀을 닦으며, 제8 부동지에서는 무생법인을 얻으며, 제9 선혜지에서는 사무애지를 얻으며, 제10 법운지에서는 대법우를 내리는 내용으로 서술되어 있다. 근본불교 교설에서의 수행법에서부터 일승의 실천법에 이르기까지 모두 화엄대해에 어우러져서 불국토를 장엄하고 있는 것이다. 이처럼 온갖 세계와 중생은 다 비로자나 부처님의 현현이며, 무량 보살행으로 불세계가 구현되고 있음을, 중국 화엄교가들은 무진연기인 '법계연기(法界緣起)'로 설명하기도 한다.

법장은 화엄종의 종취로서 '인과연기 이실법계(因果緣起 理實法界)'를 주창하고 있다. 인과연기는 사(事)요, 이실법계는 이(理)로서 이와 사가 둘이 아니며, 따라서 사와 사가 걸림없는 사사무애의 일진법계이다. 이 일진법계의 체는 일심(一心)이니, 화엄경의 대의를 '통만법 명일심(統萬法 明一心)'〔華嚴品目〕으로 간추림도 이와 맥을 같이 하는 것이다. 다시 말하면, 화엄의 수행법으로 법계관법을 시설한 것이다.

화엄사상에 있어서 그 우주관에는 사법계, 이법계, 이사무애법계, 사사무애법계 등의 네 가지 법계를 설정하여 설명하고 있다.

모든 우주는 일심에 통괄되고 있으며 이 통괄되는 것을 현상과 본체의 양면으로 관찰하면 네 가지 의미로 해석된다는 것이다.

첫째로 사법계(事法界)는 모든 차별있는 세계를 가리킨다. 사(事)란 현상, 사물, 사건 등을 뜻하는데, 낱낱 사물은 인연에 의해 화합된 것이므로 제각기의 한계를 가지고 구별되어지는 것이다. 개체와 개체는 공통성이 없이 차별적인 면만을 본 것이다.

둘째로 이법계(理法界)는 우주의 본체로서 평등한 세계를 말한다. 이(理)는 원리, 본체, 법칙, 보변적 진리 등을 가리키는데, 궁극적 이(里)는 총체적 일심진여이며, 공이며, 여여이다. 우주의 사물은 그 본체가 모두 진여라는 것이니, 개체와 개체의 동일성을 본 것이다.

셋째로 이사무애법계(理事無碍法界)는 이와 사, 즉 본체계와 현상계가 둘이 서로 떨어져 있는 것이 아니고 하나의 걸림없는 상호관계 속에 있음을 말한다. 사건과 원리가 완전 자재하고 융섭하는 경계이다. 구체적인 사건은 어떤 추상적 원리의 표현이며, 원리는 현현하는 사건의 증거이다. 이와 사가 함께 있음으로써 더욱 의미있는 개념이 된다. 공불이색(空不異色)이며 공즉시색(空卽是色)이다. 법장은 금사자장에서 금사자의 비유를 들어 그것을 설명하고 있다. 금이라는 금속은 이(理)의 미분화된 본체를 상징하며, 사자라는 가공품은 분화된 사(事) 혹은 현상인데, 사자가 금에 의존하여 표상되고 있음이 이사무애의 경계라는 것이다.

넷째로 사사무애법계(事事無碍法界)는 개체와 개체가 자재융섭하여, 현상계 그 자체가 절대적인 진리의 세계라는 뜻이다. 제법은 서로서로 용납하여 받아들이고[相入, 相容] 하나가 되어[相卽] 원융 무애한 무진연기를 이루고 있음을 의미한다.

이것이 곧 화엄의 법계연기이다. 일체의 대립을 지양한 화합과 조화의 모습이며, 걸림이 없는 무애자재한 세계이다. 이 사사무애의 세계는 이사무애를 바탕으로 하며 의지의 전환이 있어야 가능한 깨달음의 세계이다. 직접적이고 구체적인 체험과 실천행을 통해 현현하는 세계이다. 이것이 화엄경에서의 부처님의 세계이며, 보살행은 바로 이 사사무애의 세계를 드러내는 것이다. 중생은 보살행을 통해서 본래성불의 여래성을 구현한다. 이러한 법계를 관하는 관법을 중국 화엄조사들은 실천행으로 중시하였으니, 관법계가 다름아닌 입법계라 할 것이다.

이러한 화엄의 사사무애 무진 법계연기를 체계적으로 관찰한 구체적 설명이 십현연기(十玄緣起)와 육상원융(六相圓融) 설이다.

십현은 십현문(十玄門)이라고도 하며 열 가지 심오한 이론이라는 의미를 지닌 말이다. 화엄에서는 열(十)이라는 숫자는 원만구족을 뜻하는 만수(滿數)이다. 법장은 그의 화엄학개론이라고도 일컬어지는 『화엄오교장』에서는 스승인 지엄의 십현문설을 그대로 계승하고 있으나, 『탐현기』에서는 그것을 약간 수정하여 서술하고 있다. 전자를 고십현(古十玄), 후자를 신십현(新十玄)이라고 부른다.

신십현은 동시구족상응문(同時具足相應門)·광협자재무애문(廣狹自在無碍門)·일다상용부동문(一多相容不同門)·제법상즉자재문(諸法相卽自在門)·은밀현료구성문(隱密顯了俱成門)·미세상용안립문(微細相容安立門)·인다라망경계문(因陀羅網境界門)·탁사현법생해문(託事顯法生解門)·십세격법이성문(十世隔法異成門)·주반원명구덕문(主伴圓明具德門)이다. 이중 광협자재무애문과 주반원명구

덕문은 고십현에서의 제장순잡구덕문(諸藏純雜具德門)과 유심회
전선성문(唯心廻轉善成門)을 변형한 것이니, 사사무애연기라기보
다 이사무애로 혼동하게 될까 염려해서이다. 또 유심회전선성문
은 전체 연기문의 근본이기 때문이기도 하다. 그리고 은밀현료구
성문은 고십현의 비밀은현구성문(秘密隱顯俱成門)을 달리 표현한
것이다.

이 십현연기를 간략히 설명하면 다음과 같다. 첫째, 동시구족
상응문은 십현연기의 총설이다. 일체제법은 다 10의(十義 ; 敎義・
理事・境智・行位・因果・依正・體用・人法・逆順・感應)를 동시에 구족
상응하여 원만히 조화되어 있음을 말한다. 연꽃의 일례를 들어보
자. 먼저, 연꽃은 우리에게 연꽃이라는 알음〔知解〕을 내게 한다.
여기서 연꽃 자체는 능전교(能詮敎)이며, 연꽃이라는 지해는 소
전의(所詮義)이므로 연꽃이라는 하나의 사법(事法)에 교와 의가
동시에 구족해 있음을 알게 된다〔敎義〕. 또 이 연꽃의 모습은 사
법이며 연꽃의 체는 이성이다. 연꽃은 사건과 원리의 양면을 구
족하고 있는 것이다〔理事〕. 또 연꽃은 인(因)이면서 과(果)인
〔인과〕 등이다. 연꽃이라는 하나의 사법에 이러한 10의의 전세계
가 동시에 구족해 있다. 연꽃과 같이 다른 일체 법도 다 서로 대
립적인 모든 개념을 대표하는 이 10의를 동시에 구족하고 상응
하여 있다. 만상은 해인삼매중 일시 병현한 것이다.

둘째, 광협자재무애문은 연기제법에 각각 넓고 좁은 광협이 있
으면서도 무애하다는 것이다. 간격이 멀든 가깝든 간에 모든 존
재들이 아무런 장애가 없이 서로 친교하다는 완전한 자유의 이론
이다. 고십현에서의 제장순잡구덕문은 순(純)과 잡(雜)이 본분위
를 보존하면서 동시에 일념에 구족하여 원융무애함을 말한다. 순

수한 것과 잡박한 것이 섞여있으나 순수한 것은 순수한 대로 잡된 것은 잡된 대로 제자리에 있음을 의미한다.

셋째, 일다상용부동문은 하나와 전체가 서로 용납하는 신비이다. 하나는 전체에 들고〔一入多〕, 전체는 하나에 녹아있어〔多入一〕 무애자재하다. 그러면서도 각각 저나름대로의 개성으로 본래의 면목을 유지하고 있다. 하나와 전체가 혼란되지 않는 상입(相入)의 소식이다. 상입이란 이것과 저것이 서로 용납하고 받아들여 걸림없이 융합하는 것이다. 흔히 햇빛과 형광등 빛들이 서로 사귀어 무애 교섭함에 비유하며, 조그만 카메라 렌즈에 산하대지가 들어가는 것에 비유하여 설명하고도 있다. 하나란 하나라는 자성을 가진 확정적인 하나가 아니라 연기한 하나이다. 여럿에 의해 포용되고 여럿과 동일한 하나이다. 의상(義湘)은 이를 수십전법(數十錢法)으로 설명하고 있다.

넷째, 제법상즉자재문은 모든 요소들이 서로 동일시된다는, 궁극적 차별로부터의 자유이다. 자신을 부정하고 스스로를 다른 이와 동일시함으로써 종합적인 동일화가 이루어지니 독특한 대승의 실천이론이다. 서로 비춰보고 서로 동일시한 결과 우리는 함께 조화하여 움직인다. 두 가지가 하나로 융화하는 즉(卽)은, 우유와 물처럼 본래 하나가 아닌 것을 하나로 합일한 '즉'〔二物相合〕, 손바닥과 손등처럼 겉으로는 두 가지처럼 보이나 본래는 일체인 뜻으로 말하는 '즉'〔背面相飜〕, 물과 물결처럼 한 물건의 체 그대로가 다른 물건인 뜻으로 말하는 '즉'〔當體全是〕 등이 있을 수 있는데, 화엄의 相卽은 바로 이 당체전시로서의 즉이다. 바닷물과 파도가 다르지 않은 것처럼〔水波不離〕 이사무애가 상즉이며, 사사무애가 상즉이니 동풍에 의한 파도〔東風波〕와 서풍에 의한 파도〔西風波〕가 서로 다르지 않음과 같다.

다섯째, 은밀현료구성문은 숨은 것과 드러난 것이 각각 완전히 성립되어 있는 것이다. 금사자를 예로 들면, 우리가 사자로서 금사자를 볼 때는 사자뿐이며 금은 없다. 반면 금을 볼 때는 단지 금뿐이며 사자는 없다. 그러나 금사자는 엄연히 금과 사자가 합하여 성립된 것이다.《금사자장》 반달을 예로 들면, 반은 빛나고 반은 어두워 보이지 않는다. 그러나 감춰진 반이 없는 것은 아니다.《화엄현담》 지구에서 보는 달은 큰 공 크기에 지나지 않으나 실제로 작은 것은 아니다. 달 자체가 늘거나 줄지는 않는다. 우리에게 보인다고 다 있는 것이 아니며, (신기루 등) 또 우리가 볼 수 없다고 다 없는 것도 아니다(부처님 세계). 보이는 것이 없는 것인 줄 깨달아야 하며 보이지 않는 것도 볼 줄 알아야 한다. 우리의 주장이나 사고 또한 이러한 화엄의 총체적 사고방식을 가지도록 해야 할 것이다.

여섯째, 미세상용안립문은 미세한 것의 무애한 신비이다. 무한세계가 작은 먼지나 티끌 속에 존재하며, 이들 세계의 일체 먼지 속에 또다시 무한세계가 존재함을 말한다.

일곱째, 인다라망경계문은 인다라망의 비유에 의한 상호반영의 이론이다. 제석천궁전에 걸린 보배망의 각 보배구슬마다 서로 다른 일체구슬이 비쳐 무한 무진하게 교영하는 것같이 법계의 일체도 중중무진하게 연기상유하여 무애자재하게 연기해 있는 것이다.

여덟째, 탁사현법생해문은 사실적인 설명으로써 진리를 밝히는 것이니, 제연기법이 그대로 법계법문임을 말한 것이다. 모든 사사물물은 그 당체가 그대로 연기 현전한 것이므로 두두물물이 다 비로자나진법신 아님이 없다는 것이다. 비유는 곧바로 법의 상징이다. 법이 비유이고 비유가 곧 법이다. 그래서 화엄의 상징은 직현(直顯)인 것이다.

　아홉째, 십세격법이성문은 십세(十世)가 시간에 체가 있는 것이 아니므로 상즉상입하여 하나의 총합을 이루지만, 그러나 전후 장단의 구별이 뚜렷하여 질서가 정연한 것을 말한다. 과거·현재·미래의 삼세에 각각 삼세가 있어 구세가 되고 그 구세는 한생각〔일념〕에 포섭되므로 십세이다. 또 일념을 열면 구세가 되므로 합하여 십세이다. 오늘의 나를 기점으로 보면 아버지는 어제요, 할아버지는 그제며, 아들은 내일이고 손주는 모레에 해당된다. 그제는 과거의 과거이고 어제는 현재의 과거이자 과거의 현재이다. 오늘은 현재의 현재이면서 과거의 미래이고 미래의 과거이다. 내일은 현재의 미래이고 미래의 현재이다. 모레는 미래의 미래이다. 그러므로 과거·현재·미래 삼세에 각각 삼세가 있다고 말해지며, 이 구세가 한생각을 벗어나지 않으므로 합하여 십세가 된다. 그래서 일념이 무량겁이요, 무량겁이 일념이나 십세는 또 낱낱이 서로 혼잡함이 없이 완연히 구별되어 있는 것이다.

　열째, 주반원명구덕문은 우주법계에는 어느 한 사물도 스스로 혼자 생겨나거나 독립하여 존재함이 없이, 서로 주(主)가 되고 반(伴)이 되어 모든 덕을 원만히 갖추고 있다는 것이다.

　이는 주체와 객체, 주인과 수행원이 조화롭고 더불어 일하는 미덕을 완성하는 이론이기도 하다. 이는 고십현의 유심회전선성문을 개조한 것이니, 여기서 유심이란 여래장 자성청정심이다. 이 진여일심이 회전하여 잘 연기의 제법을 성립한다는 뜻이니, 모든 법은 이 일심의 변화작용에 지나지 않으므로 유심인 것이다. 그런데 이 유심은 다시 여래의 과덕을 구족한 성기(性起) 구덕(其德)의 진여일심으로 해석됨으로써 사사무애 법계연기의 신비를 드러내는 데 손색이 없게 되었다.

십현연기와 아울러 육상원융(六相圓融) 또한 화엄무진연기의 모습을 구체적으로 설명하는 또 다른 측면으로 중시되고 있다. 육상(六相)이란 총상(總相)·별상(別相)·동상(同相)·이상(異相)·성상(成相)·괴상(壞相)을 말한다. 이러한 세쌍의 대립되는 개념, 모습이 서로 원융무애하는 관계에 놓여있어 하나가 다른 다섯을 포함하면서도 또한 여섯이 그 나름의 모습을 잃지 않음으로써 법계연기가 성립한다는 설이다.

이 육상의 명칭과 연원은 『화엄경』「십지품」의 환희지에서 보살이 일으키는 열 가지 대원 중 네번째 원에 해당하는 수행이리원(修行二利願)을 설하는 가운데 보이고 있다. 보살이 모든 바라밀행을 닦는데 이 육상의 방법으로 보살행을 원만히 수행함으로써 일행일체행(一行一切行)이 됨을 밝히고 있는 것이다. 이는 「십지품」의 별행경인 『십지경』에도 보이며 『십지경』을 주석한 세친의 십지경론(十地經論)에서 육상이 보살수행에만 그치지 않고 일체제법에 다 통하는 것으로 논하고 있다. 모든 존재는 다 총상 내지 괴상의 육상을 갖추고 있으며 이 육상은 서로 다른 상을 방해하지 않고 전체와 부분, 부분과 부분이 일체가 되어 원만하게 융화되어 있다는 것이다. 이러한 육상교의의 이론적 조직은 십지경론설을 받아들인 정영사 혜원에게서 발아하여 지엄〔수현기, 오십요문답〕을 거쳐 신라 의상〔일승법계도〕과 현수법장〔화엄오교장, 탐현기 등〕에 의해 완전히 이루어지게 된다. 법장은 오교장에서 육상을 집(屋舍)에 비유하여 설명하고 있다.

육상의 내용을 보면, 총상이란 일체제법은 연기된 존재이니 여러 연이 모여 성립된 전체를 말한다. 하나가 많은 이름을 갖추고 있고, 하나에 많은 덕을 포함한 것이니 부분을 총괄한 전체가 총상이다. 별상은 전체를 구성하고 있는 부분과 부분인 각각의 연으로서, 이 별상은 총상에 의지하여 전체를 완전하게 만들고 있는 것이다. 집을 총상으로 하면 집을 구성하고 있는 대들보, 서까래, 기둥 등이 별상이 된다. 우리 얼굴을 총상이라 한다면 눈, 귀, 코, 입 등은 별상이다. 그러나 눈이 얼굴이고 얼굴 속의 눈이다. 총상과 별상 이 둘은 서로 떨어질 수 없다. 그래서 원융이다.

동상이란 별상의 하나하나가 서로 어김이 없이 조화되어 전체인 총상을 이루고 있는 모습이다. 이상이란 별상이 서로 혼동되지 않고 조화되어 있으면서도 제각기의 모습을 잃지 않고 있는 상이다. 대들보, 서까래, 기둥 등이 서로 화합하여 집을 이루는데 서로 연이 되어 어긋나지 않음이 동상이며 대들보, 서까래, 기둥 등이 각각 제모습을 갖고 있는 것이 이상이다. 눈, 귀, 코, 입 등이 조화되어 얼굴모습을 이루고 있음이 동상이며, 눈, 귀, 코, 입 등이 각각 다른 모습을 하고 있음이 이상이다.

성상이란 부분이 서로 유기적인 관계성을 가지고 모여서 하나의 전체를 성립시키고 있음을 말하며, 괴상은 부분부분이 각각 자법(自法)에 머물러 제 역할을 담당하고 있음을 말한다. 대들보, 서까래, 기둥 등이 집을 이루는 역용이 성상이며, 그러나 대들보는 대들보 역할을 하고 서까래는 서까래 역할을 하고 기둥은 기둥 역할을 하는 것이 괴상이다. 눈 귀 코 입 등이 서로 연기하여 얼굴 역할을 함이 성상이며 눈 귀 코 입 등이 각각 다른 제 역할을 담당하고 있음이 괴상이다.

이들 육상은 차례로 보편성, 특수성, 유사성, 다양성, 통합성,

차별성을 나타내는 말이라고 달리 표현되고도 있다. 또한 육상의 관계를 체(體)·상(相)·용(用)으로 나누어보면 총상·별상의 2상은 연기 제법의 체의 측면이고, 동상·이상은 상의 측면이며, 성상·괴상은 용의 측면에서 바라본 모습이다.

그리고 육상 가운데 총상·동상·성상의 3상은 또 같은 관점에서 논의되고 있는 것으로 이를 원융문(圓融門)이라 하고, 별상·이상·괴상도 공통된 관점에서 파악된 것으로 이를 항포문(行布門)이라 한다. 원융문은 평등문이고 항포문은 차별문이다. 그런데 무차별의 원융문은 차별을 나타내는 항포문을 떠나 있는 것이 아니다. 항포 차제가 분명하면서도 항포가 곧 원융이 된다. 여기에 전체와 부분, 하나와 무량이 무애한 무진법계의 연기가 이루어지고 있다. 그러나 다만 이는 지혜의 경계인 것으로 증득을 통해 구현되는 것이다.

즉, 화엄경의 십바라밀행을 예로 들면 보시바라밀과 지계바라밀 등이 각각 다르나 보시바라밀을 통해서도 불세계를 장엄할 수 있고 지계바라밀을 통해서도 부처님세계를 드러낼 수 있다. 화엄보살의 42계위가 분명하면서도 초발심주에서 처음 발심한 때가 바로 정각을 성취한 때이다. 일성일체성(一成一切成)인 것이다. 이 방편에 의하여 일불승에 회귀하여 불세계를 장엄하고 있다.

이상과 같은 십현 육상으로 펼쳐지고 있는 법계연기는 상즉상입의 도리가 바탕이 되고 있으니, 그의 논리적 근거는 삼성동이(三性同異)와 연기인문육의(緣起因門六義)에서 이해될 수 있다.

삼성동이설이란 일체의 만유를 총괄하여 연기제법을 3종의 성질로 나눈 진여원성(眞如圓成)과 의타(依他) 소집(所執)의 삼성이 하나도 아니나 그렇다고 다르지도 아니함을 말한다. 진여는 불변(不變)이나 연을 따르는 수연(隨緣)의 성품이 있고, 의타는 연기에 의해 일어난 것이므로 가유인 사유(似有)와 무성(無性), 소집은 범부 망정에 의해 나타나 실체가 없으므로 정유(情有)와 이무(理無)의 성질로 나눌 수 있다. 그런데 진여의 불변과 의타의 무성과 소집의 이무는 다른 성질이 아니니 이를 본삼성(本三性)이라 하며, 수연과 사유와 정유 또한 다르지 아니하니 이를 말삼성(末三性)이라 한다. 진(眞)의 본(本)은 망(妄)의 말(末) 일체를 포섭하고 있고 망의 말에는 진여의 본이 고루 미쳐 있으니 본·말, 진·망이 동일체로서 무애함을 말한다. 이는 유식교학의 삼성설을 자료로 하여 여래장사상에서의 진여수연설에 입각하여, 초월해야 할 범부세계를 화합해야 할 대립세계로 의미를 전환하고는 진망이 교철하여 원융무애함을 보이고 있는 것이다.

이 삼성동이설이 과상에서 설정된 것이라면 법계연기의 원인인 인(因)의 6의를 밝힌 것이 연기인문육의이다. 진여에 수연의 뜻이 있기에 미계(迷界)의 대립인 육문의가 나오는 것이다. 제법이 생기하는 원인에는 반드시 공유력부대연(空有力不待緣), 공유력대연(空有力待緣), 공무력대연(空無力待緣), 유유력부대연(有有力不待緣), 유유력대연(有有力待緣), 유무력대연(有無力待緣)의 6의를 갖추어야 한다.

인(因)의 체(體)가 공(空)하고 유(有)한 2문상에 각각 인에 힘이 있어 연(緣)을 기다리지 않는 경우와, 인에 힘이 있어도 연과 함께 만나 일어나는 경우와, 인에 힘이 없어 언제나 연을 만나야만 제법이 생기하는 경우를 말한 것이다. 이 역시 유식교학의 종자 6의(種子六義;利那滅·果俱有·對衆緣·性決定·因自果·恒隨轉)를 전용(轉用)한 것으로 종자 6의가 아뢰야식에 포함되어 초월해야 할 망의 경계라면, 법장은 이를 극복되어져야 할 대립의 경계로 해석한 것이다.

그리하여 공유의 대립은 상즉(相卽)의 원리로, 유력무력의 대립은 상입(相入)의 원리로, 대연부대연(待緣不待緣)은 동체이체(同體異體)의 원리로 해결하고 있다. 인이 연을 기다린다는 의미에서 인과 연은 이체(異體)이다. 그러나 인이 연을 기다리지 않는다는 의미에서는 인은 연과 동체가 아니면 아니 된다. 연은 원래 인 중의 것이기 때문이다. 또 인과 연이 서로 유력 무력이 되는 것은, 인의 역용이 연으로 들어가고 연의 역용이 인으로 들어가기 때문에 상입의 관계가 생긴다. 그러나 인과 연이 다 공유 2의를 갖추고 있으므로 인유(因有)면 연공(緣空), 연유면 인공이되어 인과 연은 체의 공유에 의하여 상즉의 뜻이 성립한다. 이원리는 인과 연에 국한되지 않고 과에 대해서도 역시 적용되어 무진연기의 기본구조를 이루고 있는 것이다. 이처럼 체의 공유에서 오는 상즉, 역용의 유무에서 오는 상입, 연의 대연부대연에서 오는 동체이체의 도리를 근거로 하여 십현 육상과 같은 화엄의 무진연기가 벌어지는 것이다.

이상과 같은 화엄의 사사무애 무진법계를 그대로 관하는 관법을 통해 무애자재한 경지에서 노닐게 함이 중국 화엄교의 수행법인 것이다. 내가 본래불(本來佛)임을 철저히 자각함으로써 우리에게 본래 구족해 있는 불성을 여온없이 드러내는 것이 화엄의 보살행이다.

다른 이를 나와 동일시하고 나의 힘을 다른 이에게 미루어 주어, 다른 이와 함께하고 하나되었을 때 절대 독존이 될 수 있다. 그러한 때가 바로 석존께서 탄생게에서 보여주신 “천상천하 유아독존”의 경계이리라.

134

5. 선사상(禪思想)

화엄에 있어서 사사무애 법계연기의 극치인 성기〔如來出現〕 사상은 중국 선사상과도 잘 통한다. 중국 선종(禪宗)의 성립 이후 선(禪)과 교(敎)의 겸수 내지 일치가 역설되어 왔는데 궁극에는 화엄과 선의 선엄일치(禪嚴一致)로 귀결되었던 것이다. 일례로 중국 화엄교가인 징관(澄觀)이나 종밀(宗密), 우리 고려시대 보조 선사(普照禪師)의 경우를 들 수 있다.

선(禪)은 산스크리트어의 드야나(dhyāna), 빠리어의 쟈나(jhana)를 음역한 선나(禪那)를 줄인 말로서, 사유수(思惟修) 또는 정려(精慮) 등으로 의역된다. 마음을 특정한 것에 집중하는 심일경성(心一境性)의 상태인 정(定)의 의미를 덧붙여 선정(禪定)이라고도 한다. 그리고 악을 버리는 행위라 해서 기악(棄惡)이라고도 하고, 또 선으로 말미암아 온갖 공덕이 축적된다고 해서 공덕총림이라고 번역하기도 한다.

이러한 선의 연원은 인도이니, 불교 이전 우파니샤드에서부터 정려가 존중되어 있었고 선의 형식인 요가선정의 방법도 이미 행해지고 있었다. 불교에서는 요가의 행법 중 선정을 중시하고 거기에 새로운 내용을 가미하여 독자적인 선정행법을 이룬 것이다. 석존은 명상에 잠겨 연기법을 깨달음으로써 성도하신 후, 정견과 정정(正定)이 으뜸이 되는 팔정도의 중도행을 주요 수행방법으로 일관되게 교설하셨다. 원시경전에서도 부처님께서 설법하신 후 오로지 사유할 것〔專精思惟〕를 당부하고 계시며, 대승경전은 모두 입정, 출정〔入出定〕 후에 또는 삼매(三昧) 속에서 설해지고 있다. 불교를 계·정·혜 삼학으로 총칭하고 있는 데서도 선정사상이 불교의 특색임을 알 수 있게 한다.

이처럼 대소승불교와 중국의 종파불교를 망라하고 선정을 실천적 수행방법으로 하거나 선적 요소를 내포하지 않은 것이 없지만, 선사상의 비약적 발전은 인도승 보리달마(菩提達摩, 후세로 오면서 주로 達磨로 표기됨)가 중국으로 건너온 이후(A.D. 470 혹은 520년) 중국에서 이루어졌다. 물론 달마서래 이전에도『안반수의경』이라든지『좌선삼매경』을 비롯하여 많은 선경(禪經)들이 역출되면서 선법(禪法)의 발전은 있어왔다. 그러나 보리달마를 초조로 하여 혜가, 승찬, 도신, 홍인을 거쳐 육조 혜능(638~713)에 이르기까지 중국 특유의 발전을 거듭하여 소위 조사선(祖師禪)을 대성시킨 것이다. 일반적으로 선 또는 선사상이라 부를 때는 바로 이 중국에서 새로이 형성된 선종의 선사상을 말하는 것이다.

조사선이란 조사인 달마에 비중을 둔 말로서 달마선 또는 달마종이라고도 한다. 달마의 사상과 언행이 직접 규범이 되는 것이다. 예를 들면 달마의 2조 혜가에 대한 안심문답(安心問答)과 피육골수(皮肉骨髓)의 부법설, 양무제에 대한 성제제일의(聖諦第一義)의 수시(垂示) 등은 선종사상의 극치를 나타내는 것으로 인정되고 있다. 선종의 사상은 달마라는 한 사람으로 상징됨을 볼 수 있다.

달마선종은 육조 혜능과 아울러 홍인 문하의 신수에 의해 남종선과 북종선의 남북 선종이 양립하고 양대 선맥이 이루어지게 되었다. 그리고 혜능 이후 남악회양, 마조도일을 거쳐 백장회해(720~814)에 이르러 교단으로서의 선종이 성립되었다고 본다. 백장청규가 제정되어 청규에 기초한 엄정면밀한 승당총림의 행지

(行持)가 선종의 특색을 현저하게 나타냄으로써 선종의 실제적인 독립이 이루어졌던 것이다. 물론 선종이라는 호칭은 황벽희운 (850 입적)이나 규봉종밀(780-841)의 찬술에서 발견되는 것이 최초이고, 선종에서 '선(禪)' 한 글자를 중시하게 된 것도 종밀의 『도서(都序)』에서라고 추정되고는 있다.

남종선과 북종선에 대하여는 옛부터 남돈북점(南頓北漸)의 용어가 있고, 남돈북점은 『육조단경』에 수록된, '몸은 보리나무고 마음은 밝은 거울이다. 항상 부지런히 닦아서 먼지가 묻게 하지 말라〔身是菩提樹 心如明鏡臺 時時勤拂拭 勿使惹塵埃〕'는 신수의 게송과 이에 대한 혜능의 '보리는 본래 나무가 없고 명경 또한 형상이 아니다. 본래 한 물건도 없는데 어디에 먼지가 묻겠는가〔菩提本無樹 明鏡亦非臺 本來無一物 何處若塵埃〕'라는 게송에 의하여 논하여진다. 혜능은 홍인으로부터 돈법(頓法)과 가사를 받아 제6대 조사로 인정받게 된 것이다.

선종은 각기 다른 선사상에 의하기보다는 사자접득하는 사자상승(師資相承)의 가풍에 바탕하여 오가칠종(五家七宗)으로 나뉘어 발전하고, 선의 황금기를 맞이하게 된다. 오가칠종은 임제종(황벽희운, 임제의현 ?-867), 위앙종(위산영우, 앙산혜적 814-890), 조동종(동산양개, 조산본적 840-900), 운문종(운문문언 ?-949), 법안종(법안문익 885-958)과 임제종 안의 황룡파(황룡혜남 ?-1069)와 양기파(양기방회 ?-1049)를 합한 것이다. 이를 통틀어 오가칠종의 달마선풍이라 하나 모두 혜능의 남종선 계통에 속하는 선종이다. 선종이 성립하여 독자적인 특색을 발휘하는 시대로 이행해간 것이다.

선종공안의 기반이 된 문답상량이나 벽암록을 비롯한 선종 특유의 어록이 전해지는 것도 대부분 이 무렵 이후의 것이다. 이러한 선종 전등의 역사와 사상은 수많은 어록(語錄)과 함께 등사(燈史)의 출현에서 짐작할 수 있다.『고승전』,『전등록』등을 위시한 수많은 전등사서들은 중국에서 정통선의 사자상승 시비가 얼마나 분분하고 격렬하였던가를 잘 말해주고 있다.

아무튼 그러한 달마선풍은 불립문자·교외별전·직지인심·견성성불(不立文字 敎外別傳 直指人心 見性成佛)을 종지로 한다. 선에서 어떠한 원리와 이상을 강조하고 있느냐 하는 것이 선의 종지이며 가풍이다. 이 교외별전적인 가풍이 발휘됨으로써 5가7종이 형성되기에 이르른 것이다. 불립문자란 언어나 어떤 이론에 의존하지 않는다는 것이다. 교외별전이란, 선(禪)은 언설로 이루어진 교(敎) 밖에 별도로 전해지는 것이라는 뜻이다. 직지인심이란 바로 마음의 실상을 가리킨다는 것이다. 그리고 견성성불이란 인간의 참다운 성품을 보아서 바로 부처가 되는 것이다. 이 열여섯 자로 선종의 공통된 종지로 삼고 있는 것이다. 이는 문자나 경론에 의지하지 않고 스승이 바로 제자나 구도자의 인심을 가리켜 견성성불케 한다는 것으로, 이심전심(以心傳心)하여 정법안장의 불심(佛心)을 전하는 것을 말한다.

선은 마음을 통일하여 잡념을 일으키지 않는 것이며 그리하여 진정한 자기의 참모습에 돌아가는 것이다. 그것을 깨달음이라고도 하고 본성을 본다고 하여 견성이라고도 한다. 견성은 또한 본래 망상이 없는 자기의 참성품을 그대로 나툰다하여 현성(現性)으로 이해하기도 한다. 선은 바로 본래의 자기, 참된 본성에 환귀하고 본래 모습대로 사는 것이니, 따라서 불타와 동등한 입장에 서게 된다.

선의 궁극적 목적이 진실한 자아추구에 있음은 형식과 표현을 중요시하지 않게 한다. 경전의 내용과 근원적 정신의 추구에는 표현방법인 문자나 언설은 한갓 수단에 불과한 것이지 깊은 의미를 갖는 것이 아니다. 물론 불립문자라고 하는 것은 경전의 문자를 부정하는 것이 아니고 문자의 근원인 문자 이전으로 돌아가려는 것이다. 인심이라는 것도 인간의 분별심이 아니라 경전의 근원으로서의 심이므로 절대적 주체를 의미한다. 심(心)이 그러하듯이 성(性) 또한 상대적인 본성을 보는 것이 아니라 인간본성의 진실한 자아이며 이를 불성(佛性)이니 심성(心性)이라고 하며 선가(禪家)에서 특히 본래면목(本來面目)이라고 한다. 이것의 직지는 인심을 보거나 가리키는 것이 아니고 진실한 자기를 깨닫는 것으로 그 이상의 어떠한 주체도 존재하지 않는다.

이처럼 선이란 어떤 교리나 이론을 숭상하기보다는 인간의 마음으로 바로 돌아가서 즉시에 성불하고 즉시에 해탈을 성취하는 것이 기본이다. 그리하여 중국선은 무엇에도 매이지 않고 자유로운 살불살조(殺佛殺祖)의 선풍을 휘날리게 된 것이다.

이와 같이 자기의 심성을 바로 보아 깨달음을 성취하는 견성성불의 구체적 수증문(修證門)으로는 여러 방편이 시설되어 있다. 바른 닦음과 깨달음을 중시하면서, 깨달음과 닦음에 각각 단박〔頓〕과 점차〔漸〕의 2문을 열어놓고 있다. 이는 달마 후 홍인문하 혜능의 남종선과 신수의 북종선에 대하여 옛부터 남돈북점(南頓北漸)의 용어가 있음에서도 짐작되는 바다.

혜능 남돈선 이후 5가 7종이 벌어지기 직전, 북종·하택종·홍주종·우두종 등 10가가 세력을 떨치고 있을 즈음, 선과 교를 겸수한 화엄종의 규봉종밀은 당시 선종의 오수돈점(悟修頓漸)설을 분류하여 비유를 통한 자세한 설명을 가하고 있다. 즉, 몰록 깨닫고 점차 닦음〔頓悟漸修〕·점차 닦고 몰록 깨달음〔漸修頓悟〕·몰록 닦고 점차 깨달음〔頓修漸悟〕·점차 닦고 점차 깨달음〔漸修漸悟〕·몰록 깨닫고 몰록 닦음〔頓悟頓修：이에 先悟後修, 先修後悟, 修悟一時의 세 가지가 있다〕 등 여러 돈점설을 열거하고(9對·8대·7대 또는 6대 돈점을 들고 있다), 이를 깨달음이 먼저면 해오(解悟)이고, 닦음이 먼저면 그 깨달음은 증오(證悟)라고 하여 두 가지 깨달음에 배대하고 있다. 이중에 돈오점수와 돈오돈수가 범부 수증문과 선문진수로 회자되어 왔다.(종밀은 먼저 깨달은 후에 점점 닦는 것이 바른 수증이며, 이 돈오점수가 달마이래 전전히 상승하는 최상승선이고 여래청정선이라 보고 있다. 반면에 돈오점수의 해오는 구경각이 아니고 달마선의 진수가 아니며, 돈오돈수의 증오라야 견성이라는 설도 대두되어 돈점 시비가 일어나게 된 것이다. 지금도 학계에서는 아직 판가름나지 아니한 문제이다.)

또 한편 오가의 사자접득하는 가풍은 원오극근(1063－1135)의 오가종요에 그 특색이 잘 드러나 있다. "임제(臨濟)는 전기대용(全機大用)으로 방·할이 서로 달리며 칼날 위에서 사람을 구하고 전광속에 손을 드리운다"하니 임제는 할로써 제자를 제접하는 방편이 빈틈없고 신속함을 볼 수 있다. "운문(雲門)은 북두성좌에 몸을 숨기니 금풍(金風)에 몸이 드러난다. 3구(三句)를 알면 화살촉 하나로 하늘을 뚫는다"하니 임제3구가 유명하다. "조동(曹洞)은 군신이 합하고 편정(偏正)이 서로 도우며 조도현로(鳥道玄路)요, 금바늘에 옥실이다"하니 조동군신오위가 널리 알려져 있다. "위앙은 스승과 제자가 부르고 화답하는 부자일가로서 명암이 교치하고 어묵(語黙)을 드러내지 않는다"하니, 이는 스승 제자가 화목하게 법을 주고 받음이 잘 이루어짐을 보여준다. "법안(法眼)은 소리를 듣고 도를 깨달으며 형색을 보고 마음을 밝힌다. 언구속에 창을 감추고 말속에 메아리가 있다"하니 제자를 제접함에 특별한 기연을 시설하지 아니하나 자연히 저절로 깊은 의미를 전달한다고 표현한 것이라 하겠다. 이중에 임제계와 조동계가 후에까지 번영하여 오늘에 이르렀으니, 간화선과 묵조선의 선 수행법이 선양된 것이다.

중국에서 회창폐불 이후 왕성했던 선의 융성기를 지나서 11세기 후반 이후로는 이러한 가풍을 정형화하여 따르게 한 경향이 강화되고, 그 정형화된 틀에 편중한 지나친 경향을 우려한 나머지 논쟁을 일으키게 되니 굉지정각(1087-1157)과 대혜종고(1089-1163)이다. 조동계의 가풍을 이은 굉지의 묵조선(默照禪)과 임제계 양기파의 가풍을 계승한 종고의 간화선(看話禪)이 서로 상대방의 가풍이 가지는 폐단을 지적하기에 이르렀으니 묵조는 사선(邪禪), 간화는 구두선(口頭禪)이라고 비평한 것이다.

굉지(宏智) 선사는 단지 묵묵히 앉아 마음을 비춤으로써 깨달음에 이르는 지관타좌를 주장하고 있다. 좌선 그 자체가 대용현전(大用現前), 즉 진실 그 자체의 나타남이라고 본 것이다〔좌선잠〕. 반면, 대혜(大慧)에 의해 대성된 간화선은 화두(話頭)를 참구하여 대오케하는 선풍이다. 화두란 의단(疑團)을 의미하는데 공안(公案)이라는 말과 함께 쓰인다. 공안은 조사들이 남긴 글이다. 마치 노련한 관리가 범인의 죄상을 헤아려 벌을 부과하는 것처럼, 공안은 이것에 비추어 자기의 마음바탕을 돌아보는 기구이다. 대혜는 심지를 개척하기 위한 공안의 사명을 어디까지나 주체적인 큰 의심을 일으키도록 하는 데 있다고 하여 다음과 같이 말하고 있다.

> 천 가지 만 가지 의심이 다만 이 하나의 의심이다. 화두상의 의심이 깨뜨려진다면 만 가지 의심이 일시에 사라진다. 만일 화두를 버리고 따로 문자(文字)상에 의심을 일으키거나, 경교(經敎)상에 의심을 일으키거나, 고인(古人)의 공안상에 의심을 일으키거나, 일용진로(日用塵勞) 가운데 의심을 일으킨다면, 이는 다 사마(邪魔) 권속이다. 결코 제멋대로 헤아려 분별하지 말고, 다만 뜻을 모아 사량(思量)할 수 없는 곳에 나아가 사량하여 마음을 어느 한 곳으로도 달아날 수 없도록 하라. 마음이 갈 바가 없는 것이 마치 늙은 쥐가 우각(덫)에 들어가 막다른 벽에 부딪히는 것같이 하라.　　　　　　　　　　『대혜보각선사어록』

일체 모든 분별심을 버리고 화두를 간(看)하라는 것이다. 본래 안목을 찾기위해 밖으로 내닫던 의식활동을 돌려 안으로 향함에는 앞이 가로 막혀 막막한 계기나 깊은 자기부정이 따르게 마련이다. 이러한 방법으로서 의단이 주어지며 이를 통해서 대오토록 하는 것이다. 이것이 곧 간화선의 실천이다.

화두에는 1,700칙이 있다 하여 '천칠백공안'이라고 통상적으로 부르고 있는데, 이는 도원(道原)이 지은 전등사인 『경덕전등록』에 1,701인이 수록된 데서 유래된 말이다. 이는 역대조사의 전등 기어(機語)가 다 공안의 역할을 할 수 있기 때문인 것으로 간주된다.

1700공안 가운데 48칙의 공안을 선별한 무문관(無門關)이 유통되면서 제1칙에 실린 '구자무불성'화인 '무(無)'자 화두가 남송 선종을 풍미하게 된다. 어떤 스님이 조주 스님에게 "개에게도 불성이 있습니까?"라고 묻자, 조주 스님은 "없다"고 대답하였다. 이것은 불교교리상 큰 문제가 아닐 수 없다. 경에서는 "모든 중생이 다 불성을 가지고 있다〔一切衆生 悉有佛性〕"고 하였기 때문이다. 그런데 조주 스님은 없다고 했으니 이것이 곧 선수행의 과제가 되어 무자화두로 불리게 된 것이다. 이 '무'라는 한 글자는 무수한 망상이나 분별을 타파하는 몽둥이이다. 그것에는 있다든가 없다라는 판단을 가해서도 안 되며 이론적인 추론을 해서도 안 된다. 의식적인 분별을 떠나 언제 어디서나 일편단심으로, 개에게 불성이 없다함을 참구하는 것이다. 다른 화두의 예로서 '이 뭐꼬〔是甚麽〕'·'뜰 앞의 잣나무〔庭前柏樹子〕' 등 우리에게 낯익은 화두도 많다.

이러한 공안도 결국은 언어를 빌어서 이루어지는 것이므로 공안 그 자체의 핵심을 상실하거나, 잘못 전달되기 쉽다. 그래서 언어표현을 넘어 방과 할 등의 동작에 의한 지도도 많다. 곧 "어떤 것이 불교의 참뜻입니까?"라고 물으면 주먹으로 치거나 방망이로 때리기도 하고 외마디 큰 소리를 지르기도 하였으니, 이것도 모두 의식에 일전기(一轉機)를 주고자 함이다.

선수행은 결가부좌의 좌법에 주로 의존하지만, 다니고 머물고 앉고 눕거나 말하고 침묵하고 움직이고 고요히 있거나〔行住坐臥語黙動靜〕를 막론하고, 언제 어디서나 또는 무엇을 하거나 공안을 참구하게 한 것이다.

원(元) 고봉원묘(1238-1295)가 남긴 대신근(大信根)·대분지(大憤志)·대의단(大疑團)의 3요(三要)설도 참선자에게 선수행의 지침이 되고 있다. 이러한 간화선풍은 한국에서도 대단한 기세를 떨치게 되었다.

6. 정토사상(淨土思想)

자각적인 선(禪)은 물론이고 지금까지 살펴온 불교사상이 법(法)에 의지하고 자신에 의지하는 자력신앙의 형태를 가진 것임에 반해, 정토사상(淨土思想)은 아미타불의 본원력에 의지하여 정토에 왕생하는 이론과 방법으로서 이러한 신앙을 타력신앙이라고 부른다.

정토교설에 해당하는 많은 경전 중 특히 『무량수경(無量壽經, 大經)』, 『관무량수경(觀無量壽經, 觀經)』, 『아미타경(阿彌陀經, 小經)』의 3부경을 소의로 하여 정토종이 성립하고 정토사상이 천명되었다.

중국에 정토사상이 처음 전파된 것은 후한 명제 때 안세고가 『불설무량수경』을 역출함으로부터이다. 이 경은 그후에도 여러 차례 번역되었는데 정토3부경으로 신봉된 것은 강승개가 역출(252년)한 『무량수경』이다. 『무량수경』은 아미타불이 극락세계를 건설하게 된 원인인 법장보살의 48원과 염불을 통한 극락왕생을 설하고 있다. 『관무량수경』(강량야사 역)은 주로 극락왕생의 방법으로서 정산 2선〔定善, 散善〕의 16관을 설하고 있다. 그리고 『아미타경』은 아미타불과 서방정토의 장엄을 설하고 그러한 정토에 왕생하는 길로서 아미타불의 칭명염불을 제시하고 있다.

중국에서는 이러한 정토계 경전에 설해진 교설을 바탕으로 정토사상이 전개되고 정토종이 성립되었던 것이다. 중국의 정토교가로서는 여산 혜원류, 도작·선도류, 자민류 등의 계통이 있는데, 정토교를 독립 대성시킨 것은 당대 도작(道綽)과 선도(善導)의 공적으로 인정되고 있다.

혜원은 여산에서 백련사(白蓮社)를 열어 염불을 권하였으니 123인이 염불의 청정업을 닦아 일세를 풍미했다. 이 여산류와는 달리 그 근원을 인도에 두고 한국, 일본의 정토교로 발전시킨 것은 『정토론』을 역출(529)한 북위의 보리유지 계통이다. 보리유지로부터 관무량수경, 정토론을 배운 담란은 오로지 염불에 의하여 서방왕생을 기약하였다. 그는 미타 정토는 삼계에 속한 것이 아님을 밝히고, 항상 스스로 지혜가 얕은 범부임을 자각하며 범부의 왕생은 부처님의 원력인 타력에 의함을 논하였다. 그리하여 칭명염불(稱名念佛)의 한 계통을 세우기에 이르렀다. 이 담란의 정계가 도작이며 다시 선도가 계승하였던 것이다. 도작(562-645)은 담란의 입적 후 10년경에 출생하여 담란의 비문을 보고 감격해서 정토교에 들어갔다. 그는 모든 이들이 다 염불하기 쉽도록 소두(小豆)로써 칭명한 것을 계산케 하는 소위 소두염불(小豆念佛)을 전하였다. 선도(613-681)는 도작의 고제자로서 서방변상도를 보고 정토문에 입적하였다. 이러한 선도류 정토종의 특색은 말법사상에 입각하여 죄악관을 주장한 것이다. 그들은 경전상에 대두되고 있는 극한상황적 모습에 주시하고 당시의 극한상황을 말법시대로 파악하였다. 그리고 자신은 그러한 상황에 처하여 스스로의 힘으로는 깨달음을 실현할 수 없는 나약한 죄악범부임을 깊이 인식하여야 한다는 것이다. 그러한 시대에 가장 알맞는 법은 정토교뿐이라고 단정하고, 가장 행하기 쉬운 칭명염불(稱名念佛)로 정토왕생업을 닦도록 한 것이다.

정토(淨土)는 정토교리를 구성하는 가장 중요한 개념중 하나로서 글자 그대로 청정한 땅, 즉 부처님 국토를 가리키는 말이다. 정토에는 미륵보살의 도솔정토를 위시해서 많이 있으나, 그중에서도 가장 수승한 곳이 아미타 부처님이 계신 서방 정토 극락세계로 보고 있다. 『무량수경』이나 『관무량수경』 등에 설해진, 즐거움이 충만한 미타 극락정토의 장엄상은 다른 정토에 비할 수 없을 정도이다. 그 주불인 아미타 부처님은 무량한 수명과 광명을 가진 부처님이라 해서 무량수(無量壽, Amitāyus), 무량광(無量光, Amitābha) 불로 불린다.

그러한 부처님 땅에 태어나는 사람들 또한 수명과 광명의 공덕 속에 있게 됨은 자명한 일이리라. 정토사상은 바로 이러한 정토에 가서 태어나는 극락왕생을 목적으로 하는 것이다. 극락왕생의 목적은 부처님의 본원력(本願力)에 의하여 이루어진다. 본원이란 부처님이 부처되시기 이전, 발심 때에 세운 서원이다. 그 서원 속에는 자신의 깨달음을 실현하려는 자리적인 원은 물론이지만, 남에게도 깨달음을 얻게 하자는 이타적인 원이 동시에 세워진다. 본원력에 의한다고 함은 바로 그러한 불보살의 이타구제적인 원의 힘에 의한다는 뜻이다. 그 본원의 수는 경전마다 조금씩 다르다. 그중 『무량수경』에는 48원이 보이고 있다. 아미타 부처님의 극락정토는 죄악범부를 구제하려는, 법장 비구의 48원에 의해 건립되었다는 것이다.

그 48원은 몇 가지만 소개를 하면, 제1원은 "설사 내가 부처가 되더라도 나라에 지옥 아귀 축생이 있다면 정각을 취하지 않겠다"라는 무삼악도원(無三惡道願)이다. "설사 내가 부처가 되더라도 나라 중 인천이 형색이 같지 아니하여 좋고 추함이 있다면 정각을 취하지 않겠다"(제4 無有好醜願), "설사 내가 부처가 되더라도 시방 무량 불가사의 제불세계의 여인이 나의 이름을 듣고 환희하여 보리심을 일으키고 여신(女身)을 염오하였으나 목숨이 마친 후에 다시 여인상이 된다면 정각을 취하지 않겠다”(제35 女人往生願) 등이다. 고통받고 있는 일체 중생에게서 괴로움은 다 소멸시키고 지극한 즐거움뿐인 그러한 극락정토를 건립하고자 하는 원력이므로 삼악도나 일체 차별적 고통 내지 여신이기에 당하는 고통까지도 살펴 이루어진 본원(本願)임을 볼 수 있다.

정토사상가들은 이 가운데 특히 “설사 내가 부처가 되더라도 시방중생이 지극한 마음으로 믿어서 내 나라에 태어나고자 하며 내지 십념하되 만약 생하지 못한다면 정각을 취하지 않겠다”라는 제18원(念佛往生願 또는 十念往生願)을 주요시해 왔다. 정토교의 목적이 정토왕생에 있고 그러한 왕생에, 있어서 범부에게 가장 알맞은 길이 바로 이 제18원의 내용이기 때문이다. ‘가서 태어난다’는 ‘왕생’은 정토에서의 새로운 출생을 의미하여, 임종 후 일로 제시되고 있다. 인간의 임종과 밀접한 관계를 갖는 것이다. 임종과 같은 극한 상황에 이르러서도 정토왕생을 바라는 10념은 할 수 있을 것이기 때문이다. 선도의 정토교가 설하는 염불왕생도 이 제18원문을 근거로 하여 중생의 구제를 실현하는 것이다.

정토가 중에는 정토를 수행자의 마음에 나타나는 해탈계로 보려는 입장도 있고 예토와 정토를 마음 하나로 보는 유심정토설도 있다. 왕생을 불왕의 왕〔不往而往〕, 불생의 생〔不生而生〕으로 봄도 그러한 원리이다. 그러나 정토교는 어디까지나 자기 힘만으로는 해탈을 실현할 수 없는 극한 상황에 처한 범부를 상대로 부처님의 자비가 베풀어진 교설이다. 그래서 부처님의 원심(願心) 장엄이 강조되는 것이다.

이처럼 정토왕생은 어려운 일이 아니다. 죽을 때 지심으로 참회하여 단지 ‘나무아미타불’을 열 번만 염하면 왕생할 수 있다.

그것은 자력으로가 아니라 아미타 부처님의 본원력에 의한 것이기 때문이다. 그러나 평소에 염불을 한 자가 아니면 죽음을 앞둔 위기상황에서 과연 염불을 할 수 있을까? 그래서 평소에 열심히 염불업을 닦도록 권하고 있는 것이리라.

원시경전에서 이미 염불, 염법, 염승이 강조되고 소승의 5정심관에도 염불관이 있었으나 뒤에 염불왕생을 고조한 『무량수경』 등에 의한 미타 1불의 염불인 정토사상이 된 후, 비로소 정토문의 사상이 선정과 대립하는 독립된 지위를 얻어 이로부터 대단한 발달을 이루게 된 것이다. 위와 같이 선과 정토사상은 중국불교에 있어 양대 실천불교의 전개로 중시되어 왔던 것이다.

7. 중국불교교단의 변천

이상과 같은 13종파의 성립과 전개 발전의 양상이 곧 중국불교교단의 변천상이라 할 수 있다. 중국불교사를 사회적 견지에서 전역시대(후한, 삼국, 서진) 연구시대(동진, 남북조) 건설시대(수, 당) 계승시대(오대, 송, 원, 명) 쇠퇴시대(청)의 5기와 최근세 불교(중화민국)로 나누는 일반적 분류도 종파의 세력이나 교학적 연구와 무관한 것이 아니다.

중국에 불교가 전래된 이후 처음 얼마간 사문들은 단지 삭발만 할 뿐이었으나, 삼국시대에 이르러 계본이 역출되고 갈마법이 수립되어 수계에 의하여 사문의 위의도 구비되어 갔다. 계율 수계에 의한 첫 중국인 출가자로 알려진 이는 주사행(朱士行)이니,

담제가 역출한(254−255) 사분율(四分律)의 수계작법인 담무갈마에 의해서이다. 주사행은 『도행반야경』을 강석하다가 그 범본(梵本)을 구하고자 우전국에 들어가(260) 거기서 입적하였으니 이는 후세 입축 구법승의 선구가 된다. 그리고 위(魏)의 조식(曺植)은 산동성의 어산(魚山)에 소요하다가 천악을 듣고 범패(梵唄)를 창작하였다(255년경). 그것이 중국 범패의 시초이며 한국에도 전해져 어산류 범패의 시조가 되었다. 이처럼 삼국시대(위, 촉, 오)는 불교 전역의 단계이긴 하나 사원과 승니의 수도 늘어나고 교단도 점점 위의와 의식면에서 체계가 갖추어지기 시작하고 있다.

그런데 중국의 불교사는 단적으로 말해서 유교, 도교와의 갈등사인 것으로 알려져 있다. 불교와 도교와의 교섭은 이미 불교가 전래된 후한 명제 때부터 두 교가 각축하였다는 전설에서 시작된다. 도, 불 2교의 논쟁은 동진시대 이후 더욱 격렬하였고, 유교사상과 불교의 충돌도 '사문은 출세간자인지라 세간법에 준하여 왕에게 예배할 수 없다'는 동진 혜원의 사문불경왕자론(沙門不敬王者論)에서 짐작하고 남음이 있다. 그리하여 계속해서 삼무일종(三武一宗)이라 불리는 대법란을 야기시키게 되었다는 것이다.

동진시대의 불교는 급격히 발전하여 불교 연구시대에 돌입하게 된다. 구마라집과 불도징의 문하에 승조, 도생과 도안, 혜원 등과 같은 많은 고승이 배출되었고, 사원(1,700여 개)과 승니(24,000명)의 수도 크게 증가하여 불교교단의 성립을 촉진시켰다. 북방 제국(5호 16국)도 불교를 보호하였으니 남북양지의 사원 및 승니 수는 이의 두세 배에 달할 것으로 추정하고 있다.

혜원이 결성한 백련사는 불교교단의 구체적 모습의 하나이다.

교단이 성립되자 자체내의 규제는 물론이거니와 국가에서도 교단 통제의 기관으로 승관을 설치하고 그에 따른 국가적 대우와 경제적 보수도 지급하였다. 당시 승니는 신주에 능통하여 북방 제국가의 중요한 위치를 점유하였고 복전사상에 의한 치병과 빈민구제사업 등 사회사업을 활발히 하였다.

남북조시대에 들어와서는 이미 동진 때 기초를 구축한 교단은 더욱 급속한 발전을 하게 되었다. 교단의 중심을 이루는 사원 및 승니의 수도 급증가하게 되었으니 역조의 불교보호에 의한 조사(造寺) 조탑(造塔) 및 도승의 성행에 의한 것이다.

그중 특히 비구니 교단의 성립은 주목할 만하다. 그동안 비구니의 수계법이 구비되고 정검(淨檢) 비구니(동진시대)를 필두로 하여 그 수가 늘어나서 드디어 니사가 설립되고 니승의 승관이 설치되어 니승교단이 성립하게 된 것이다. 양 보창의 비구니전(比丘尼傳)에는 65인의 비구니 행적이 기술되어 있다.

이러한 남북조시대에는 부처님 탄신일인 4월 8일의 행사로 관불회, 욕불회라고 이름하는 강탄회가 행해졌고 우란분회, 팔관재회, 무차법회, 평등대재, 천승회, 만승회와 기타 여러 법회 및 대재가 많이 시설되었다. 그러한 의례 의식의 성행과 교단의 급격한 발전은 당연히 사찰재산의 비대를 가져왔다. 이에 비례하여 승지호, 불지호의 제도와 양무제의 무진장 설치 등 사회사업과 의료구제사업도 많이하였다. 그러나 한편으로는 행걸은 거의 폐지되고 승니의 경제생활이 화려하여져서 드디어 불교배척론이 나오게 되는 결과를 초래하였다.

곧, 남북조의 불교는 남조 양무제의 봉불과 북조의 위, 주 2무의 폐불로 대비되는 것이다. 양대 55년은 남조 불교의 최융성을

이룬 시대이며 양무제의 불교신앙은 중국 역대 제왕 중 누구와도
비길 자가 없을 정도로 깊었다. 북위의 불교 융성상도 실로 경탄
할 바이며 특히 교단의 발전은 비상하였으니 사원 수가 3만이고
승니는 2백만에 달할 정도였다.

그런데 북위의 태무제(444-446)에 이르러서는 불상 불경을
불사르는 등 첫번째의 폐불이 행하여졌고, 북주 무제(574)는 제
2회의 폐불사건을 일으켰으니 도, 불 사원 4만여구를 왕공에게
주고 승려 도사 4만여인을 군민에 충당시켰다. 다시 불교가 부흥
한 것은 수나라로 접어들어서였다.

수나라 문제의 불교부흥사업은 중국불교를 확립하고 불교 건설
시대로 돌입하게 했다. 번역과 연구가 결실을 보고 많은 종파가
성립, 대성하였다. 제 종파로부터 인재가 배출되어 불교사상의
황금시대를 이루었던 것이다. 또 한편으로는 일반 민중의 종교로
서도 자리잡게 되었으니 대중을 상대로 속강(俗講)이 개설되고
미타신앙, 미륵신앙, 지장신앙, 다라니신앙, 시왕심판신앙 등 각
종 불교신앙의 토착화가 이루어졌다.

이러한 당대 불교교단의 통제기관으로는 승록제도가 설치되고,
사원경제의 기초가 되는 사령은 당대의 장원발달과 함께 더욱 광
대한 토지를 소유하여 사원은 장원으로 되어갔다. 그리하여 교단
은 비전원, 양병원의 설립과 치수 교량 숙박의 설치 등 사회사업
에 진력하였다. 오대산에 설치한 보통원은 순례자를 위한 무료
휴게소 및 숙박소로서 널리 알려져 있었다. 삼계교의 무진장원이
나 제사의 금융사업은 당대 사회사업으로서 특별한 예였다.

당조 역대제왕의 불교정책은 불교에 의한 국가통일의 정책이었
기에 보호와 압박의 양면성을 드러내고 있다. 국가 즉 당실과 불

교의 밀접한 교섭은 불교를 어용화하였고, 시경도승(試經度僧), 승적(僧籍), 도첩제도(度牒制度)로 불교교단을 정리해갔다. 시험 제도를 통해 승니를 만들고, 다시 엄중한 승적을 구비케 하여 3년에 한 번씩 조사해서 도첩을 발급하여 정식 승려임을 인정한 것이다.

당대에 있어서 최대의 불교사태는 무종(842-845)의 폐불이니, 제3회째의 회창(會昌)법난이다. 천하의 승니 중에 일찍이 범죄한 자, 계행을 닦지 않는 자를 전부 환속시키고 주술과 기타 요술적인 것을 금지하고, 승니의 사유재산을 몰수하였다. 오대산을 위시해서 제사의 순례를 금하고, 소규모 불당, 사원은 파각하고 그곳 승니는 환속시켰으니 사원 4만여 구, 승려 26만 인에 달했다. 그리하여 당대의 불교를 쇠운으로 몰아넣었다.

이 폐불은 도, 불 2교의 각축이 그 한 원인이기는 하나 그보다 국가재정상의 문제와 불교교단 내부의 부패와 타락에 더 비중이 두어지고 있다. 당대 도, 불의 항쟁이 격렬하고 유자(儒子)들의 불교배척론도 고창되긴 하였으나, 그러나 호법의 고승도 속출하여 이에 길항하여 불교의 입장을 잘 천명함으로해서 교리의 융합을 연구하여 조화설이 수립되었던 것이다. 이는 송대에도 계승되었으니 유학자로서 불교에 관계하지 않은 자가 없다고 해도 과언이 아닐 정도로, 송유(宋儒)에 의해서 삼교의 융회설이 창도되고 승려에 의해서 삼교의 조화설이 주장되어졌다.

회창법난이 단행된 후 오직 국가 정책상 재정 궁핍을 사원에서 구하고자 다시 단행된 것이 후주 세종(955)의 폐불이다. 이는 사원과 승니를 정리한 것으로 4대폐불 중 사원의 폐합이 가장 극심하였다. 승니를 사사로 득도시키는 것을 금하여 부모를 모실 이가 없는 자의 출가는 허락치 않고 나라에서 준 간판이 없는 사찰은 폐하고 동상, 종경은 녹여서 돈을 만들기도 하였다. 그러나 송의 부흥으로 교단은 다시 발전하고 경제도 팽창하여 당대를 능가할 정도로 그 교세를 회복하게 된다.

오대(五代) 전란 중에 존속된 과도기적인 불교를 지난 송(宋)대의 불교는 오히려 중국불교로서의 특색을 굳히며 중국 사상계에 영향을 미치고 있다. 송조(宋朝)가 세워지자, 태조는 폐불을 정지하고 사원을 건립하여 경을 독송시키고 대장경을 주조하였으니 최초로 촉판대장경(971-983)이 완성되었다. 앞서 본 바처럼 그후로도 여러 차례 대장경 조인이 행해졌다.

회창법난 이래 불교 제종파는 그 교세가 부진하였으나, 순수한 중국불교라 할 수 있는 선종만은 계속 분파를 이루며 성행하였다. 정토신앙도 유행하긴 했으나, 그것은 정토종의 활동이라기보다 선·교·율이 화합된 신앙형태로서의 결사염불이었다. 그리하여 열렬한 재속신자가 거사로서 결사에 협력하여 정토신앙은 사회의 상하 전반 계층에 널리 보급되었다.

이러한 송대의 교단 경제는 당대를 능가하였다. 당대 무진장원의 금융사업은 순연히 사원의 영리사업으로 바뀌었으니 장생고가 곧 그것이다. 그 돈을 장생전이라 하며, 사원경제의 유력한 재원이 되었다. 그리고 사유재산이 인정되어 귀족과 사원이 결탁한 공덕분사 또는 공덕원이 생겨나기도 하며, 송나라가 재정란을 구하기 위하여 실시한 매첩과 자의나 사호의 매출이 횡행하게 된다.

원(元)대에 이르러서는 당말 이래 거의 독점해오다시피한 선종의 뒤를 이어, 독특한 밀교적 색채를 띠고 있는 티베트의 라마교가 유입되어 전성하게 된다. 재래불교는 교학적으로 점차 쇠퇴하여 갔으나, 불교교단의 외형과 경제적인 면에서는 송대를 계승하여 일층 발전하고 팽창하였다. 원 조정의 숭불에 힘입어 대찰이 잇달아 건립되고 불사를 행하기 위한 기관이 마련되어 황제의 연수(延壽)와 국가번영의 염원이 담긴 법회 불사가 빈번하였다. 그리하여 사원의 재산이 팽창하여짐에 따라 조정에서는 별도로 전국 사원의 재산을 관리하는 기관을 설치하기도 하였다. 승니가 백만 명이나 되었다고 할 정도로 교단이 팽창되었던 것이다. 그러나 원 제실의 라마승 우대가 상궤를 벗어나 부작용이 극을 달하게 되자 라마교나 원조에 대한 한인의 반감이 커지게 되었다. 강남의 한인사회에는 반몽집단의 비밀결사가 유행하게 되었고 드디어 백련교도인 주원장에 의해 명(明)이 개국되기에 이르렀다.

명(明)대의 불교 역시 민간에 널리 퍼져 있었다. 위로는 왕공귀인으로부터 아래로 부녀자에 이르기까지 항상 선을 말하고 예불하였다고 전해지고 있다. 태조 이래 도승을 제한하였으나 수십만 승니의 방대한 교단이 유지되었다. 그런데 승니 중에는 시정에 기거하면서 사회 풍속에 파고 들어 사자의 장례와 추선공양 등의 의식집행을 직업으로 하는 처자 거느린 재가승도 존재하였다. 그리하여 명조는 사원의 세력확대를 방지하기 위해 사령의 면세를 폐지하고 재가 관리인을 두어 사령운영에 개입하였다. 명대 불교는 조정에서 그 숙정이 논의될 정도로 사회문제가 되었던 것이다.

그러나 교단내에는 운서주굉·감산덕청·자백진가·우익지욱 등의 4대사를 비롯하여 지도자적 승려가 많았다. 그들은 선·강·교 등 각 종을 호융하고 유·불·도의 3교 융합을 도모하였다. 거사불교의 움직임 또한 없지 않았으며, 대장경 조인사업도 계속되었다.

 이상의 불교계승시대를 지나, 중국불교는 청(淸)대 쇠퇴기를 맞게 된다. 이민족의 왕조인 청조는 유교권위에 의한 민중교화책을 강행하고 불교를 엄격히 통제하였던 것이다. 청대 교단의 모습은 양황참, 수륙참, 관음참, 지장참 등의 법회 독경에는 숙달되었으나 불학에 힘쓰고 진지한 종교생활에 침잠하는 자는 적었다. 도첩제가 폐지되고 시방총림에 임의 계단이 설치된 후 임시 승려도 더욱 늘어갔다. 교단내부의 자질 저하와 함께 무력화된 보수교단은 근대사회의 진전에 쫓아가기 힘들게 되었다.

 그러한 근세 중국불교의 커다란 특색으로 등장한 것이 지식인 사대부간에 이해되고 수용된 불교 즉, 거사불교의 유행이었다. 그 청조불교의 특색인 거사불교계에 영향을 미친 것은 당시 만연된 염불신앙이기도 했다. 청 초에는 명대 불교계의 추세를 이어 선종 특히 임제종이 성행하였으나, 청조를 통하여 가장 많이 서민의 귀의를 받은 것은 '집집마다 관세음, 곳곳마다 미타불〔家家觀世音 處處彌陀佛〕이라는 말대로 아미타불 신앙이며 관음신앙이었던 것이다.

 그러다가 1911년 신해혁명 후 다시 한민족 중심의 중화민국이 성립되자 불교교단은 또 많은 시련은 겪게 된다. 묘산흥학(廟産興學)정책으로 사원과 그 재산을 교육개혁에 전용함으로써 교단은 걷잡을 수 없이 피폐하게 되었다. 급변하는 신사회 속에서 사원과 그 재산의 전용뿐만 아니라 사찰도 승려도 신사회에는 불필요하다는 움직임까지 나타나게 되었다.

 혁명기의 청년지도자들은 구물을 타파하고 중국의 근대화를 촉진한다는 미명 아래 미신타파와 함께 반 종교운동을 벌였다(1919년 5·4운동). 종교행사도 미신시하여 폐하였으며 각지의 사원이나 성황묘의 신불상을 파각하였다.

민국19년(1930)에는 정부가 감독사묘조령을 공포하고 각 사묘는 그 소유재산의 많고 적음에 따라 초등교육, 도서관, 구제원, 빈민공창, 협동조합인 합작사 등을 경영하도록 규정하였다. 이러한 폐불에 대응하여 불교계에서도 교단의 조직화와 승려교육을 통한 교계의 혁신을 도모하는 신불교운동이 처음부터 일어났다.

중국 현대불교의 지도자 태허 등의 주창으로 중국불교연합회라는 조직이 발족(민국13년, 1924)되고, 승려 교육원인 불학원이 개설되어갔다. 교단을 새로운 사회 속에서 구각을 탈피시키기에 전력하였던 것이다. 이처럼 중국불교가 겨우 부흥되어 가려할 때 중일전쟁이 발발하여 대업은 중단되고 말았다.

중화인민공화국으로서 중국사상 최초의 공산당 정권이 수립(1949. 10)된 후의 현대 중국불교 동향은, 중국불교협회가 발기(1952. 11) 성립(1953. 5. 30)되었다. 이 회는 막스와 레닌 그리고 모택동사상을 학습하여 중생과 함께 시대의 발전에 순응하기 위한 불교도학습회가 발전되어 이루어진 것으로 중국불교계를 대표하는 간판격이었다.

그러나 다시 1965년 문화대혁명이 일어나 문화파괴와 더불어 불교는 중국 역사상 극한적 법난을 맞았다. 사찰과 대장경이 소각되고 승려는 환속되었다. 그러다가 1976년 10월 중국 4인방의 몰락으로 중국불교협회가 재개되었다. 문화재 보호차원에서 사찰을 보수하여 유수한 명찰들을 상당수 복원하였고 승려들을 사찰로 복귀시켰다. 승려교육기관으로 불학원을 세우고 다시금 대장경을 영인하며 학술연구의 전통을 계승 발전시켜 해외에 선양하려는 노력 중이라 한다. 막스주의와 불교이념의 일치화를 꾀하여 농선일치(農禪一致)의 기치하에 불교로 인한 민족의 단결을 도모하고 있다는 것이다.

그러나 이와는 달리 중국의 불교는 현재 자유중국인 대만, 홍콩, 싱가폴, 그리고 화교 주거지역 등에서는 여전히 불교신앙이 유지되어 왔고 교단의 교화활동이 활발히 전개되고 있음을 볼 수 있다.

Ⅵ. 한국불교(韓國佛敎)

Ⅵ. 한국불교(韓國佛敎)

1. 한국불교의 전래와 수용

한국불교는 한국이라는 지역적, 자연적, 역사적 범주 안에서 한민족이 신앙하고 지녀왔던 불교사상 전부를 말한다. 곧 한국의 역사, 문화 속에서 한국이 이룬 특수하고 고유한 불교를 한국불교라 일컫는다. 이는 처음 밖에서 전해진 불교를 어떻게 수용하여 전개시켜갔는가로부터 시작된다고 할 것이다.

우리나라에 불교가 전래된 때는 삼국 또는 사국시대이다. 삼국시대 한반도의 남쪽 낙동강 유역에 가락(가야)국이 있었고, 그곳에 남방 인도로부터 불교가 전해졌다는 전설과 수용되었던 흔적을 남기고 있음에 의해서다.

국가에서 공식적으로 불교를 받아들인 불교공인의 사실에 의하면 삼국 중 고구려에 제일 먼저 불교가 전래되었음을 볼 수 있다. 고구려 제17대 소수림왕 2년(372)에 중국의 전진(前秦)에서 부견왕이 보낸 사신과 순도(順道) 스님이 전한 불상과 경전을 받아들임에 의해서다. 이어서(374) 아도(阿道) 화상이 왔으며 이듬해 최초로 성(초)문사와 이불란사를 세웠다. 이것이 한국불교의 초전이며 사원 창건의 효시로 불리고 있다.

백제에서는 침류왕 원년(384) 동진(東晉)에서 배를 타고온 인도승 마라난타를 왕이 궁궐 안으로 맞아들여 예경함으로써 불교가 공인되었으며 그 이듬해 한산에 절을 짓고 열 사람의 출가승려를 배출하였다.

신라의 불교공인은 법흥왕 14년(527)에 이르러서야 비로소 이루어진다. 이미 고구려에서 넘어와 있었던 불교가 이차돈의 순교를 계기로, 종래의 무속과 연계된 무교세력의 강한 반발을 누르고 왕실 중심으로 받아들여졌던 것이다.

삼국의 불교는 이미 민간으로 전래되어 있었던 것을 후에 국가에서 공인하였으며, 왕실의 비호에 의해 불교가 급속도로 유통되어 갔음을 보게 된다. 이처럼 불교 초전시부터 국가에서 환영한 불교는 그후 통일기 신라, 고려 그리고 조선조까지도 한결같이 국가와 밀접한 관계를 갖고 전개되었다. 따라서 그러한 국가의 흥불시책에 상승하여 파급되어 간 삼국불교는 인도의 출세간적 불교와는 크게 양상을 달리하게 되었다. 한국 전법의 성패를 좌우한 초기 전도승들이 선택한 불교교설은 한국불교의 교리적 기반을 형성하게 되었는데, 그러한 초전불교의 중심사상은 인과화복설, 곧 업설(業說)이었다.

처음 고구려에 불교를 전한 순도는 인과로 교시하고 화복으로 설유하였다 한다. 소수림왕에 뒤이은 제18대 고국양왕은 말년에 (391) '불법을 숭신하고 복을 구하라〔崇信佛法求福〕'는 영을 내렸으니, 불법은 복되게 사는 교로 이해하고 숭신함으로써 복을 얻게 된다고 보아 국가적으로 권장하고 있는 것이다. 제19대 광개토왕은(392) 평양에 9사를 건립하였으니 절은 수복멸죄하는 장소로 이해함이다. 복을 닦을 처소인 절이 많아야 백성들이 가까운 절로 가서 불법을 숭신하고 복을 구할 수 있기 때문이라 하겠다.

백제 역시 아신왕 원년(392)에 '불법을 숭신하여 복을 구하라'는 영을 내렸고, 신라에서도 불교를 공인한 법흥왕이 그 이듬해 바로 살생을 금하는 영을 내렸으며, 흥륜사·영흥사를 비롯하여 창생을 위한 수복멸죄(修福滅罪)의 자리로서 사찰을 많이 지었다. 이처럼 삼국이 모두 죄를 멸하고 복을 얻는 가르침으로 불교를 이해하여, 이 업설에 의해 선정을 베풀고 백성들로 하여금 복을 구하도록 하고 있는 것이다.

그러나 초전기 불교의 토착화 작업이 어느 정도 마무리되면서 대승교학이 발전하게 되고 삼국은 각기 특색있는 불교교학을 이루어갔다. 고구려 불교교학의 특색으로서는 삼론(三論)을 꼽을 수 있다. 승랑(僧朗)이 고구려 요동에서 태어나 장수왕대(413－491)의 후기에 중국으로 가서 승조(僧肇, 383－414) 계통의 삼론학을 깊이 연구하여 그 새로운 경지를 열었던 것이다. 승랑은 화엄에도 깊은 연구가 있었으나 중국에서 신삼론종의 터전을 마련한 것으로 널리 알려져 있다. 승랑이 섭산 서하사에 머물 때 그의 명성을 들은 양무제가 우수한 학승 10인을 뽑아 승랑에게 수학하게 하였던 바(512), 그중에서 승전이 뛰어나서 승랑의 법을 이었다고 한다.

그때까지 중국에서는 삼론과 성실론이 함께 연구되어 학문적인 분리가 없었던 것을 승랑이 비로소 학적으로 조직하여 삼론학을 확립함으로 해서 삼론이 성실론과 완전 분리되고 신삼론종이 생겨나게 된 것이다. 승랑은 물론 고구려가 아닌 중국에서 일생을 마치긴 하였으나 기록상 한국인으로서 중국인을 가르친 최초의 인물로 중국학계에 미친 영향이 다대하여 고구려의 기상을 떨쳤던 것이다.

인(印) 법사도 촉에 들어가(581년경) 삼론을 강설하였고, 실(實) 법사 또한 수나라에서 삼론을 강의한 대가이며, 혜관(惠灌)은 길장(吉藏)에게서 삼론을 배워 일본으로 건너가(625) 삼론학을 널리 펴서 일본 삼론종의 시조가 되었다. 고구려 불교를 삼론불교라 해도 과히 손색이 없음을 볼 수 있다. 그 외에도 물론 천태학, 열반학 등이 연구되기도 하였다. 비래방장(飛來房丈)으로 유명한 보덕 화상에게 원효와 의상이 『열반경』을 배웠다고 전함은 고구려의 열반학을 짐작케 한다.

백제불교의 특색으로서는 율학(律學)을 들 수 있다. 백제 율종의 비조가 되는 겸익(謙益)은 중인도의 상가나 대율사에 이르러 5년간 범문(梵文)을 배우고 율부를 깊이 전공하였다. 성왕 4년(526)에 귀국한 겸익은 인도에서 가져 온 범본 율부 72권을 번역하였다. 이에 대한 율소(律疏) 36권을 담욱 혜인이 저술하였으며, 왕도 번역된 비담(毘曇)과 신율(新律)의 서문을 지었다. 겸익이 범본 5부 율문을 번역한 72권과 율소 36권을 아울러 신율이라 한 것이니, 백제의 율전을 완성시킨 백제불교의 창의성을 높이 살 만하다고 하겠다. 또 법왕은 즉위년(599)에 살생을 금하는 영을 내리고 사냥도구를 모두 불태우게 하였다. 얼마나 계율을 숭상하였는지 그 상황을 짐작하고도 남음이 있다 하겠다.

백제 역시 고구려처럼 삼론, 천태, 열반학도 있었음이 보인다. 성왕 19년(541)에는 양나라에 사신을 보내어 공장 화사와 함께 열반 등 경의를 청해왔다고 한다. 백제 말엽 무왕(600−641) 때

세운 미륵사를 통하여 미륵불토사상을 엿볼 수도 있다.

신라에서는 처음 전륜성왕 사상으로 왕권을 강화하고자 하는 정치적 이데올로기의 일환으로 미륵사상을 채용하였다. 앞으로 올 미륵불의 용화세계를 현재는 샹카라는 전륜성왕이 정법으로 다스리고 있다고 해서이다. 그래서 진흥왕 때 창설한 국선화랑단체인 풍월도에서 국왕을 받드는 국가적인 권위를 부여받고 있었던 최고 상수화랑인 국선(國仙)은 미륵불을 상징한 것이었다. 화랑오계를 일러 준 원광법사는 유식계통의 섭론학을 연구하였으며,『해심밀경소』등을 남긴 원측의 중국에서의 눈부신 활약 등도 신라불교를 유식사상으로 특색지을 수 있는 방증 자료가 된다고 하겠다. 원효가 당나라로 현장의 유식교학을 배우려고 유학을 시도해본 것도 그 일환이라 할 것이다.

그러나 신라가 삼국을 통일할 즈음부터는 차츰 법상교학보다는 화엄교학이 우세하게 되어 통일신라시대는 화엄우위의 불교가 된다. 이는 원효의 입당 포기와 의상의 화엄연구로 돌입하게 되나 그 전에 자장의 업적을 도외시할 수 없다. 자장은 자장율사라고 불리는 것처럼 율학을 연구하고 통도사에 계단(戒壇)을 설치하여 수계(受戒)를 하기도 하였다. 백제가 소승율학 중심이라면 자장은 대승적 율학을 담당하였다 할 것이다. 계를 파하고 백 년을 사느니보다 차라리 하루를 살더라도 계를 지키겠다고 한 자장의 말은 지금도 회자되고 있다. 허나 자장은 율학 못지 않게 화엄사상으로도 널리 알려져 있다. 자장이 자신의 속가(俗家)를 절로 만든 원녕사 낙성식 때 화엄 만게(萬偈)를 설하였으며, 법회도중 52녀(53녀)가 현신하였으므로 53그루의 지식수를 심었다고 전해진다. 또 중국 오대산에서 화엄의 문수보살을 친견하고 화엄게를 받아오기도 하였다.

이와 같이 각기 특색 있었던 삼국불교는 신라의 삼국통일을 즈음해 화엄교학이 위세를 떨쳐갔던 것이다.

2. 신라불국토사상

신라는 삼국 중에서 가장 늦게 불교를 받아들였으나 창의성을 발휘하여 적극적이고 독특한 신앙사상을 활발히 전개시켰다. 그 대표적인 것이 신라 즉 불국이라는 신라불국토사상(新羅佛國土思想)이다. 이는 전불유연(前佛有緣), 신라진불국(新羅眞佛國), 현실불국정토관(現實佛國淨土觀) 등이 아우러진 것이다. 이러한 신라불국토사상에 대한 구체적인 사례는 『삼국유사』에 잘 나타나 있다.

먼저 신라가 과거부터 부처님과 인연이 깊은 전불유연의 국토임을 알 수 있음은, 신라땅에 석가모니불 이전 가섭불 때의 절터가 있고 또 그 부처님이 직접 앉아 설법하신 돌자리〔迦葉佛宴坐石〕가 있다는 것이다. 고구려 아도화상이 어머니 고도령으로부터 신라로 전법할 것을 권해받은 말 속에 전겁 전불시의 가람터가 신라 경도(경주)내에 일곱 군데나 있었다는 칠처가람터설이 보인다. 즉, ①천경림 금교(흥륜사 터) ②삼천기(영흥사 터) ③월성 동 용궁남(황룡사 터) ④용궁북(분황사 터) ⑤사천미(영묘사 터) ⑥신유림(사천왕사 터) ⑦서청전(담엄사 터) 등이다. 신라불교인들의 신앙과 사상을 설화형식을 통하여 표현하고 있는 것이다.

이 칠처가람터 가운데 황룡사에 가섭불이 앉아서 설법하셨던 자릿돌이 있었다고 한다. 『삼국유사』의 찬자 일연은 불전 뒷쪽에 있던 연좌석을 직접 보았는데 나중에 몽고병란으로 황룡사가 타버렸을 때에 그 연좌석도 땅에 묻히고 말았다 한다. 또 자장(慈藏)법사가 중국 오대산에서 문수진신(文殊眞身)을 만났을 때에 신라의 황룡사는 석가불과 가섭불이 강연하던 곳이라 연좌석이 아직 남아있다고 함을 들었다 한다. 그밖에 또 왕성 경주 외에 신승(神僧) 낭지(朗智)가 오래 살고 있었던 영축산의 혁림암 자리도 가섭불 때의 절터임이 전해지고 있다.

이처럼 신라가 비록 법흥왕대에 와서 불교를 받아들이기는 하였으나, 석가여래 출세 이전에 이미 이 땅에는 불법과 인연이 깊었다는 것으로 믿으려 하였던 것이다. 그것도 구체적으로 장소와 물증을 통하여 사실화시켜서 진지하게 신앙하였던 것임을 볼 수 있다. 이와 같이 신라가 전불유연국토라고 보았던 신라인들은 나아가 신라야말로 참으로 훌륭한 부처님의 나라인 진불국토(眞佛國土)임을 자부하기에 이르렀다. 그러한 신라 본위적 불국관의 근거가 되는 것이 황룡사 장육불상의 조성에 얽힌 연기설화이다.

즉, 진흥왕이 황룡사를 창건한 뒤 오래지 않아 남해에 한 거선이 닿았다. 그 배 안에는 금, 철과 1불 2보살상의 모형과, 서축 아육왕이 석가삼존상을 주성하려다 이루지 못한지라 인연있는 국토에 가서 장육불의 존용이 이루어지기를 바란다는 축원이 함께 있었다. 왕은 동축사를 세워 모형 삼존상을 안치하게 하고 그 금철은 경도로 옮겨서 진흥왕 35년에 장육존상을 이루어 황룡사에 모셨다는 것이다. 인도 아육왕이 불멸 후에 나서 부처님의 진신에 공양 못한 것이 한이 되어 세 번이나 불상을 주성하려 하였으나 이루지 못하여, 그 금철을 큰 배에 실어 바다에 띄웠는데 해변을 따라 가지 아니한 곳이 없었으나 아무 곳에서도 불상을 이루지 못하였으며, 드디어 신라국에 이르게 되어 진흥왕이 주성함으로써 상이 완성되었는데 상호가 원만히 갖추어졌다는 것이다.

이 설화에서 보여주고 있는 것은 신라만이 참으로 부처님과 인연이 깊으며, 석가모니 부처님 탄생지인 천축보다 신라가 더 훌륭한 부처님의 나라인 진불국임을 드러낸 것이다. 그리고 그 배가 도착하였던 곳에 동축사(東竺寺)를 세움도, 부처님의 생연국(生緣國)인 인도는 서천축이며 진불유연의 신라는 동천축이라는 뜻을 함축한 것이다. 또한 전륜성왕으로 추앙받는 정법왕인 아쇼카 왕조차 이루지 못한 뜻을 신라의 진흥왕이 신라에다 훌륭하게 이루어 놓았다는 사실도 진흥왕과 아쇼카 왕의 인물에만 국한된 것이 아니고, 신라의 불교가 발생국 인도의 불교보다도 더욱 훌륭하다는 것을 보이고 있는 것이다. 이 장육존상의 조성설화 역시 하나의 설화에만 그치지 않고 구체적으로 사실화시켜서 신라의 신앙이 되어, 신라가 이 세상에서 가장 훌륭하게 불법을 펼치고 불국토를 이룩한 진불국임을 확신케 하였던 것이다.

이처럼 신라는 전불(前佛)시부터의 유연국(有緣國)이며, 가장 수승한 불연국(佛緣國)으로서 진불국이라고 자부하였던 신라인들은 더 나아가서 신라 이대로가 바로 불국정토라는 현실정토사상을 이룩하기에까지 이르렀다. 신라에는 불보살의 진신이 상주하는 곳이 있으며 많은 부처님과 보살들이 이 땅에 항상 머무시면서 그 몸을 나투고 계신다는 것이다. 예를 들면 강원도 양양 낙산은 관세음보살의 진신이 머무시는 진신상주처로서 의상대사(625-702)가 그 바닷가의 암굴 안으로 들어가 관음의 진용을 직접 만났으며, 그 가르침에 따라 낙산사를 세우게 되었다. 그 뒤 원효성사(617-686)도 낙산의 남교에서 여인으로 화현한 관음을 만났고, 그 낙산에는 정취보살의 진신도 상주하였다는 것이다.

그리고 오대산은 문수보살의 상주도량인데 자장법사가 그 곳에 문수진신을 친견하고자 갔으며, 나중 신라통일 이후에 정신대왕의 태자 보천과 효명 형제가 그곳으로 들어가서 수행할 때에 동·서·남·북중의 오대(五臺)에 각각 일만의 관음, 세지, 지장, 나한, 문수 등 모두 오만진신이 몸을 나투었다는 것이다. 또 효소왕이 망덕사의 낙성회를 설할 때 석가불진신에 공양하였다 하며, 또 지통(智通)은 어려서 영취산으로 출가하여 보현 대사에게 직접 오계를 받았다. 그리고 원성왕대의 고승 연회는 이 영축산의 서쪽 고개에서 문수 노인과 변재 천녀를 만났다고 한다.

이와 같이 신라는 불보살이 상주하면서 그 진신을 나투는 진신상주의 국토라는 것을 보여주고 있다. 천축의 석가불이 이 땅에 그 진신을 나툴 뿐만 아니라 상주처까지도 이 땅에 있으며, 그 진신이 항상 설법도 하고 계신다는 것이다.

신라를 불보살의 상주설법도량이라고 믿었던 신라인들은 드디어 신라 그대로가 바로 정토라는 사상을 보여주기에까지 이르렀다.『삼국유사』의 사복불언조에 나타난 것처럼, 신라인들은 연화장 불국정토가 현실과는 거리가 먼 타국의 것이 아니라 바로 눈앞에 이루어질 수 있는 현실적인 것으로서 신라 땅이 바로 불국정토라는 믿음을 보여주고 있다. 더 나아가 마침내는 신라불의 현신성도(現身成道) 신앙을 결과하기에 이르렀다. 이미 전세의 과거불이 연좌하였고 현세의 석가불과 제불 제보살이 상주현현하는 부처님 나라 신라에, 이 땅의 부처님이 새로이 출현 성불한다는 것은 당연한 신앙의 귀결이라 할 수 있을 것이다. 남백월이성 (노힐부득·달달박박)의 미륵불과 미타불 현신성불이라든지, 광덕 ·엄장의 왕생서방극락, 욱면비의 염불서승, 포산이성의 현신귀진, 포천산 오비구의 염불서왕 등 신라인들은 불국토에 사는 상근기 로서 많은 사람이 성도하고 현신서왕하였음을 보여주고 있다.

이상과 같이 신라의 불국토사상은 전불시의 유연관으로부터 현 재의 유연수승의 불국토관으로, 그리고 다시 현실불국정토사상으 로 정연하게 전개되어 왔다. 신라가 바로 불국정토라는 현실적인 불국관은 끝내 신라의 현신불을 출현시키기에까지 이르렀던 것이 다. 그것은 물론 『법화경』『화엄경』『미륵하생경』『관음경』등 등 경전의 사상적 뒷받침 위에서 이루어졌던 것이다. 그리하여 신라가 부처님 나라이므로, 신라인이 부처님 나라인 신라를 지켜 야 한다는 호국사상으로 발전되었다. 이러한 호국불교의 양상은 신 라뿐 아니라 신라이래 한국불교의 특색을 이루었다고 할 수 있다.

3. 통일신라 화엄사상

신라땅이 불보살의 상주설법도량으로서 연화장 불국정토라는 신라인들의 믿음과 사상은 바로 신라의 불교관이 화엄세계임을 말해주는 것이기도 하다. 그 화엄사상은 신라가 통일을 완성하면 서 더욱 특색있게 발전하였다.

삼국을 통일한 신라왕실에서도 공존하는 새 사회질서를 확립하 기 위해 모든 대립과 투쟁이 지양된 원융무애한 일승화엄사상을 적극 지원하였음을 볼 수 있다. 그리하여 통일 이전 삼론과 법상이 가진 중관과 유식사상적 대립도 모두 극복한 화엄은 그후 한국불교의 특징인 통불교사상 즉 원융, 화쟁, 화합, 겸수 등 한국불교사상의 기저(基底)가 된다. 그러한 화엄사상의 전개는 무엇보다도 통일전쟁을 몸소 겪은 바 있는 원효와 의상의 저술활동과 실천적 교단운동에 힘입은 것임을 볼 수 있다.

화엄사상의 전거가 되는 『화엄경』(60화엄, 418-420 역출)이 언제 처음 이땅에 전래되었는지는 확실하지 않다. 화엄 관계 최초의 기록에 의하면 승랑이 화엄에도 능통하였다 하나 그것은 중국에서의 일이고 화엄사 사적에 나오는 연기 조사도 8세기경 인물임이 최근 밝혀졌다. 따라서 자장(638-643 재당)과 원효(617-687) 시대에 이미 화엄경이 전래되었다는 사실밖에 확실한 것은 없다. 그런데 진흥왕 26년(565)에 진(陳)의 문제(文帝)가 경론 1,700여 권을 보낸 일이 있으니, 화엄경도 아마 그때에 전해진 것이 아닌가 추정되고 있다.

원효는 의상(625-702)과 함께 입당 유학을 꾀한 적도 있으나 그 이전에 이미 원숙한 화엄의 경지에 들어있었음을 보여주는 사례도 많다. 원효가 입당하기를 그만두면서 읊은 오도송인 '심생즉종종법생 심멸즉종종법멸(心生卽種種法生 心滅卽種種法滅)'이라는 삼계유심의 게송은 『기신론』의 일심세계이며 그후 원효의 사상은 기신론의 여래장사상 이라고 알려져 있다. 그러나 기신론의 이론체계와 『금강삼매경』의 실천원리를 주축으로 하는 원효의 불교사상은 여래장사상이라기보다 오히려 화엄사상에 가깝다.

원효는 경전 중 화엄경에 대해서 가장 많은 저술을 하고 있으며(7부 15권) 그의 교화행각도 화엄경에 기반을 두고 있다. 『삼국유사』에는 원효가 일찍이 분황사에서 화엄경소를 짓다가 「십회향품」에서 절필했다고 하며, 또 실계(失戒)한 후에 화엄경의 '일체무애인 일도출생사(一切無碍人 一道出生死)'라는 문구를 박에 새겨 이 무애박을 두드리며 무애가를 부르면서 천촌만락을 다니며 교화했다는 이야기도 있다. 화엄사상을 일반서민에게 정착시키고자 한 원효의 노력이 보이며, 화엄으로 대중교화에 힘썼음을 볼 수 있는 것이다.

그러한 원효의 화엄경에 대한 독자적인 견해는 그의 사교판에서 읽을 수 있다. 원효는 모든 불교를 ①삼승별교 (사제·연기) ②삼승통교(반야·심밀) ③일승분교(영락·범망) ④일승만교(화엄·보현)의 넷으로 분류하고 있다. 일승을 다시 분교(分敎)와 만교(滿敎)로 가르고 있는 것이다. 그리고 분·만 2교를 결정하는 기준은 '보법(普法)'이다. 보법이란 일체법이 공간적, 시간적으로 또는 동정(動靜), 일다(一多) 등의 범주에서 아무런 걸림이 없이 상입(相入)하고 상즉(相卽)하는 화엄경의 세계를 말한다. 원효가 편 보법사상은 화엄사상에 해당하는 것이니, 보법화엄으로 일승사상을 완성시키고 있다. 이처럼 원효사상은 바로 화엄사상이긴 하나 원효는 화엄의 원융사상으로 인해 화쟁(和諍)의 길을 열었다하여 화쟁국사로 일컬어지고 있다.

원효가 이처럼 국내에서 독자적인 화엄사상을 개발한 반면, 입당수학 당시부터 화엄행자로서의 면모를 보여주었던 의상은 지엄 문하에서 화엄교학의 진수를 전수한 후 귀국해서는 적극적인 화엄행을 전개하게 된다. 태백산에 부석사를 창건하여 화엄의 근본도량을 삼은 의상은 제자들의 교육과 교화에 전념하였다. 소백산 추동에서 이루어진 90일간의 화엄경 강의시에 제자들이 3,000명이나 운집했다고 한다. 의상은 실천적 화엄행자로서 제자의 교육에 전념하였기에 의상의 화엄교학은 그 법손들에 의하여 전승되어갔고 교단적 발전을 통하여 사회에 많은 영향을 끼쳤다. 화엄십찰(華嚴十刹)이 대를 이어 세워지기도 했다. 그리하여 의상은 해동화엄초조(海東華嚴初祖)의 자리를 굳히게 되었다.

의상은 별로 저술을 하지 않았으나(7부) 의상화엄사상을 담고 있는 대표적인 현존저서는 후에 최치원이 솥의 국맛을 맛보는 데는 한 숟갈이면 족하다고 극찬한 『일승법계도(一乘法界圖)』이다. 의상의 화엄교학은 일승법계도를 중심으로 왕성하게 연구되었으니, 신라시대 주석서인 『법계도기총수록』에 인용된 사기만 해도 「대기」, 「법융기」, 「진수기」 등 다수에 이르고 있다. 일승법계도를 중심으로 하는 해동화엄학의 그러한 학적 전통은 그후에도 계속 이어졌다. 의상은 화엄이 일승원교에 속하며 법계도는 그 일승원교의 종요(宗要)를 드러낸 것임을 밝히고 있다. 일승법계도는 자리행, 이타행, 수행 등 행문을 밝혀, 수행에 귀착되는 구조를 띠고 있다. 이러한 법계도의 실천적 구조는 의상의 화엄성기사상과 밀접하게 관련되는 것이다. 법계도의 화엄성기사상은 그의 법성관, 구래성불설(旧來成佛說), 해인삼매론 등을 통하여 드러나고 있다. 법계도의 골자가 되는 법성(法性)은 성기(性起)의 다른 표현이다.

의상은 범부 오척신의 부동인 무주(無住)를 법성이라 하며, 이 무주 법성을 법신 자체라고도 한다. 불가설인 법성이 가설인 진성으로 대체되어 연기분이 성립하므로 연기의 근본체는 성기이다. 따라서 행자는 부처님의 선교방편에 인도되어 원융법성의 본제에 되돌아가니, 이것이 '구래부동명위불(旧來不動名爲佛)'로 결론지어져 있다. 그리고 구래불은 십불(十佛)로 출현하니 이 구래성을 초발심시변정각(初發心時變正覺)이라는 상즉상입의 도리에 의해서도 나타내고 있다. 구래불인데 발심함은 발심 때에야 정각임을 알기 때문이다. 십불세계에 깨달아 드는 데는 발심이 근본이 됨을 강조하고 있다. 실천수행을 통한 증득의 세계가 곧 십불의 현현이요, 구래불의 성기세계이다.

또 연기법이 성기에 근거한 것은 삼종세간의 일체제법이 해인삼매 속에 나타남에 비유되고 있다. 해인은 여래의 보리해로서 법성을 증득함에 의해 들게 되는 과해인이다. 의상은 삼국통일의 평화와 화합을 원융 법성으로 이끌고 있음을 짐작케 한다.

그런데 실천적 의상화엄의 중요한 또 하나의 특징으로는 정토신앙을 화엄철학에서 끌어내고 있는 엄정융회(嚴淨融會)의 사상이다. 백화도량발원문 등 의상의 발원문류에는 미타정토신앙의 화엄적 수용을 볼 수 있다. 해동화엄학의 근본도량인 부석사에 무량수불을 모신 것이라든지 낙산에 관음진신주처 도량을 개설하는 등, 의상의 미타 관음신앙은 그가 실천적인 화엄교단을 건설한 것으로 해석된다. 화엄의 관념체계가 너무 고답적이어서 일반 민중이 받아들이기 어렵기 때문이었다. 민중을 향한 의상의 뜨거운 우국충정의 모습은, 오랜 전란과 토목공사 등으로 재정이 피폐할 대로 피폐해진 속에서 또 축성을 하려는 문무왕의 경성축성(680)을 말린 사실에서도 드러난다.

이러한 화엄신앙과 사상은 의상의 제자, 특히 불국사 주지 표훈을 비롯한 십대제자(표훈, 진정, 상원, 양원, 오진, 지통, 진장, 도융, 능인, 의적)에 의해 전승되어 신라화엄의 주류를 형성했다. 그러나 의상에게 법장의 편지와 주석서들을 전했던 승전, 『해인삼매론』의 저자 명효, 80화엄을 전래한 범수 등을 비롯해 비의상계 화엄학승들도 많았다. 오대산의 문수신앙을 확립한 보천 효명 태자도 빠뜨릴 수 없는 화엄신앙의 기수이다.

결국 신라말에 이르러 남악(南岳)과 북악(北岳)의 양대맥으로 갈라지게 되었으니 남악의 관혜는 견훤의 복전이고 북악의 희랑은 왕건의 복전이었다 한다. 그러나 고려 초에 의상을 이은 북악계의 균여에 의해 다시 재통일되어진다.

이처럼 통일신라시대 화엄사상의 전개는 그 시대가 처한 사상문제를 해결코자 비상한 창의와 노력을 베풀고 있다. 그 때문에 불교가 국가정치와 밀접한 관계를 가질 수밖에 없었으나, 그러나 불교가 정신적으로 국가와 민중을 계도해나갔던 것이다.

4. 신라정토신앙

신라화엄의 엄정융회(嚴淨融會)적 특색은 당시 정토신앙(淨土信仰)의 양상을 주목하게 한다.

정토란 불국정토이니 크게 주처정토와 왕생정토로 나누어 말할 수 있다. 왕생정토로는 미타의 서방정토와 미륵의 도솔정토를 많이 희구하였다. 그중에서도 특히 정토왕생의 신앙은 바로 아미타불국에의 왕생신앙을 주로 한다. 누구든지 아미타 부처님을 신앙하는 사람은 미타불의 본원에 의해 정토로 왕생할 수 있다는 점에서 미타정토신앙은 대중성을 띠게 되어 많은 사람에게 파급되었던 것이다.

신라에 불교신앙의 자유가 허용된 이후(527) 진흥왕에 의한 불교진흥과 그 후대 왕들의 보호 및 원광, 자장 등 고승들의 활동 등에 의하여 신라 불교는 크게 흥성하였다. 그와 함께 일반대중교화에 힘쓴 선각적 고승들이 나타나 불교를 모든 사람에게 골고루 전파하였다. 그 대표적인 고승으로 혜숙, 혜공, 대안을 들 수 있으니, 시골과 뒷골목 그리고 장터거리 등을 주로 해서 일반 서민들을 교화하여 대중화시키는 데 힘썼던 것이다. 그와 같은 선구자들의 불교대중화 운동은 원효대사에 이르러서 그 완성을 보았다고 할 것이다. 원효는 전국 방방곡곡을 다니면서 거지나 더벅머리아이들까지도 불법의 참뜻을 알게 함으로써 비로소 불교의 서민대중화가 이루어졌다고 할 수 있기 때문이다.

물론 미타정토 왕생신앙을 우리 민족이 언제 비로소 받아들이게 되었는지, 누구에 의하여 정토교가 전해졌는지 분명하지 않다. 진흥왕 때 진나라에서 1,700여 권이나 되는 불전을 들여왔으니, 정토관계 경전은 물론 그 신앙까지도 들어왔을 것으로 추정하고 있다. 그리고 정영사 혜원의 지론종 계통 정토교도 원광에 의해 전해졌을 것으로 보고 있다. 그러나 현존 사료상에서는 자장의 찬술 외에 통일 이전 신라의 미타관계를 알 만한 기록을 볼 수가 없다. 그 찬서도 현존하지 않고 명목만 전해지므로 내용은 알 수가 없다. 그렇기 때문에 통일 이전 신라의 미타신앙에 관하여서는 그 신앙형태가 밝혀져 있지 않다. 아마 선덕왕(632-647) 때를 전후로 하여 미타정토신앙이 신라에 들어와서 삼국통일기인 문무왕 때에 원효의 본격적인 활동에 의해 민간에 널리 보급되었던 것이 아닌가 한다.

삼국통일을 염원하여 수행된 전쟁은 신라 아미타신앙의 정착

배경이 된 것이라 하겠으니, 신라통일기까지 끊임없이 계속된 오랜 전란에 시달리면서 많은 전사자와 상병자를 대하며 항상 죽음에 대한 공포로 불안하였을 때, 그 두려움을 없애줄 뿐만 아니라 죽은 자를 극락왕생시킨다는 점에서 미타신앙이 절실했을 것이다. 전쟁으로 인한 물심양면의 현세고통을 구제해줄 뿐 아니라, 내세의 극락세계에 대한 이상향을 갖게 하였고 아미타불의 임종래영(臨終來迎)을 희구케 한 것이라 하겠다. 그래서 고차적인 불교교리가 들어왔음에도 불구하고 그들의 관심에 따라 세속적 생활수단으로서 받아들여지고, 내세적 미타신앙도 현세 신라적인 분위기에서 생성되었다고 볼 수 있다.

그러한 통일기 신라정토신앙의 사료로는 무엇보다도 『삼국유사』를 들 수 있다. 『삼국유사』에는 신라의 미타신앙을 알게 하는 설화들이 적지 않게 수록되어 있다. 자장·원효·의상·법위·현일·의적·경흥·원측·둔륜·대현 등 당대의 학승들이 많은 찬술을 통해 정토교의를 선양하고 있음도, 신라시대 각계 각층에 이르기까지 널리 성행된 불교신앙이 바로 정토신앙이었음을 말해준다.

아미타불에게 왕생을 원구하는 미타수행자의 참모습을 보인 광덕 엄장의 서왕설화, 신라에서 이 땅의 미륵불과 미타불로 현신 성도하여 정토신앙의 신라적 특징을 보이고 있는 남백월이성의 현신성도설화, 수도하였던 다섯 명이 함께 왕생했다는 포천산 오비구의 서왕설화, 여인이면서 아울러 천인 왕생(賤人 往生)이라는 당시 신라의 특수한 왕생신앙을 보이고 있는 욱면비 염불서승 설화, 망자인 부군의 명복을 빌기 위해 조성 봉안했다는 무장사의 미타상 등 많은 설화들이 『삼국유사』에 보인다.

그 중에서 경주 남산의 동쪽 기슭 벽리사에 이름을 밝히지 않는 한 염불승이 항상 미타불을 염하였는데, 그 염불소리가 왕성 안의 360방 17만호에 한결같이 낭랑하게 들렸다는 연대미상의 염불사 이야기도 있다. 당시 신라에 미타신앙이 매우 왕성하여 가가호호에 염불소리가 한결같이 끊이지 않고, 사람들 마음마음에 미타불호가 떠나지 않았다는 아미타불 신앙상을 반영해보인 것이라 하겠다. 그러한 신앙 사례들은 거의가 신라의 통일기에 있었던 일로 되어 있다. 그 가운데 무장사의 미타상만 40대 애장왕 때 조상(彫像)으로 되어 있고, 그 외에는 모두 30대 문무왕에서 35대 경덕왕대에 이르기까지의 일이다.

그러므로 가장 신라적인 독특한 신앙형태를 형성시킨 시기는 민족 통일을 이룩한 전성시대였다고 할 수 있다. 그때에 많은 불교관계 찬술과 함께 미타정토관계의 저술이 적지 않았던 사실도 우연은 아니었다고 할 것이다.

이상과 같이 신라정토신앙은 초기 정토사상의 수용 전개에 이르는 전반적 성격을 총망라한 것임을 볼 수 있는데, 그러한 신라 미타신앙의 특성을 보면 선인선과(善因善果)의 현실성이 강한 현실위주적인 성격을 지닌 정토신앙임이 두드러진다.

원래 미타신앙은 현실적 인간이 신앙의 주체이기는 하나, 서방정토에의 왕생신앙이므로 현세보다는 내세적인 성격이 매우 강하게 나타나 있는 것이다. 그런데 『삼국유사』에서는 현세정토를 찬양하는 현실이익적 설화를 많이 담고 있다. 이 땅 신라를 느끼게 하는 것이다. 그리하여 신라정토에의 강한 희원적 신앙성격을 지니고 있는 것이다. 신라의 미타수행자 달달박박이 왕생 아닌 성불을 하였다 하니, 새로 성불한 이 미타불은 서방에 갈 필요가 없다. 신라의 새 부처님은 법신불이 되어 신라국토에 상주한다는 것이며 부처가 상주하는 나라이므로 신라는 정토라는 뜻도 되는 것이다. 아미타불이 오대산에 상주한다고 생각한 불국토사상과 함께 현실 긍정적 사유방식을 말해주고 있다.

　이처럼 내세적 성격을 지닌 아미타신앙을 현실적 성격으로 변형시킨 그 점이 바로 신라 아미타신앙의 특색인 것이다. 이러한 현실 긍정적 신앙, 사상, 사유가 바로 화엄의 영향이라 하겠으니, 바꾸어 말하면 신라정토신앙은 화엄정토신앙의 경향이 강한 것이다. 화엄행자 의상의 일승화엄발원도 중생들을 위해 발원자의 입장에 서서 관음·미타발원을 한 것이며, 백화도량발원문 역시 관음 미타를 들고 있다. 이는 관음의 백화도량과 시방정토를 체성으로 하는 미타의 극락정토가 바로 우주법계에 두루 변만한 비로자나 법신불의 화엄정토이며, 그곳을 바로 신라에 건립하고자 함을 보여주는 것이다.

　삼국통일 직후 전쟁의 뒷수습으로 화엄10찰을 세우고 발원심으로 신앙을 승화시켜 나가게 하였으니, 화엄본찰인 부석사에 무량수불을 본존불로 모심도 그러한 연유에서라 하겠다. 의상화엄의 구래불이 당시 시대상황에 의해 아미타불로 출현하고 관음으로 시현하게 된 점도 바로 신라정토신앙의 특성을 보여주는 것이다.

5. 신라밀교사상

　신라불교의 주도적 위치에 있었던 화엄도 일반대중을 위해서는 화엄정토로서의 미타정토신앙을 열어놓았음을 보았다. 그같은 신라불교의 대중화는 밀교(密敎)와도 밀접하게 관련되고 있다.

　삼국 초전기 불교의 사상내용과 그 뒤의 토착화 과정 및 대승 교학 발생의 흐름을 개관한다면, 그것은 전체적으로 밀교적인 색채가 대단히 짙은 불교라 할 수 있다. 초전기 불교는 무속신앙의 섭화를 위해 여러 가지 밀교신앙 의례를 활용하고 있으며, 전통적인 무속신앙은 불교의 전래로 불교 속에 새로운 터전을 마련했다고 볼 수 있으니, 이러한 무불교체적(巫佛交替的) 성격은 초전기 불교가 강한 밀교적 성격을 띠게 한다.

　『삼국유사』 신주(神呪)편에는 밀본(선덕왕대)·명랑(문무왕대)·혜통(효소왕대)등 3인의 치병(治病), 제액(除厄)적인 주술불교(呪術佛敎)를 신라초기밀교로 부각시키고 있다. 이는 신라 초기 불교의 강한 밀교적인 흐름이 마침내 본격적인 밀교를 구체적인 형태로 탄생시킨 것이라 할 수 있다. 따라서 그 밀교사상의 형성에는 신라의 선구적 밀교사상가의 참여가 없지 않으니, 특히 원광과 안홍을 들 수 있다.

　원광은 『점찰선악업보경』에 입각한 점찰법으로 무속적인 점복을 대치하며 수계 참회법을 치병주술에 활용하고 있다. 출가 후 무속적인 신술에 접하였다는 삼기산 금곡사에서 만년을 보내어 부도도 남아 있었다고 전해지는데, 밀본도 후에 그곳에 머문 것으로 보아 밀본과 원광 사이에 밀접한 밀교적 상승관계(相承關係)를 짐작하게 한다. 안홍(안함)은 교학의 밀교적 활용에 주력하여 밀교적 색채가 짙은 저술을 남겨 자장과 명랑의 밀교사상에 깊은 영향을 미친 것으로 보인다.

　신라 초전기 불교의 밀교적 흐름이 구체적 형태를 띠게 되는 것은 밀본(密本)에서부터이다. 밀본은 『약사경』을 치병주술에 사용하고 있다. 다라니경전의 활용이 행해지고 있는 것이다. 그 『약사경』은 『관정경(灌頂經)』에 편입된 경이니, 『관정경』은 전체적으로 업설을 중심으로 치병제액의 주술을 전개하고 있다. 밀본은 그러한 『관정경』에 입각해서 강력한 치병주술을 행한 신라 최초의 본격적인 밀교가이다.

그러나 『관정경』에 입각해서 밀교의례를 조직한 것은 문무왕대의 명랑(明朗)이다. 명랑이 문두루(文頭婁, mūdra, 神印) 호국법회를 최초로 설행한 것이다. 문무왕 10년(670), 당나라의 신라원정군 50만이 정주 바다에 임박했을 때 명랑은 급히 낭산의 남쪽 신유림에 비단으로 임시 사천왕사를 짓고 풀로 오방신상을 만들어 유가에 밝은 승 12인으로 문두루비법을 지었다. 그리하여 교전이 있기도 전, 성난 파도에 당나라 배가 모두 침몰하였다는 『삼국유사』의 기록이 있다. 이듬해(671) 5만 당군이 쳐들어왔을 때도 동일한 비법으로 물리쳤다는 것이다. 그런데 명랑의 문두루법회는 『관정경』만에 의한 것이 아니고, 그 주술의례에 『금광명경』과 『대방광십륜경』 등의 호국사상과 유가사상을 곁들인 독특한 호국의례이다. 이 법은 사자상승하여 안혜, 낭융에 전승되고 다시 고려초 광학, 대연에 이르러 신인종이라는 종파가 확립되고 있다.

신라초기밀교에는 위의 명랑계통과 다른 또 하나의 흐름이 있었으니, 혜통의 해원주술(解怨呪術) 밀교가 곧 그것이다. 혜통의 밀교적 행법은 『다라니집경』의 밀교적 행의에 통하는 바가 있다. 『다라니집경』의 모방주술을 활용하고 있는 것이다. 주술의 원초적인 순수성에 접근하는 혜통의 이러한 행법은 그가 질병이나 재앙을 원한에 사무친 망령이나 용·귀신의 해침으로 보고 그 원을 풀이함에서도 엿볼 수 있다. 혜통의 해원주술에서 한 가지 더 주목되는 점은 그것에 수계(授戒)나 창사(創寺)의 법이 결부되고 있음이다. 그러한 혜통의 밀교 또한 민간신앙에 상당한 영향을 끼쳤던 것 같다. 일례를 들면 김대성(경덕왕대)이 토함산에서 곰을 잡았다가 꿈에 그 원귀에 놀라 장수사를 지어주었다는 『삼국유사』의 설화도 혜통의 창사 해원법에 상통한다. 혜통의 밀교와 행법은 종래의 잡밀을 계승, 종합하면서 순수밀교로 건너가는 과도기적 위치에 있는 것이다.

이처럼 신라초기밀교는 밀본·명랑·혜통 등에 의해 독특한 발전을 이루고 있지만 아직도 잡밀(雜密)의 범위를 벗어나지 못하다가, 8세기 초에 새로운 순밀(純密)의 밀교사상이 전래되고 수용된다.

당시 중국에 선무외·금강지·불공과 같은 탁월한 밀교삼장들이 건너와 새로운 밀교사상을 전했는데, 신라승들은 그것에 비상한 관심을 보이고 그러한 밀교의 신라수입에 적극성을 띠고 있다. 선무외 문하에 의림·현초·불가사의 같은 쟁쟁한 신라승이 있고 금강지 아래 혜초가 있으며, 불공 문하의 혜과 계통에서도 혜일·오진·균량 등이 있다. 이중 의림과 불가사의는 신라에 태장계를 전하고(성덕왕대), 혜일은 금강계를 전한(선덕왕대) 것으로 보인다. 특히 의림은 국사아사리라는 위치에 있었으며, 선무외 → 의림 → 순효 → 최징으로 이어지는 법계로 보아 일본 천태종의 밀교, 소위 태밀(台密)의 초전에 관련된다.

신라의 순밀 전래기는 제34대 효성왕(737-741)에서 제40대 애장왕(800-808)에 걸친 시기로서, 남종선이 들어오기 직전이다. 새로운 밀교가 신라에 즉각적으로 전래된 것은 당시 신라불

교가 그런 사상을 요청하고 있었으며 또 그럴 만한 사상적 수용
기반이 이루어져 있었음을 뜻한다. 당시 화엄중심적 신라불교에
서의 사상적 수용기반은 순밀의 화엄사상과의 공질성 및 초기밀
교의 보완을 들 수 있다. 신라불교의 주도적 위치에 있던 화엄사
상에 부족한 중생제도의 대비방편을 밀교에서 받아들인 것이다.
이에 주술적인 다라니의 적극적인 수용 또한 주목되는 측면이다.
또한 밀교의 주존불 역시 화엄의 비로자나(vairocana)이니, 신라
초기 잡밀에 화엄 못지 않은 높은 세계관을 보임과 함께 주력의
원천 또한 대일여래(大日如來)의 삼밀가지(三密加持)라는 뚜렷한
이론 근거를 제시해주고 있는 것이다.

　이처럼 신라승들이 새로운 밀교에 깊은 관심을 갖고 그 수입에
나아가게 된 것은 그 직접적인 이유가 화엄사상이 드러내기 시작
한 신앙적인 측면의 결핍을 보완하고 저속한 초기밀교에 높은 철
학성을 부여할 수 있는 길이 새로운 밀교에서 발견되기 때문일
것으로 간주되고 있다. 통일 후의 신라중대불교가 전반적으로 교
학보다는 의례쪽으로 기울어지고 있는 추세도 그러한 추정을 뒷
받침하는 것이다.

　신라에서 그러한 순밀의 도입에 직접적인 관계를 한 것은 혜통
계통이라 짐작되고 있다. 혜통이 의거한 것으로 생각되는『다라
니집경』은 순밀과 비슷한 진언의궤를 설하고 있다. 그러면서도
그 진언의궤를 뒷받침할 만한 사상원리가 밝혀져 있지 않은 데
비해 순밀은 교리와 의궤를 갖추고 있기 때문이다. 혜통이 무외
삼장으로부터 인결을 전수한 것으로 되어있는『유사』의 설화도
그러한 시사를 던져주는 것이다. 혜통 계통의 밀교는 여러 사상
계통과 폭넓은 교섭을 하면서 융성·발전하다가 총지종(摠持宗)

을 형성하게 된다. 총지종의 성립 시기는 고려 의종에서 고종 초 사이에 관계기록이 보이고 있으나, 실제적인 성립은 그보다 훨씬 더 앞당겨질 수도 있다. 신인종을 이루게 된 명랑 계통의 잡밀이 유가유식의 법상에 친근성을 갖고 있었다면, 혜통 계통의 순밀은 화엄과 친밀하였으리라 생각되고 있으니 사상원리가 서로 통하기 때문이다. 혜통 계통의 밀교는 또한 당시의 대승보살계사상과도 상통할 가능성이 있다.

이상과 같이 신라밀교는 업설에서 삼론·계율·유식법상으로 다시 화엄과 선으로 이어지는 교리사상과 맥락을 함께 하면서 그에 상응한 밀교형태를 적절히 파생시켜가고 있는 것이다.

6. 선(禪)의 전래와 구산선문(九山禪門)

대승교학 특히 화엄이 찬란히 꽃피고 전성하였던 신라불교는 신라 하대로 내려오면서 차츰 침체되고, 교학을 전적으로 부정하는 선(禪)이라는 파격적인 불교사상이 중국으로부터 전해져 선문이 형성되었다.

신라에 선이 처음 전래된 시기는 법랑(法郎)이 중국 선종 제4조 도신(道信, 580-651)의 법〔東山法門〕을 전해온 선덕왕(632-647) 또는 진덕왕(647-654)무렵이다. 그러나 본격적인 선 전래는 41대 헌덕왕(809-826) 이후이며, 마조도일 계통의 선〔洪州宗〕이 주류를 이루고 있다. 그로부터 고려 초에 이르는 기간 동안 줄기차게 선의 유입과 정착이 이루어져 구산선문(九山禪門)

이 형성된다. 고려 후기에 작성된 선문조사예참문에 그 구산문의 내용이 명시되어 있다.

　그리하여 구산문은 신라말부터 고려 초의 선종계를 망라하는 대표적인 개념으로 사용되고 있다. 구산문에 대하여 그 명칭과 개산사(開山寺) 그리고 개산조(開山祖) 등을 소개하면 다음과 같다.

⑴ 가지산(迦智山) : 보림사〔전남 장흥〕, 도의(道義, 헌덕—흥덕 왕대). 법손인 체징(804—880)이 보림사를 창건하고 도의의 종풍을 떨쳐 가지산파를 이룸.

⑵ 실상산(實相山) : 실상사〔전북 남원〕, 홍척(洪陟), 흥덕왕 원년(826)에 귀국한 후 실상사에서 선법(禪法)을 일으켜 실상산파 이룸.

⑶ 동리산(桐裡山) : 태안사〔전남 곡성〕, 혜철(惠哲, 慧徹, 791—861). 문성왕 원년(839)에 귀국한 후 태안사에서 선지(禪旨)를 펴 동리산파 이룸.

⑷ 봉림산(鳳林山) : 봉림사〔경남 창원〕, 현욱(玄昱, 787—868, 희강왕 2년, 837귀국), 제자 진경심휘(854—923)가 봉림사를 세워 봉림산파 이룸.

⑸ 사자산(獅子山) : 사자산사〔강원도 영월〕, 도윤(道允, 800—868, 문성왕 9년, 847귀국). 제자 징효절충(831—895)이 헌강왕(875—886) 때 사자산사 세워 사자산파 이룸.

⑹ 성주산(聖住山) : 성주사〔충남 보령〕, 무염(無染, 800—888).

⑺ 사굴산(闍崛山) : 굴산사〔강원도 강릉〕, 범일(梵日, 810—894). 문성왕 9년(847) 귀국하여 굴산사를 세우고 사굴산파 이룸.

184

⑻ 수미산(須彌山) : 광조사〔황해 해주〕, 이엄(利嚴, 870−936).
  효공왕 15년(911) 귀국하여 태조 15년(932) 광조사에서 도
  화를 떨침.
⑼ 희양산(曦陽山) : 봉암사〔경북 문경〕, 도헌(道憲), 봉암사 창
  건, 법손 경양(競讓, 878−956)이 봉암사를 중건하고 희양산
  문 이루다.

　구산문의 완성은 종래 이엄의 수미산문 개산(태조 15년, 932)
으로 여겨왔으나, 도헌을 개산조로 하는 희양산문이 경양 대에
이르러 실질적인 산문형태를 띠게 된 것으로 보아(태조 18년,
935) 희양산문의 개산을 마지막으로 한다. 이처럼 수미산문과 희
양산문의 성립에 의하여 비로소 구산선파가 형성되었던 당시 나
말여초에 많은 선사들이 배출되어 9산으로 이루어진 선문가풍을
이어 나갔다.
　이 9산문 중 8문은 마조도일의 선풍을 전해온 선승들을 개산
조로 하고 있다. 당시 중국 선종에서 크게 부상한 것이 바로 홍
주종이었던 것과 상응하는 현상이다. 그 뒤 중국 선종은 홍주종
의 마조도일계에서 다시 임제종(황룡, 양기파로 나뉘어짐), 위앙종
이 나오고 석두희천계에서 조동종, 운문종, 법안종이 나와 5가 7
종으로 갈라진다. 그 가운데 조동종이 전래하여 개산한 것이 이
엄의 수미산파이다. 이 구산선문은 한국선의 중요한 특색을 보여
주는 개념이라 보고 있으니, 구산문의 개조는 입당 전에 전부 교
학, 특히 화엄을 공부하고 있다. 그들이 선에 접하는 것은 중국에
들어가서 처음으로 있게 되는 일이다.
　구산선문이라는 관념의 전통에서는 국내에서 사법(嗣法)함이

없이 처음으로 선법(禪法)을 전래하여 사자상승한 사람만을 개조(開祖)로 인정한 것이다. 만약 국내에서 먼저 선사(先師)로부터 사법한 경력이 있다면 아무리 입당하여 새로운 선풍을 전해오더라도 모두 선사의 산문에 소속시키고 있다.

예로 희양산파 3대 경양, 가지산파 4대 형미, 동리산파 3대 경보, 성주산파 3대 현휘와 여엄, 사굴산파 2대 행적, 봉림산파 3대 찬유 등은 입당하여 조동종을 전해왔고, 성주산파 2대 대통은 위앙종을 전해왔으나, 이들은 새로운 산문으로 별립시키지 않고 있다. 소속불명의 오관산 순지 선사 등도 개산조로 별립되지 않은 것은 입당 전에 국내에서 사법함이 있었던 것으로 보고 있다.

이는 종지가 달라지면 법계(法系)를 개변시키는 중국과 판이하다. 마조도일(709-788)은 원래 신라승인 정중사 무상(684-762)의 제자였으나,『조당집』,『송고승전』,『경덕전등록』 등에는 한결같이 그를 남악회양(6조 혜능의 제자) 문하로 소속시키고 있으니, 마조의 홍주종은 무상의 염불선과 다르다는 것이다.

그러나 구산문에서 법적인 사승보다 인적인 사사를 더 중요시한 것은 5가 7종을 별개 종파로 보지 않고 단순한 가풍의 차이로 보고 있었음을 뜻한다. 그럴 경우 그 근본을 더듬어 오르게 되면 제6조 조계혜능에 이르게 되니 그리하여 마침내 하나의 종으로서 '조계종'으로 부르게 된 것이 아닌가 한다〔탄연스님 (1069-1158)의 비명에서 처음으로 조계종이라는 종명이 보인다〕. 한국선은 오늘에 이르기까지 '조계일파'를 상승하고 있는 것이다.

그러한 처음 전래된 선(禪)의 중심사상은 어떠한가. 9산문 중 8문의 개조가 전부 홍주종을 전해옴은, 마조가 한때 신라승 무상의 제자였다는 친밀감도 없다고 볼 수는 없겠으나, 단순히 그런

지연관계라면 오히려 정중종을 찾았을 것으로 본다. 그것은 근본 원리에 있어서는 화엄과 같지만 실현하는 방법에 있어서는 양자가 크게 다른 홍주종의 사상이, 이미 화엄을 공부한 입당승들에게 선호되었을 것으로 간주되고 있다.

선(禪)은 불립문자, 교외별전을 표방하고 직지인심, 견성성불을 주장한다. 그러면서 관념적인 교리조직이나 허식적인 신앙의례는 정면으로 부정한다. 선의 그러한 부정적 성격은 신라 하대의 현학적이고 사제적인 화엄교학과 대결하여 그 시대의 사상문제를 해결할 실마리를 찾게 되었던 것이 아닌가 추정되는 것이다. 그들은 화엄학에 정면으로 도전하여 선의 우위성을 지나칠 정도로 강조하고 있다. 도의 국사의 선교판석(禪敎判釋), 무염 국사의 유설토무설토(有舌土無舌土)설, 범일의 진귀조사설(眞歸祖師說 : 석가가 오도 후 진귀 조사를 만나 비로소 현극의 뜻을 얻었으니 이것이 교외별전이다 라는 설) 등이 한결같이 그렇다. 도선(道詵)의 비보사탑설(裨補寺塔說) 또한 교종적인 지리관념과 창사(創寺)관념을 부정하여 사찰의 실용성을 역설한 것이다.

그러나 신라 하대 선(禪)은 화엄교학을 완전히 타파하지는 못하고 있다. 선이 일체의 언교를 부정하지만 근본원리까지 부정할 수는 없고, 그러한 근본원리는 교학의 존재를 전제로 한다. 뿐만 아니라, 대중은 구체적인 신앙의례와 실천방법이 필요하였던 것이다. 그리하여 신라 하대의 불교는 선·교병립이라는 현상을 띠게 되고, 그후 한국불교는 끊임없는 선·교(禪敎)의 균형과 조화를 모색하는 역사를 형성하게 된 것이다.

7. 선교겸수(禪敎兼修)의 고려불교(高麗佛敎)

신라말에서 고려초에 이르는 백여 년 동안 형성된 구산선문이 자리잡은 곳은 대개 중앙에서 멀리 떨어진 지방이었으며, 그곳에서 선승(禪僧)들이 지방호족과 결합하여 세력을 뻗치고 있었다. 고려조를 세운 왕건도 그러한 지방호족 중의 한 사람이었다. 그러나 고려 태조에게 영향을 미친 것은 선(禪)뿐만이 아니었다.

당시 북악파 화엄학의 거장 희랑(希郞) 대사가 해인사에 거주하면서 화엄신장을 부려 왕건을 도와 승전하게 하였다는 설화도 있으며, 도선(道詵, 809－898)의 비보사탑설(裨補寺塔說)의 영향 또한 대단하였다. 비보사탑설이란 동국의 흉처를 사탑으로 비보하여 사원의 군사적, 경제적 실용성을 높이고자 한 것으로 선(禪)의 실용성을 음양오행사상과 교묘하게 결합시킨 것으로 보인다.

훈요십조(訓要十條)에는 이같은 태조의 불교관이 잘 반영되어 있다. 따라서 고려불교는 태조가 마련해 놓은 이 기틀 위에서 선(禪)·교(敎)에 도참(圖讖)의 요소가 가미되어 전개해간다.

여기서 맨 먼저 주목되는 것은 광종대 균여(均如, 923－973)의 성상융회적(性相融會的) 화엄학이다. 균여는 태백산 부석사를 본찰로 하는 의상(625－702)의 뒤를 이어 북악의 성기사상(性起思想)을 중심으로 남·북악을 통일하였다. 그리하여 보현행의 실천운동을 민중 속에 정착시키고자 하였으니, 40화엄의 보현행원을 내용으로 한 11수의 향가가 전해지고 있다. 법계도기(法界圖記)를 비롯하여, 화엄저서에 대한 원통기(圓通記)들도 그의 화엄관을 담아 전하고 있다. 또 균여의 선배인 탄문(坦文, 900－974)과 그 뒤를 이은 결응(決凝, 964−1053), 그리고 그후 수많은 문인들에 의해 화엄교학과 불사가 융성하였다.

한편 선(禪)에서도 새로운 바람이 일고 있었으니 선정쌍수의 통합적인 선사상인 법안종(法眼宗)이 전래한 것이다. 또 화엄대덕인 경덕왕사 난원(爛圓)에게 출가한 후 난원의 화엄을 이어 강학하고, 화엄전적을 모은 원종문류(圓宗文類)를 남기기도 한 대각국사 의천(義天, 1055−1101)은 균여계의 화엄학을 배척하고 천태종의 개립을 통해 선·교 대립을 지양하고자 하였다.

그런데 선과 교를 회통한 선교겸수의 주창자로서는 보조국사 지눌(知訥, 1158−1210)을 제일로 손꼽지 않을 수 없다. 12·13세기에 접어들면서 내우외환이 겹친 고려불교는 그 우환을 떨치려는 불사가 무수히 봉행되고, 그 와중에 승려들의 타락상이 난무하게 되었다. 지눌은 이를 통탄하고 승려 본연의 자세로 되돌아가자는 힘찬 사상운동을 일으켰으니, 바로 산림에 은둔하여 정혜(定慧)에 힘쓸 것을 역설한 정혜결사운동이다. 지눌의 정혜쌍수는 바로 돈오점수(頓悟漸修)설에 입각한 것이다. 인간의 본심〔空寂靈知〕은 본래 제불(諸佛)과 조금도 다름이 없음을 깨달아〔頓悟〕, 이타행을 점차 전개해가야 할 것〔漸修〕을 주창함이다.

이러한 지눌의 돈오점수는 『화엄경』 「여래출현품」의 여래성기(如來性起)에 입각하고 있다. 그래서 지눌은 의상의 화엄성기사상이 담긴 일승법계도를 인용하여 돈오점수를 설명하고 있다. 그리고 정혜쌍수의 돈오점수는 구산선문에서는 이단으로 치는 하택 신회의 공적지와 중국 화엄종의 방계인 이통현장자의 화엄성기사상 및 청량과 규봉의 교선일치 사상을 흡수한 것이기도 하다. 지눌은 당시 대립적인 선교문제를 깊이 의식하고 치선(痴禪)과 간

혜(乾慧)의 두 병통을 모두 바로잡고자, "자기 마음의 무명분별
이 곧 제불의 보광명지임을 알고 자성(自性)에 의지하여 선을 닦
아라"는 돈오점수의 교선일치를 천명한 것이다. 이를 성적등지문
(惺寂等持門)과 원돈신해문(圓頓信解門)으로 시설하였고, 여기에
간화경절문(看話徑截門)을 더한 3문으로 학인을 제접하였다.

　이와 같은 정혜결사에 영향을 받고, 그에 맞서 천태종의 법화
결사가 일어났으니, 원묘 요세(了世, 1163–1245)의 백련결사(白
蓮結社)가 그것이다. 이 또한 중앙에서 멀리 떨어진 전남 강진 만
덕사에 도량을 두고 있으나, 결사의 사상적 동기는 상당히 다른
바가 있다. 요세가 의식한 중생은 죄업장이 두터운 범부였기 때
문이다. 법화삼매참, 천태지관, 정토구생(淨土求生)의 3문은 요세
의 철저한 범부의식에 입각한 것으로, 보살 같은 상근기 중생을
위한 지눌의 3문시설과는 매우 다른 것이다. 죄장이 두터운 중생
은 무엇보다도 먼저 죄업을 참회하여 지관을 닦고 타력정토문에
귀의하지 않으면 안 된다고 보기 때문이다. 따라서 요세의 천태
사상도 매우 독창적인 것으로, 백련결사 역시 정혜결사 못지 않
게 호응을 받았던 것으로 보인다. 여말에 이르도록 정혜결사가
16세를 헤아리는 가운데 15인이 국사로 책봉되었으며, 백련결사
도 10여세 가운데 5인 이상이 국사 또는 국통으로 책봉되고 있
는 것이다. 고려 후반기 불교는 위의 두 결사에 의해 주도된 듯
한 인상을 줄 정도이나, 그 밖에도 주목할 만한 사건들이 많이
있다.

　제2차 몽고란으로 초조대장경이 불타버리자 다시 구국의 발원
으로 재조장경이 이루어질 때 화엄종 승려들이 대거 관여했을 것
으로 짐작되고 있다. 보유판에 의천이 배척했던 균여의 저술이

대량 수록되어 있는 사실에서도 짐작되는 바이다. 균여 화엄학의 부활은 정치적인 측면도 없지는 않으나, 보다 심층적인 동기는 민족의 전통성에 대한 의식이 발생했던 것임도 간과할 수 없다. 균여의 화엄학은 전통적인 신라 의상계의 화엄이기 때문이다. 보각국사 일연(一然, 1206－1289)의 『삼국유사(三國遺事)』는 바로 그러한 민족 전통성에 대한 역사의식의 반영으로 보인다.

1세기에 걸친 원(元)의 지배하에서 교단을 쇄신하고 구산문(九山門)의 사상적 통일을 이룩하기 위한 노력의 일환으로 태고 보우(普愚, 1301－1382), 나옹 혜근(慧勤, 1302－1376) 등이 원에 들어가 임제선(臨濟禪)을 전래해오게 된다.

그러나 당시의 고려사회는 부분적인 개혁만으로는 회복할 수 없는 상태였으니, 반원 복고정책을 수행했던 공민왕이 시해되고 고려말엽부터 전래된 유교의 성리학이 조선조 정치적 이데올로기로 채택됨과 함께 불교는 서서히 뒷자리로 물러나는 시절이 도래하게 된 것이다.

8. 고려대장경(高麗大藏經)

고려불교를 운위함에 있어서 재삼 그 의의를 강조해도 지나침이 없는 것으로 고려대장경이 있다.

우리나라 대장경의 조판은 고려시대에만 세 번이나 이루어졌다. 초조장경과 재조장경, 그리고 속장경의 조조(雕造)이다. 그런데 현재 남아있는 것은 재조장경뿐이다. 고려대장경 조판은 8대

현종(1010-1031) 때 최초로 이루어졌다. 현종(顯宗) 원년(1010)에 거란의 침입으로 왕은 나주로 피난하면서 외적을 물리치기 위하여 대장경의 조조를 착수하였다. 국난을 극복하기 위해 불법에 기원한 것이었다. 그 뒤 적이 물러가고 이어서 덕종과 경종을 거쳐서 문종에 이르기까지 전후 40년이 걸려 대장경조판을 완성하였다. 물론 주로 현종 당대에 이루어졌기는 하다. 이를 초조장경(初雕藏經) 또는 고려구장경(高麗舊藏經)이라 하니 1,106부 5,048권이었다. 이 대장경판을 팔공산 부인사(符仁寺)에 봉안하여 국가를 평안하게 하고 국민의 신앙이 집중되게 하였다.

그런데 고종(高宗) 19년(1232)의 몽고란 때 부인사의 장경판이 타버렸다. 그리하여 고종은 천도한 강화도에서 왕의 23년(1236)에 대장도감을 설치하고 대장경 재조에 착수하였다. 앞서 현종이 대장경을 조조하여 외적을 퇴치한 것처럼 이번에도 국난을 극복하고자 온 국민이 일치단결하여 부처님의 가호를 빌고자 함이었다. 전국의 학자와 기술자를 동원하고 자료 등을 수집하여 강화에 대장도감 본사(本司)를 두고 진주에 분사를 두어 온 국력을 다 하였다. 16년간 걸려 고종 38년(1251)에 완성을 보았다.

이 대장경은 총 633함 1,512부 6,791권이며 그 경판 총수는 81,258판이나 된다. 현재 해인사(海印寺) 장경각에 봉안되어 있는 이 경판을 고려대장경(高麗大藏經) 또는 재조장경(再雕藏經)이라 하며, 경판이 팔만여 판이라 하여 속칭 팔만대장경(八萬大藏經)이라고도 한다. 경판에 쓰인 목재는 주로 지리산에서 벌채한 거제목(고로쇠 나무 또는 곡우목)이라 한다. 총 81,258판을 양면으로 새겼으며, 한 판의 크기는 세로 8촌, 가로 2척 3촌, 두께 1촌 2, 3분이며 한 면에 23행, 1행에 14자씩 새겨져 있다. 당시 수기(守其) 등 30여 명이 각종 다른 판들과 대교하여 정밀히 교정을 했다. 이 고려대장경은 양의 풍부함은 말할 것도 없고, 교정이 정밀하고 다른 장경에는 없는 것도 수록하고 있어서 불교 연구에 귀중한 가치를 지니고 있다.

고려초조장경은 중국에서 제일 먼저 이루어진 촉판대장경(983)을 저본으로 한 것이며, 재조장경은 초조장경을 저본으로 하고 타본과도 대교한 것이다. 이 고려대장경은 각국에서 개판된 대장경 중에서 가장 우수한 한역대장경으로 정평이 나있다. 그리하여 모든 장경의 표준적 원본이 되고 있으니, 일본에서 대정 년간에 간행한 대정신수대장경도 이 고려대장경을 저본으로 하고 있는 것이다. 실로 한국문화의 지중한 보배라 아니 할 수 없다.

이같이 불신력(佛神力)으로 난국을 해결하고자 하여 이루어진 두 번에 걸친 대장경의 조조는 고려시대 기복양재(祈福禳災) 진호방국(鎭護防國)의 불교국가사상과 국민정신에 의하여 이루어 놓은 민족문화사업이기도 하다. 고려대장경이 반야부 경전부터 수록하고 있음도 호국의 발원을 보여주는 것이다. 최근 동국대학교에서 고려대장경의 영인본을 완간해 두었다.

초조장경과 재조장경이 조판되는 그 사이에 또 한 번의 대장경 간행이 있었으니 대각국사 의천에 의한 속장경이다. 의천은 문종 9년(1055)에 넷째 왕자로 태어나 11세에 출가하였다. 의천은 입송(入宋)하여 1년여 동안 머물면서 장소(章疏) 3,000여 권을 모아 갖고 왔다. 귀국한 뒤 홍왕사 주지로 있으면서 제자를 양성하는 한편 요·송·일본 등에서 4,000여 권의 장소를 수집, 구입하고 국내의 고서를 모았다.

그리하여 홍왕사에 교장도감(敎藏都監)을 설치하고(선종 8년,

1091) 이들 경서를 간행하였다. 그 기본 작업으로서 신편제종교
장총록(新編諸宗敎藏總錄) 3권을 편집하였으니(1090), 각 권의
내제에는 '해동유본현행록(海東有本現行錄)'이라 하였다. 이것은
경·율·론 삼장의 정본 외에 그 주석서인 장소(章疏)만을 수집하
여 목록을 작성한 것이다. 상권에는 경(經)의 장소 561부 2,586
권, 중권에는 율(律)의 장소 142부 467권, 하권에는 논(論)의
장소 307부 1,687권이 각각 수록되었으니, 모두 합쳐서 1,010부
4,740권이다. 교장도감에서는 이 목록에 의하여 간행하였으니 숙
종 6년(1101)까지 10년간에 걸쳐 완성했다. 이것을 고려속장경
(高麗續藏經)이라 한다. 그러나 속장경은 일실되고 그 목록인 신
편제종교장총록만 지금 남아 전하니, 『한국불교전서』에도 수록되
어 있다.

조선시대로 넘어와 우리의 문자인 훈민정음이 세종에 의해 창
제(세종 28년, 1446)됨에 따라, 불교를 독신한 세조에 의하여 한
적(漢籍)의 국역(國譯) 간행이 이루어졌다. 세조는 그 초년에 해
인사 대장경을 인출하였다. 세조 7년(1461) 6월에는 간경도감을
설치하고 많은 불경을 훈민정음으로 번역하여 간행하는 일에 착
수하였다. 간경도감에는 집현전 학자들이 주로 힘썼으나 신미(信
眉), 수미(守眉), 홍준 등 고승의 협조가 많았다. 당시 번역해서
간행한 금강경 등 많은 불전은 세조가 직접 간여한 번역이었으
며, 국가의 힘으로 번역 간행한 사업이었다. 그 내용과 체제가 매
우 훌륭하여 불경 번역의 모범이 되고 있다. 그 후에는 주로 승
려들의 힘으로 계속 각종 불전의 번역 간행이 있어서 불교의 대
중화, 보급화에 공헌이 많았다.

근대에 와서도 단편적으로 계속 불전의 국역에 힘써와 1964년

7월 동국대학교에 역경원(譯經院)이 설치되어 종합적이고 계획적인 대장경의 국역사업이 시작되어 현재 전 250권 간행예정 중 120여 권이 간행되었다.

이처럼 고려시대 3회에 걸친 대장경조조는 불교사상을 발전시켰으며, 조선시대 국역간행을 거쳐 현재 한글대장경이 간행되게 한 기조가 되었다고 하겠다.

9. 조선불교(朝鮮佛敎)의 특색

조선시대의 불교는 한마디로 말하면 국가 배불정책의 영향 아래 산중일색의 산승불교로 특징지워진다고 하겠다. 고려시대 전성하였던 불교가 억불척승의 법난시대로 거의 일관되었던 것이다. 이를 그 시대적 특성에 따라 다시 제1선교양종(禪敎兩宗)시대, 제2산승가풍(山僧家風)시대, 제3삼문수업(三門修業)시대의 불교로 크게 나누기도 한다.

제1기는 조선왕조가 개국된 태조 원년(1392)으로부터 명종 20년(1565)까지, 선교양종(禪敎兩宗)과 승과(僧科)가 존립했던 시기이다. 종단의 의지와 상관없이 고려말 11종의 종단이 7종으로 축소되고〔태종〕 이들이 다시 선종과 교종으로 통폐합하여 양종불교가 되었다〔세종〕. 고려대부터 지속된 승과와 이 양종이 한때 중단되었던 때도 있기는 하나 〔연산, 중종조〕, 명종조에 다시 부활되었던 것이다.

제2기는 산승가풍이 확립된 시기이다. 즉 서산대사 휴정(1520

―1604)과 그 문하 및 법손들에 의하여 가풍이 확립되고 흥성되었던 시기이다. 양종으로 묶여진 종단도 오래가지 못하고 깊은 산속에 자리잡은 승가는 종단부재의 산승불교가 되어버렸으나, 그러나 그 와중에서도 서산휴정이 산승가풍을 중흥시키고 그 법맥이 사자상승되었던 것이다.

제3기는 산승불교시대 중에 간경, 참선, 염불의 3문수업의 전통이 확립되어 존속되는 말기에 해당된다. 산승의 법난시대는 승려의 도성출입이 해금될 때까지(고종 32년, 1895) 계속되었으나, 공부에 충실한 이판승과 사원의 행정을 맡아 사무를 관장하던 사판승이 있어서 각기 혜명을 계승하고 사원을 유지시켜 갔던 것이다.

조선 개국초는 창업 이전부터 불교와 인연이 깊고 신불자였던 이성계에 의해 불사가 많이 행해졌다. 당시 정도전 등 창업의 중신과 유사들의 척불 주장이 드높았음에도 불구하고, 태조는 즉위 전부터 관계가 깊었던 무학자초(無學自超, 1327―1405)를 왕사로 삼고(태조 원년), 조구(祖丘)를 국사로 삼아(태조 3년) 어려운 건국 이념을 완성코자 하였다. 그리하여 조탑, 조사를 비롯하여 대장경 인경, 금은자 사경, 반승, 법석 등 불사가 많이 행하여졌다.

그러나 그후의 왕들에 의해 배불정책이 철저히 실시되었다. 태종이 즉위하면서 숭유척불에 의한 배불정책은 과감하게 단행되었다. 궁중의 불사가 파하였으며 사원과 승려수가 삭감되었고 사찰 토지와 노비의 수가 제한, 몰수되었다. 왕사제와 국사제도 없어지고 도첩제가 엄히 실시되었으며 종단도 폐합되어 종파까지도 축소되었다. 그때까지의 11종이 7종으로 병합된 것이다. 즉 조계종, 총지종, 천태소자종, 천태법사종, 화엄종, 도문종, 자은종, 중도종, 신인종, 남산종, 시흥종의 11종이(태종 6년 3월) 조계종,

천태종, 화엄종, 자은종, 중신종, 총남종, 시흥종의 7종이 되었다 (태종 7년 12월).

그러다가 세종대에 다시 선종과 교종의 둘로 종단이 통폐합되었다. 세종은 예조의 계청에 의하여(세종 6년) 조계종, 천태종, 총남종을 합쳐서 선종 하나로 하고 화엄종, 자은종, 중신종, 시흥종을 합쳐서 교종으로 하였으니 그때까지의 7종을 선종과 교종의 양 종파로 하고 전국에 36개의 사찰만을 남겼다. 또 사찰토지 및 거주하는 승려수를 한정하였다. 승록사(僧錄司)를 폐지하고 서울 안의 홍천사를 선종의 총본사인 도회소로 하고, 홍덕사를 교종의 총본사로 삼아서 덕행이 높은 승려로 하여금 양종 각각의 제반사무를 관장하게 하였다. 세종은 중년 이후 불교를 신앙하였으나, 숭유억불의 당시 정책을 근복적으로 바꾸지는 못했으며, 다음 문종도 승니됨을 금하고 승니의 왕성출입을 금하는 등 배불정책을 계속하였다.

그러나 그러한 배불정책도 세조의 즉위로 누그러졌다. 조선조에 있어서 대호불왕이라 할 수 있는 세조는 본래 불심이 깊었으며 신미, 수미, 홍준, 학열 등 여러 고승들과 친교가 두터웠다. 세조는 일찍이 수양대군으로 있을 때 부왕인 세종의 명으로 소현왕후의 명복을 빌기 위해 석보상절을 지었으며, 즉위 후에는 불전을 국역간행하고 대장경을 인간하였다. 삼보를 받들어 승려의 권익을 옹호하며 사원 중흥의 불사를 크게 일으켰으며, 불교음악을 위시한 불교문화사업을 대흥시키는 등 적극적인 호불정책을 펴나갔다.

이처럼 세조의 숭불호법으로 불교는 전성기였던 옛 고려시대로 되돌아갈 것 같은 기운이 감돌기도 하였으나, 다시 성종의 즉위로 더욱 척불의 정책이 감행되었다. 성종은 국역사업을 하던 간경도감을 폐지하고 승려는 환속시키고 사찰을 폐사시키며, 불전에 대한 공불과 창사 및 도승을 금하는 등 숭유척불책을 철저히 하였다. 다음 왕인 연산군 때에도 그의 방종무도에 의하여 불교는 더욱 박해를 받게 되었으며 승과도 중단되었다.

승과제도는 고려 광종 때에 시작된 이래, 고려 일대는 물론 조선조에까지 계속하여 왔으나 연산조에 이르러 양종 도회소가 폐사됨으로써 양종은 가까스로 광주의 청계사에 물러가서 그 명맥을 유지하게 되었다. 따라서 승과의 실시는 불가능하게 되었으므로 자연 중단되게 된 것이다. 중종조에는 생모 정헌왕후의 신불에도 불구하고 그 어느 왕조보다도 더 심한 폐불정책을 보여주었으니, 연산조의 폭정에 의해 한때 중단되었던 승과가 합법적으로 폐지되고 말았던 것이다(중종 2년, 1507). 승과의 폐지는 결국 선종과 교종의 종단 자체까지도 그 존재가 무의미하게 되는 결과를 초래하였다.

그러다가 명종의 즉위로 섭정하게 된 중종비 문정왕후와 함께 힘을 합한 보우대사의 홍불로 선교양종과 승과가 다시 부활되었다. 봉은사를 선종본사로 하고 봉선사를 교종본사로 하여 교단은 다시 활기를 띠게 되고 유능한 인물이 모여들었다. 서산대사, 사명대사도 이때의 승과 출신이었다. 도승의 금을 풀고 퇴락 황폐한 전국사찰을 새롭게 일으켰다.

그러나 문정대비가 별세하자 이듬해인 명종21년 4월에 기어이 양종의 승과가 폐지되고 도승법도 금지당하고 말았다. 문정대비의 별세로 홍불사업이 중단되고 중흥불사의 중심인물이던 보우대사가 요승이라는 악명을 쓴 채 장살 당하자 불교계는 다시 힘을 잃고 말았다. 결국 불교는 산중으로 깊숙이 숨지 않을 수 없게 되고 조선불교는 본격적으로 산승불교시대로 접어들게 되었던 것이다.

10. 산승불교의 법풍

억불에 의해 산승불교로 특징되는 조선불교시대도 법풍 법맥은 계속 이어져 왔다. 산승불교의 특성 또한 한국불교의 특징이라 할 수 있는 통불교적인 총림불교요, 회통불교이며, 따라서 선·교·염불의 원융수행으로 드러나 있다.

조선조의 억불숭유정책에 의해 중앙정계에서 밀려난 불교는 산간총림에 축소되어 명맥을 유지할 수밖에 없었으나, 오히려 종교적 순수성을 산간총림에서 간직할 수 있게 된다. 국가의 수탈과 핍박에도 불구하고 총림에는 진지한 수행자들이 모여 수도와 노동을 병행하였다. 그러한 총림에서 주종을 이룬 것은 선(禪)과 교(敎) 그리고 정토(淨土)의 셋이었던 것으로 보인다.

조선불교는 고려불교의 과제였던 선교대립(禪敎對立)의 지양에 의한 선교겸수의 원융사상에 이어서, 유불대립(儒佛對立)이라는 새로운 문제의 등장으로 인한 유·불·선 삼교의 회통까지도 행하고 있다. 조선불교는 비록 산승불교로 밀렸으나 국가에 전혀 무관심한 것은 아니었다. 국가의 척불정책에 대해 끊임없는 항소를 올렸으며, 세조나 문정왕후와 같은 호불의 정치가가 출현하였을 때는 곧 중앙에 진출하여 적극적으로 불교중흥을 협찬하고 있다.

뿐만 아니라, 임진왜란(선조 25년)과 병자호란(인조 14년)과 같은 국가 유사시에는 무기를 들고 나가 국가를 수호하였다. 사상적으로도 당시의 지배관념이었던 유교와 끊임없는 교섭을 행하고 있다. 조선 초 무학의 수제자인 함허당 득통 선사 기화(己和, 1376－1433)는 유교측의 척불론에 대한 답변을 자세히 함과 아울러 유불도(儒佛道) 삼교가 근본에 있어서는 다르지 않다는 것을 강조하고 있다. 이러한 유불교섭은 그 뒤 계속 등장하고 있다.

함허는 임제종풍을 주축으로 하였으나 선가(禪家)의 여러 사상을 두루 수용하였으며, 교도 아울러 선으로 해석, 융회하고 있다. 교로서는 초기에는 『법화경』이 국역되는 등 대표적인 역할을 한 것으로 보이나 함허 이후에는 화엄사상이 중시되어졌다. 이런 경향은 설잠 김시습(1435－1493)에 이르도록 내려온다.

지나친 배불책으로 법맥이 끊어지려는 위기까지 이르렀을 때 구곡각운의 제자인 벽계정심 선사가 있어, 선법(禪法)을 벽송지엄에게 전하고 교법(敎法)을 정련법준에게 전하였다고 한다. 중종조 벽송지엄(智儼, 1464－1534)은 후학을 가르치는 데 있어서 먼저 『도서(都序)』와 『절요(節要)』로 올바른 지견을 세우게 한 다음, 『선요(禪要)』와 서장(書狀)』으로써 지해(知解)의 병을 제거하고 활로를 제시해주었다. 그리고 때때로 법화, 화엄, 능엄 등의 대승경을 강설하였다. 이는 교를 통하여 여실지견을 세우고 선을 통하여 출신활로를 여는 일이다. 그러한 벽송의 교육이념은 "고요히 조사선을 참구하고 한가히 제불교를 보며, 여가가 날 적에는 아미타를 생각하여 정토에 나기를 구하라"고 한 그의 말에서 선명히 드러나고 있다. 이러한 선교회통·원융수행의 전통은 조선불교 이후 달라짐이 없이 계속되었다.

지엄 문하인 부용영관(靈觀, 1488-1568)에게 산승시대의 불교를 중흥시킨 서산휴정을 비롯하여 부휴선수 등 많은 제자들이 있어, 그 문손이 홍성하여 오늘날의 한국불교계는 거의가 그 법손으로 이루어져 있는 실정이다.

지엄의 법풍은 영관을 거쳐 선조대의 서산대사 청허당 휴정(休靜, 1520-1604)에 이르러 굳건히 다져진다. 휴정에 이르면 사교입선(捨敎入禪)적 경향이 나타나지만 선(禪)만이 중시된 것은 아니다. "선은 부처님 마음이고, 교는 부처님 말씀이다", "누구나 말에서 잃으면 염화미소가 다 실없는 말이 되고, 마음에서 얻으면 세속의 잡담도 교외별전의 선지가 된다"고 한 그의 선교관의 특징은 대립과 쟁론을 떠난 융화회통의 사상이라 할 수 있다. 그리하여 나아가 유·불·도 삼교까지도 회통시키고 있다.

휴정은 판교종사, 판선종사를 거쳐 선교양종판사(禪敎兩宗判事)라는 최고 승직에까지 승진하였으며, 임진왜란시 선조로부터 국일도대선사 선교도총섭 부종수교 보제등계존자(國一都大禪師 禪敎都摠攝 扶宗樹敎 普濟登階尊者)라는 존호를 받았다. 임제종풍을 선양하면서도 부종수교를 숭상하는 선교겸수의 법풍은 지엄선사 때에 진작되기 시작하여 서산 당시에 홍성하였던 것이다. 조선불교는 선사, 강사를 가릴 것 없이 모두가 부종수교(扶宗樹敎)를 숭상하는 특수한 전통을 형성하였다.

지엄을 지나 서산 문하 영월청학에게서 제정된 조선불교 강학교육인 강원교육의 이력과정도 이러한 선교겸수, 원융수행의 이념하에 배정되고 있음을 보게 된다. 교로 말미암아 선으로 가는 납자들이라면 누구나 이수해야 할 수행정로로 보고 교과과정을 이력(履歷)이라 하였다고 간주되고 있다. 사미과, 사집과, 사교과, 대교과, 수의과의 이력과목 가운데 정규과목 중 최고봉인 대교과에서는 화엄경과 전등염송을 배워 왔다. 화엄경에 대한 연구가 왕성했던 것도 조선 총림불교의 한 특색인 것이다. 청허와 부휴 문하에서도 많은 화엄종장들이 출현하고 있다.

승과(僧科)에서 선종승과에서는 염송과 전등이, 교종승과에서는 화엄과 십지론이 시험과목으로 채택된 데 말미암아, 총림에는 승니교육제도로 사집, 사교, 대교의 이력을 밟는 강원과 선을 전수하는 선원이 설치되기에 이르렀다 한다. 처음 승과가 시행될 당시에는 선은 선대로 교는 교대로 길이 달랐다. 선종에 소속된 승려들은 전등록, 염송집만 학습하고, 교종에 소속된 승려들은 화엄만 학습해도 무방할 것이기 때문이다. 그러나 승과와 양종이 폐지된 후에는 선교의 종취가 더욱 화회되기 시작하였다.

서산을 비롯하여 부휴, 벽암, 백곡 등 대사는 일인이 선교양종의 승려를 총섭했고 선교양종의 사무를 겸판하였다. 그러므로 자연히 선교를 분리하지 않고 화회하였으며, 모든 일에 융통성을 보였다. 이력과목에 있어서도 한 사람이 반드시 선교양종의 서를 겸수하였으니, 그것이 곧 사집, 사교, 대교 등의 과목이다. 강원교육에 있어서도 선교를 겸수하게 하여 선교를 총섭하고 선교를 겸판할 수 있는 종사의 인재를 육성하는 데 그 목표를 둔 것이라 하겠다. 지엄으로부터 진작되기 시작한 이러한 학풍은 벽암 이후에 완비되어 현금에 이르기까지 계승되고 있다. 이와 함께 미타정토에 대한 신앙이 조선조 후반기에는 더욱 권진되어 염불결사가 무수히 만들어지기도 하였다.

이처럼 교를 떠나서 따로 선이 있는 것이 아니요, 선을 떠나서 따로 교가 있는 것이 아니며, 염불문 역시 선사, 강사를 막론하고 두루 일반대중에게까지 권진되었다. 선교융회, 삼교회통, 삼문수업, 원융수행이 조선시대 산승불교의 법풍이며 특성인 것이다.

11. 최근대불교

조선시대 산승불교의 전통인 선·교(화엄)·염불의 원융수행은 최근대불교에까지 이어져 왔다. 근대불교는 국호를 대한으로 고친(광무 원년, 1987) 대한제국시대 그리고 한일합방 후 36년간 일제침략기와 8·15광복 후 오늘에 이르기까지인 현대불교로 그 성격을 크게 나누어볼 수 있다. 전·후반기 약 50년씩 한 세기 가까운 이 세월은 국가적으로 기구한 운명을 겪은 복잡다난한 시대였다. 불교교단도 국운과 함께 적지 않은 역사적 문제들을 안고 왔었다.

근세 한국불교는 사찰을 국가에서 관리하기 위한 원흥사(元興寺)의 창건(1899)을 효시로 하나, 그보다 수 년 전인 승려의 도성출입금지령이 해제된 때(고종 12년, 1895)부터로 잡을 수 있다. 그것이 일본의 한국침략 전초로 보이는 일본 승려의 주선으로 이루어진 것은 근세한국불교의 동향을 짐작케 한다.

승려의 입성해금은 승려들이 서울안에서 자유롭게 포교할 수 있게 되었음을 의미한다. 교계에서는 전국 사사(寺社)의 통일을 위한 움직임이 일고, 국가에서는 불교배척책을 지양하고 국가적인 관리를 꾀하기에 이르렀다. 전국 13도에 각각 하나씩 중심사찰(首寺)을 두고 원흥사를 한국불교의 총종무소로 삼았다. 이어서 관리서를 설치하여(1902) 사사관리세칙인 사찰령을 반포하고 전국 사찰 및 승려에 관한 일체 사무를 맡아보았다. 관리서에서는 대법산(大法山 : 원흥사)과 중법산(16개 사찰) 제도를 실시하여 전국 사찰을 통괄하였다.

이러한 관리서와 대법산제도 오래가지 못하고 폐지되자(1904) 승려들은 원흥사를 중심으로 스스로 승단의 운영을 맡아 하였다. 원흥사에다 불교연구회를 설립하였고(1906), 이 불교연구회에서 명진학교(明進學校)를 설립하였다. 이는 후에 동국대학교(1953)로 발전하여 오늘에 이르게 되었으니 불교의 새로운 교육기관을 이 땅에 비로소 마련한 공적이 길이 남게 된 것이다.

불교연구회는 다시 거국적인 교단으로 형성되니 전국승려대표자들의 회합에 의해 원종(圓宗)이 세워졌던 것이다(1908). 조선시대 선교양종 이후 종명(宗名)마저 없다가 새로이 원종이라고 이름붙이게 되었으니, 전국대표승려들이 회의하여 함께 세웠으므로 원융무애의 뜻을 취함이며, 선교겸수의 종문임을 표방한 까닭이며, 당시의 불교가 참선, 간경, 염불 내지 밀교까지 원수한다는 뜻으로 원종이라 하였다고 한다. 원종이라는 종명을 통해볼 때 대한제국시대 불교 역시 조선불교의 수행가풍을 계승한 것임을 미루어 알 수 있다.

이 원종을 부정하고 다시 새로운 임제종이 세워졌으니(1911), 조선 선종이 태고(太古) 이래로 임제종의 계통이었기 때문에 법맥상 임제종이 정당하다는 주장이다. 그리하여 원종과 대치하면서 조선불교의 정통을 견지하려 하였다. 그런데 임제종의 출현은 원종 종정 이회광의 처사에 대한 반동으로 일어났던 것으로 여겨지고 있으니, 원종 종정이 일본 조동종과 연합하려는 계획에 대해 이는 조선불교를 일본 조동종으로 개종시키려는 매교적 처사로 보고 분격한 데서 원종 자체마저 부정하는 운동이 일어났던 것이다.

그러나 원종도 임제종도 한일합방으로 조선총독부가 생기자 저절로 없어지게 되었다. 한국의 불교도 국운과 함께 조선총독의 지배 밑에 들게 된 것이다. 조선총독부의 사찰령 반포(1911)로 교단은 조선불교 30본산으로 형성되어 30개의 교구역으로 나누어지게 되었다. 사찰령이 시행되고부터 이 땅의 불교교단은 조선선교양종이라는 이름으로 일제총독의 지배아래 30본산으로 나뉘어 30개의 교구로 성립된 것이다. 그리하여 각 본사간의 유기적인 연관관계가 결여됨을 염려하여 30본사주지를 회합하여(1914) 30본산 연합규제를 제정하고 각황사에다 연합사무소를 설치하였다(1915). 그러나 이 연합사무소는 30본산의 연합사무만을 집행하였을 뿐이므로 전국 사찰을 통괄할 중앙통제기구가 필요하게 되어 조선불교 선교양종 중앙총무원이 각황사에 설치되었다(1922).

그러나 한편 총무원의 설치에 반대하는 본사의 합의에 의해 조선불교 선교양종 중앙교무원이 각황사에 설치되었다(1922). 이 총무원과 교무원 사이에 알력이 생겼으나 타협이 이루어져 양원은 하나로 뭉쳐서 재단법인 조선불교중앙교무원이 되었다. 그리하여 조선불교 선교양종 중앙교무원은 명실공히 중앙통제기구로서의 체제를 갖추게 되었다. 그러나 이 또한 전국 사찰에서 대대적으로 찬성한 것은 아니었다. 좀더 강력하고 유기적인 중앙통제체제가 요청되어 총본산운동이 전개되었다. 그리하여 1941년 봄에는 태고사(太古寺)를 세워 총본산으로 삼고 종명을 조계종(曹

溪宗)이라고 결정하였다. 한국 재래 선종의 전통적인 명칭인 조계종의 종명을 되찾은 것이었다.

이와 같이 내려오던 조선불교 조계종도 1945년 조국해방과 더불어 한국불교 조계종으로 자세를 재정비하여 새로운 출발을 보게 되었다. 이처럼 많은 고난을 겪는 가운데서도 한국불교정신은 그 맥을 보존해왔다. 화엄과 선을 중심으로 대승불교에 그 이념적 바탕을 둔 백용성 스님의 대각교 사상과 운동, 한용운 스님의 불교유신은 불교의 대중화, 정법화의 외침이었으며 대중을 위한 불교잡지가 속출하였음도 이러한 운동의 일환이었다고 볼 수 있다. 해방 이후 오늘에 이르기까지의 한국불교는 일제식민지 정책의 굴레를 벗어나 자주성을 되찾아 새로운 비약을 향한 정리기였다고 할 것이다. 그래서 오늘의 한국불교가 직면한 과제 또한 적지 않을 수밖에 없다고 하겠다.

그러나 조선시대 500년간의 억불과 일제식민지라는 암울한 긴 터널도 빠져나왔음을 볼 때, 앞으로의 발전 가능성은 짐작하고도 남음이 있다. 현대불교는 시련기를 지나 회복 쾌차기에 해당한다고 하겠다. 이즈음 불교교단이 헤쳐나가야 할 문제점을 임의로 몇 가지만 지적해본다면, 첫째 상업주의에 물들지 않고 불교이념을 얼마나 충실히 구현하는가, 둘째 불교도 자체가 세속적 향락에 어떻게 오염되지 않는가, 셋째 타종교의 도전에 얼마나 적절히 대응하는가 하는 점이다. 즉 불교자체의 기업화, 향락화, 타종교의 도전에 대한 대응과 극복의 문제이다. 이 시점에서 한번 더 불교가 이 시대에 해야 할 일, 나아가야 할 방향을 불교정신에 입각하여 재점검해보면서 이 글을 마친다.

Ⅰ. 불교의 여성관

1. 들어가며

여성연구가 우리나라 대학의 연구기관에서 공식적으로 시작된 것은 숙명여자대학교의 아세아여성문제연구소가 발족된 1960년 9월이었다. 서구의 여성해방운동이 태동되던 그 시기에 한국여성학이 대두된 것이다. 그것은 여성의 권익이 높아지고 자각의 눈뜸에 의한 것이다. 소외된 계층의 마땅히 누려야 될 권익을 찾기 위한 노력의 발로는 운동과 학문의 두 양상으로 나타나는데 학문은 운동을 위한 사상과 이념을 제공하게 된다.

여성도 종래 차별대우를 받아온 것이 사실이다. 그것을 적나라하게 표출시키고 그 이유와 해결방안을 모색하기 위해 정치, 사회, 경제 등 모든 면과 연결하여 다각적으로 연구함이 여성학의 과제이다. 남성학은 없는데 여성학을 말하는 것은 남성학이 따로 필요없기 때문이다. 지금까지 있어온 인간학이 바로 남성학이었던 것이다. 남성 위주의 인간학이었기에 그러하다. 따라서 여성학도 이 시점 이후로는 있어서는 안 될 학문이어야 할 것이다. 여성학 본래 목표인 진정한 남녀평등이 달성되고 인간학만이 남아야 하리라.

따라서 불교는 현대여성이 안고 있는 문제를 불교적 시각에서 조명하여 방향을 제시해 주어야 할 것이다.

그러기 전에 먼저 해결해야 할 과제가 있으니, 불교여성관계 문헌 중 부처님 근본사상과의 적부(適否) 여부부터 살피지 않을 수 없다. 부처님의 말씀은 불변(不變)이나 그 말씀을 받아들이고 보는 시각과 해석은 시대와 장소에 따라 다르다. 어느 한 시대에 적용되었던 해석은 시간의 흐름에 따라 다를 수 있고 또 달라야 한다. 그러나 그 방편은 다를 수 있으나 근본에서 벗어나서는 안 될 것이기에, 근본불교사상으로 되돌아가자는 운동이 불교사에서의 반역의 역사이다. 그 대표적인 것이 인도에서는 대승불교운동이었던 것이다. 여성도 불교와 다방면에서 밀접한 관계를 갖고 있으므로 그것은 여성문제도 함께 해결하고자 한 운동이었다.

불교는 부처님의 깨달음에서 시작된다. 그 깨달음은 연기의 진리로 대변되며 불전에서는 항마성도(降魔成道)로 표현하고 있으니, 모든 번뇌마를 항복시켜 도를 이루셨다는 것이다. 혹 전설에 묘사된 항마의 기사가 옛부터 내려온 전통적인 바라문 사상과 새로이 대두한 혁신적 사상의 대립을 상징적으로 표현한 것으로 보기도 하는데, 그것은 옛날의 인습에 대한 부처님의 내관적 초극을 의미한다고 할 수 있다.

그리하여 부처님은 당시 고질적인 사성계급의 차별을 철폐하고 평등교단을 이루셨으며, 여성출가를 허용하여 남녀평등을 구현하셨다. 인도 당시 브라흐마나 시대에 확립된 사성 카스트 제도는 바라문 지상주의라 할 수 있다. 바라문들은 그들이 섬기는 바라문신의 입에서 태어나고, 다음 계급인 왕족, 무사 등 크샤트리아는 바라문신의 배꼽에서 태어나며, 평민계급인 바이샤는 그 무릎에서, 그리고 노예 수드라계급은 발바닥에서 태어나니, 태어날 때 부터 종성(種姓)이 결정되어 있다는 것이다. 그리하여 바라문계급에게 다른 계급들은 봉사하여야 한다고 강요하고 있다.

그러나 부처님께서는 그 사성제도를 비판하고 만인은 법 앞에 평등하다는 것을 주창하셨다. 사람은 태어날 때부터 귀하고 천한 종성이 결정되어 있는 것이 아니고, 귀천(貴淺)은 그가 어떠한 행위를 하느냐 하는 업(業)에 달려 있다. 사성이 어떠하든 도덕적 인과율을 면할 수 없으니 바라문도 악업을 지으면 악취에 떨어지고 수드라도 선업에 의해 선취에 태어난다. 또 번뇌와 깨달음에 대해서도 평등하다. 바라문이 범천의 상속자라 함에 비하여 진정한 사문은 법의 후계자이며, 법 앞에서 만인이 평등함을 주창하셨다. 그래서 불교공동체내의 모든 제자는 똑같은 한 부처님 제자로 불리웠으니, 마치 어떠한 강물이라도 바다에 도달하면 원래의 이름을 버리고 대해(大海)라고 하는 것과 같다고 비유되어 있다.

당시는 사성차별 못지 않게 남녀차별 또한 극심한 때였으니, 일부다처주의제만 해도 그러하다. 여자에게도 사성의 구별이 있기는 하나, 여자는 남자에 부속되어 독립이 허가되지 않았으며, 여자가 하는 가장 중요한 일은 남자아이 생산이었다. 어려서는 아버지에게 보호되고 젊어서는 남편에게, 늙어서는 아들에게 보호되어야 하는 삼장(三障)이 있다. 그 당시 이상적 생활로 간주했던, 학습기·가주기·임서기·유행기의 4주기 생활도 여성에게는 허용되지 아니하였다. 그러한 때에 부처님은 만인의 정신적 귀의처가 되고 해탈 열반을 증득할 수 있는 수행자의 길을 여성에게 열어 교단내 여성출가를 허용하셨던 것이다.

이처럼 이천 오륙백 년전 석가모니 부처님은 당시 인도사회의 철저한 사성계급적 차별을 철폐하고 극심한 남녀차별을 타파하여 승가 구성원 누구나 평등한 불교공동체를 이루었다. 부처님께서는 인간은 태어날 때 이미 그 종성이 결정되어 있는 것이 아니라, 사람은 누구나 법 앞에 평등하며, 사람이 귀하고 천한 것은 그가 어떤 행위를 하느냐 하는 업에 따른 것임을 주지시키셨다. 교단내 여성출가를 허용하여 만인의 귀의처가 될 수 있도록 하셨다. 모든 존재는 서로 상의상관하는 연기의 진리를 깨달으셔서, 남자니 여자니 하는 차별상도 본래 없는 만인 평등을 주창하신 것이다.

그러한 평등사회의 건립은 부처님의 전 생애가 교화, 전도로 일관됨에서도 드러난다. 최초로 제자들에게 전도하러 떠나보내면서 하신 전도의 선언도 "만인의 이익과 안락을 위해서 가라"는 말씀이었던 것이다. 그 만인에 여성이 제외된 것은 결코 아니었다. 인류역사상 최초의 페미니스트(feminist)는 석가모니 부처님이라 해도 과언이 아니리라.

그 정신은 후에 '누구에게나 불성이 있다(一切衆生 悉有佛性)' '우리 모두 다 함께 성불하자(自他一時成佛道)' 등의 대승사상으로 다시 꽃피게 되었다. 제법 연기(緣起)의 법칙 속에서 남녀의 차별상이 무자성공(無自性空)임을 철저히 자각함으로써, 남녀가 평등한 주반중중의 무진 연기 속에서 복된 삶을 건립해가도록 한 것이다. 주종(主從)이 따로 있는 것이 아니라 모든 존재는 낱낱이 평등한 자격으로서 나름대로의 다른 역할을 펼쳐보인 것이 대승보살도인 것이다. 그 보살행을 통해서 해탈에 이르고 성불하는 것이며, 본래 자신 속에 갈무리된 무한한 가능성 즉 불성을 계발해나가는 것이다.

만약 석가모니 부처님 이후 오늘에 이르기까지 인류 과반수나 되는 여성을 교단 내에서 소외시킨 일이 있다면 그것은 부처님 평등정신의 광명으로 재조명되어야 할 것이다. 불교의 균형있는 발전은 물론 전 인류의 행복을 위해 평등사회는 다시 실현되어야 하리니, 우리 모두의 행복은 석가모니 부처님의 근본정신으로 되돌아감에 있다고 하겠다.

2. 원시경전에 보이는 재가여성상

부처님 재세 당시와 불멸 후 백 년경 근본분열이 있기까지의 원시불교시대, 나아가 20부파분열이 끝나는 부파불교시대의 불교 여성관은 당시에 이루어진 불전(佛典)을 통해서 미루어 알 수 있다. 재가여성의 모습은 특히 경전에 많이 나타나 있다. 그런데 경·율·론 삼장은 결집을 통해서 이루어진 것이므로 경전에 보이는 여성상을 살피기에 앞서 여성과 결집과의 관계를 언급하지 않을 수 없다.

원시 아함부 경전은 불멸 직후 가섭 존자에 의하여 주도된 제1 결집에서 그 원형이 이루어지고 부파말기에 지금과 같은 형태로 문자화된다. 그래서 결집의 주도세력과 문자화될 당시의 교단분위기는 경전 속에 드러난 여성상과 무관하지 않다. 부처님 십대 제자 중 두타행을 가장 잘한 것으로 알려져 있는 가섭 존자를 좌장으로 하여 아난 존자가 경을 송출하면 결집에 참석한 오백 장로들의 동의를 거쳐 부처님 말씀으로 결정되는 것이다.

그런데 여기서 간과할 수 없는 것은 가섭존자의 보수성과 아울러 결집에 참석한 전 대중이 모두 출가비구 대중뿐이라는 점이다. 바꾸어 말하면 부처님께서 설하신, 여성들을 위한 교설내용이 다 소개되지 못했을 경향이 농후하리라는 것이다. 그나마도 취사선택되었을 가능성조차 없지 않다고 하겠다. 따라서 이 점을 염두에 두고 경전 속의 여성을 대하여야 할 것이다.

만약 결집에 여성도 참가하였다면, 그래서 여성에 관한 말씀은 여성들이 들은 대로 송출하도록 하였다면, 아마 지금보다도 훨씬 더 많은 여성관계 교설(敎說)을 접할 수 있을 것이고 그 내용도 훨씬 더 여성편에서 여성문제를 해결해줄 수 있을 것임은 짐작하고도 남음이 있다. 비록 만족하지는 않으나 현재 유통되고 있는 원시경전에서의 재가여성(在家女性)의 모습을 몇 가지 더듬어 보기로 한다.

우선 제일 먼저 삼보에 귀의한 여성으로서는 녹야원에서 야사의 아버지와 함께 야사를 찾아온 야사의 어머니와 부인이다. 초전법륜에 의해 오비구의 귀의로 교단이 이루어진 이래 불교교단에 귀의한 첫 제자가 야사이다. 그 야사의 어머니와 고이(故二 ; 출가하기 전에 있었던 부인을 말한다)가 삼보에 귀의한 최초의 우바이들인 것이다. 그래서 우바이 교단도 비구 교단과 우바새 교단의 성립과 거의 때를 같이하고 있다. 단 출가여성의 비구니 교단만은 이보다 훨씬 늦게, 부처님 성도 후 약 20년만에 이루어짐을 볼 수 있다.

마지막으로 제자가 된 우바이로는 부처님 열반하시던 해에 자신의 동산을 기진한 창녀 암바팔리를 들 수 있을 것이다. 그 사이 제자가 된 수많은 재가여성이 있으니, 장자의 부인, 딸, 며느리들을 위시해서 가난한 여인과 천민, 의지할 곳 없는 노파, 그리고 왕녀들도 보인다. 그들 중 경의 주인공으로 등장하고 그 이름이 경의 제목으로 된 자도 보게 된다.

예를 들면, 『옥야경(玉耶經)』의 주인공인 옥야 부인은 당시 보시 제일자로 이름높은 급고독 장자의 며느리로서 언니되는 녹모(鹿母)와는 달리 교만심 때문에 불교에 귀의치 않다가 부처님께 설법을 듣고 종 같은 좋은 아내가 되겠다고 약속드린다. 순종적인 착한 아내의 대표적인 여인의 모습으로 나타나 있다.

반면에 급고독 장자의 딸인 수마제녀(須摩提女)는 그녀의 아버지처럼 불심이 돈독한 여인이었는데, 외도의 집에 시집가서 시아버지와 남편을 비롯하여 시가 식구들 전체를 부처님 교단에 귀의시키고 있다. 자신의 의지대로 슬기롭고 당당하게 결혼생활을 영위하는 대표적인 여인으로서 『수마제녀경』에 부각되어 있다.

경(經)에서는 가난한 여인, 노파들도 많이 보인다. 부처님은 재가인들에게 열반을 증득하는 사성제(四聖諦) 법문을 설하시기 전에, 보시하고 지계(持戒)하여 생천(生天)하는 법문을 많이 설하셨다. 여성들이 그 말씀에 따라 인천 복락을 얻게 된 경우도 많이 교설되어 있는데, 특히 가난한 한 여인이 가섭존자에게 보시하고 생천한 이야기는 빈녀일등(貧女一燈) 설화와 함께 유명하다.

그런가하면 어느 노파는 어디에서 태어났는가, 어디로 죽어가는가에 대해 깊이 사유하다가 부처님께 십이연기설을 듣고 깨달음을 얻게 되었음도 보인다. 과거 세 부처님의 어머니였는데 출가하려는 아들을 만류하여 하룻동안 먹지 않게 한 과보로 빈곤보를 받았다가 드디어 깨달음을 얻었다고 한다.

『증일아함』「청신녀품」에는 부처님께서 '제자중 제일 우바이'들을 칭찬하고 계신다. 여래에게 공양을 제일 잘 올리는 우바이는 말리(摩利)부인이며, 처음 도를 증득한 자는 난타이며, 지혜 제일인 자는 구수우바이 등 각 분야에서 제일가는 우바이 제자 수십 인이 부각되고 있는 것이다.

이처럼 당시 인도 사회의 통념대로 여성을 열등시한 언급도 없지 않으나 그것은 병따라 약줌이요(應病與藥), 부처님께서는 어디까지나 여성의 인권과 능력을 평등히 인정해주고 계신다. 경전에는 노소, 빈부, 귀천, 계급을 막론하고 각자 자기의 위치에서 선업을 짓고 고통을 해결하고 자신의 특징적인 장점을 잘 발휘하여 드디어는 깨달음을 얻는 재가여성의 모습까지도 교설되고 있는 것이다. 단, 당시 최고의 깨달음인 아라한과(阿羅漢果)는 출가라는 통과과정을 남겨놓고 있다.

3. 여성출가와 비구니 교단의 성립

여성이 출가하여 비구니 교단이 성립된 것은 불교교단이 인도에서 그 기반을 다진 후의 일이다.

초기 경전 중에 보이는 교단사에 관련한 사건의 대부분은 언제나 소급하여 불타의 시대에 투영되어 있다. 즉 불교교단이 직면한 사건은 불타의 예언으로서 경전에 기록된다. 그런 까닭에 수

세기의 시간은 불타의 시대로 단축되고 이전 사건에 대한 전설은
전승자가 가진 초시간적 관념에서 가필되어 재편성되고 있다. 따
라서 우리들이 접하는 전승의 내용은 사실과는 다른 것으로 변형
되어져 있는 경우가 많다. 그러한 점은 비구니 교단사에 더욱 많
이 나타남을 볼 수 있다. 그럼에도 불구하고 비구니 교단의 성립
에 대해 알기 위해서는 역시 이 초시간적인 전설의 기사를 고찰
의 제1자료로 삼지 않을 수 없다.

비구니 교단의 성립은 마하파사파제 구담미(Mahaprajapati-
gautami, 大愛道瞿曇彌)와 석가 족 여인들 500인의 출가에 의해
서이다. 먼저 최초로 비구니가 된 구담미와 오백석종녀(五百釋種
女)의 출가에 얽힌 사연을 보자.

부처님께서 가비라 성 니그로다 동산에 계셨을 때(성도 후 제
15년째 안거하심)싯다르타 태자의 이모이자 양모이신 마하파사파
제가 500여인과 함께 부처님을 찾아가 예배하고 불법 내에 출가
하여 도를 닦도록 허락해주시기를 간청하였다. 세번이나 청하였
으나 거절당한 구담미는 하는 수 없이 물러갔다. 그후 구담미는
다시 500여인과 함께 머리를 깎고 가사를 입고 부처님이 계신
슈라아바스티〔사위국〕의 기원정사〔성도 후 제20년째 안거시〕로 갔
다. 먼길을 걷느라고 발이 상하고 먼지를 몸에 뒤집어쓴 채 문
밖에서 울고 있는 모습을 본 아난 존자가 사연을 듣고는 부처님
께 가서 간청해보겠다고 하였다. 아난 존자가 부처님께 여자들도
불법에 출가하여 도를 닦게 해달라고 간청드렸으나 부처님께서는
역시 허락하지 않으셨다. 아난 존자는 다시 여자들이 불법 중에
출가하여 계를 받으면, 수다원과 내지 아라한과를 얻을 수 있는
지 여쭈었다. 부처님께서 "얻을 수 있다"고 대답하셨다. 그러자

아난 존자가 다시 간청드렸다. "여자들이 출가하여 구족계를 받으면 수다원과 내지 아라한과를 얻을 수 있다면, 세존께서는 어째서 출가하여 구족계 받음을 허락하지 않으십니까. 여자들도 출가하여 구족계를 받도록 허락해주옵소서." 드디어 부처님께서 여덟 가지 법〔八敬戒·八尊師法·八重法·苾蒭尼八尊敬法·八不可越法·比丘尼八敬法·八盡形壽不可過法·比丘尼八重法 등으로 명명〕을 새로 제정하시면서 이를 목숨이 다하도록 지킨다면 허락하겠노라고 하셨다. 그리하여 마하파사파제와 오백석종녀는 8경계를 수지하고 출가함으로써 교단 내에 새로운 비구니 대중이 생기게 되었다고 전해지고 있다.

오늘날 그 8경계 조문은 비록 사문화되었으나, 여전히 비구니는 정법을 쇠퇴시킬 죄인이라는 사고방식이 교단 내에 침투되어 있음을 발견할 수 있다. "말세가 되면 비구니가 득세한다"는 말 등도 그에 다름 아니다. 그러면 위에서 소개한 비구니 출가에 대한 전설이 과연 부처님의 진의가 담긴 것인가? 만약 그렇다면 부처님께서는 여성이 아라한과를 얻을 수 있는 데도 불구하고 당시 인도의 남녀차별적 장벽 앞에서 기존 교단의 교세만을 걱정하신 것이 아닌가. 그것은 부처님의 평등구현에서 어긋나는 일이다. 따라서 이는 부처님의 뜻과는 거리가 멀다고 아니할 수 없다.

전설의 내용은 부처님 입멸하신 지 몇백 년 후 부파말기의 교단사정이 부처님 당시의 일로 소급해서 기술된 것으로 간주된다. 그것은 아난 권청(阿難勸請)에 대한 교단내 반응, 8경계의 모순점, 정법오백년감소설(正法五百年減少說), 여인오장설(女人五障說) 등 여러 가지 문제점들을 통해서 도출할 수 있다.

초기경전과 5부광율 및 남전 등 제자료에 보이는 비구니팔경법을 대조해보면, 구담미를 비롯한 여인들은 출가시 구족계를 받지 않고 8경계만으로 입단하였으며, 8경법 내용도 수범수제(隨犯隨制)인 구족계와는 달리 예언에 의해 강요된 것이다. 그리고 아직 비구니 교단도 성립되기 전인데 비구와 비구니의 이부승중(二部僧衆)이 있음을 전제하고, 식차마나법까지도 구체적으로 언급되고 있다. 또 8경계의 내용이 후의 구족계 가운데서도 보이나 그 죄의 경중(輕重)에 너무나 차이가 있다. 전자에서는 출가의 가부가 달린 것인데 후자에서는 단지 다른 이에게 참회만 하면 청정하게 되는 바일제에 속하기 때문이다.

뿐만 아니라 팔경계 중 '장로비구니가 신참비구니에게 예배해야 한다'는 조건에 대해, 비구·비구니가 나이의 많고 적음에 따라 서로 공경하자는 구담미의 이의제기 부분에 부기되어 있는 글에도 모순을 지적할 수 있다. 그 제기에 대한 묵살의 이유로서, 만약 여인이 출가하지 않았더라면 천하의 인민들이 사문 섬기기를 해와 달 섬기듯이 할 것이며 부처님의 정법이 천 년이나 흥성할 터인데, 여인들이 사문이 되었기에 불법을 500년 쇠약하게 하였다는 예언의 말씀이 있다. 그리고 여인들은 여래·전륜성왕·제석천왕·마왕·대범천왕 등 다섯 가지가 될 수 없는 오장(五障)을 가진 때문이라고 한다. 그런데 당시 여래가 될 수 없는 것은 여성뿐 아니라 남성도 마찬가지다. 여래는 석가모니 부처님 한 분뿐이고 제자들이 도달할 수 있는 최상의 계위는 아라한과였기 때문이다. 제자들도 여래가 될 수 있다고 한 것은 대승불교에서이다.

그러므로 여기서 정법이 500년 감소되어 교단이 쇠퇴했다는 것은 부파교단이 대승불교의 핍박을 받았던 것으로 이해되며, 대승불교운동에 의해 부파교단의 쇠퇴가 초래된 것임을 헤아릴 수 있다. 따라서 비구니 출가에 대한 시시비비는 부파 말기의 보수적 장로에 의한 것임을 알 수 있는 것이다. 그리고 적어도 불교 교단이 단일 전승을 전하고 있었던 시대에는 아직 여인오장설은 존재하지 않았고 부파가 분열한 후 경전과 각 부파 특유의 율장에 부가된 것임을 짐작할 수 있다.

부파 말기 교단의 혼란상에 대한 책임을, 그 당시 다른 교단 내지 인도사회의 여인 멸시풍조에 의해 여인에게 허물을 씌워 비구니의 출가에 전가시키고 있음을 알 수 있는 것이다. 그것은 아난 권청에 대한 가섭 존자의 반응에서도 잘 드러난다. 제1결집시 전 대중이 원함에도 불구하고 가섭 존자만이 아난 존자를 결집에 참여시킬 수 없다고 한 이유로서 10여 가지 죄목이 결집의 자료에 보이고 있다. 결집에 있어서 교법을 송출한 아난의 비중은 두 말할 필요도 없다. 그럼에도 불구하고 굳이 아난을 반대한 그 이유 중 첫번째 죄목이 ‘여인을 출가케 한 죄’이다. 아난은 스스로 죄가 된다고 생각지는 않으나 참회하고 결집에 참여할 수 있게 된 것이다. 이 사실만 보더라도 그후 가섭에 의해 통솔된 보수적 교단은 비구니 대중을 어떻게 대하였을지 짐작되니, 불멸 후 비구니와 비구의 이부중(二部衆) 사이가 별로 화목하지 못하였음을 시사하고 있다.

아무튼 비구니들이 출가 수도를 통하여 당시 최고의 경지인 아라한과를 얻어서 만인의 존경을 받았던 사례가 적지 않다. 장로니들이 스스로 수행과 득과의 경지를 읊은 장로니게(長老尼偈)도 그러한 불전 자료 중 하나인 것이다.

4. 장로니들의 수행과 득도

『장로니게(長老尼偈, Therī gāthā』에서는 73인(이름이 밝혀지지 않은 자를 포함한다면 92인)의 장로니에 의한 522게송이 수록되어 있다. 『장로게(長老偈, Therā gāthā)』에서의 264인, 1279게송에 비해 분량상으로는 적으나, 그러나 그 내용은 양자 모두 부처님이 걸어가셨던 그 길을 따라 걷는다는 자각과 긍지를 높이 표방하고 있으며 부처님의 가르침대로 실현하였음을 술회하고 있다.

『장로니게』의 형식은 한 구절짜리 시구로 이루어진 간단한 내용의 일게집에서부터 44게 내지 긴 내용의 많은 시구를 집대성한 대게집에 이르기까지 차례로 열거되어 있다. 그 내용이 『장로게』에 비해 여성적 기질이 비쳐지지 않은 것은 아니다. 출가 전에 당시 인도사회에서의 여성의 입장에 처해있었던 자신의 과거를 회상하여 감회에 젖은 내용도 많이 보인다. 출가 이전에 가졌던 여체의 젊은 아름다움을 회상하는가 하면, 결혼의 파국을 노래하고, 옛날의 남편과 아이들을 그려보기도 하며, 남편에 얽매였던 생활의 비참함을 탐·진·치에 비유하기도 한다. 자기생활을 통한 체험을 솔직히 고백하고 있는 것이다.

그러나 여성이라 하여 수행과 깨달음에 있어서 그 어떤 장애에 걸려 물러남은 없다. 이는 마가다 국 왕실 사제의 딸로서, 출가 후에 악마의 유혹을 물리친 소마(Somā, 蘇摩) 비구니가 읊고 있는 게송에서 확실히 드러나고 있다. 마왕이 소마에게 말했다. "헤아리기 어려워 선인(仙人)들만이 체득할 수 있는 경지를, 손가락 두 마디 정도의 지혜밖에 없는 여인은 깨달을 수가 없다."

이에 대해 소마는 다음과 같이 답하고 있다. "마음이 잘 안정되고 지혜가 솟아날 때, 진리를 바르게 관찰하는 데 있어 여인이라는 점이 무슨 장애가 될까? 희열은 마침내 파괴되고 무명(無明)은 다 부수어졌다. 파순이여, 명심하라. 악마여, 너는 내게 졌도다."

부유한 브라만 집안의 출신으로서, 부처님을 뵙고 신심을 일으켜 재가신자가 된 후 출가한 수바 비구니는 젊고 부드러운 눈을 가진 그녀의 아름다움에 반하여 세속의 삶을 누리자고 유혹하는 한 청년에게 눈알을 뽑아주었다. 그러자 청년은 애욕이 흔적도 없이 사라지고 수바에게 용서를 빌었다. 수바는 부처님의 거룩한 덕상을 보고 본래의 모습으로 되돌아갔음이 읊어져 있다.

이처럼 장로니들은 여성이라는 자신의 모습에 속박됨이 없이 당당하게 수행의 길을 간 깨달음의 세계를 노래하고 있으니, 그 득과(得果)의 내용은 여러 가지 언어로 표현되고 있다. 즉, 삶과 죽음으로부터 자유롭다[뭇타 비구니]. 괴로움을 소멸시켰다. 속박에서 벗어났다. 번뇌의 오염에서 벗어났다. 해탈을 얻었다. 생사윤회에서 벗어났다. 죽음의 세계를 뛰어넘었다. 무거운 짐을 벗었다. 할 일을 다했다. 애집(愛執)을 뿌리뽑았다. 무지의 암흑덩이를 타파했다. 최후신(最後身)을 얻었다. 마음이 청정해졌다. 안락하게 나날을 보낸다. 탐욕과 노기가 사라졌다. 일체 욕망을 버렸다. 세 가지 명지(明知)를 체득하였다(앗다카시 비구니·수자타 비구니). 공(空)·무상(無常)·무원(無願)인 삼해탈문(三解脫門)의 경지에 도달하다. 망집(妄執)을 벗어나 온전한 평안을 얻다(웃비리 비구니·소나 비구니). 욕정, 욕망을 여의고 마음이 평안하다(숙카 비구니·비말라 비구니·난듯타라 비구니). 무명에서 벗어나다.

육신통을 체득하다. 부정한 육신의 실상을 보다(난다 비구니). 천안(天眼)을 얻다(사쿨라 비구니). 모든 집착을 떨치다(아노파마 비구니). 부처님의 가르침을 모두 성취하다(사마 비구니) 등이다.

이상과 같은 득과의 경지를 어떤 비구니는 한 가지, 혹 어떤 장로니는 몇 가지씩 겸하여 그 경지를 읊어내고 있다. 그리고 그 도달할 수 있었던 수행과정은 오온을 관한다든지, 12처 18계를 관하며, 7각지(七覺支)를 닦고, 4성제와 8정도를 닦는 등 부처님의 가르침대로 갖가지 방편이 사용되고 있음을 볼 수 있다.

『증일아함』「비구니품」과 『아라한구덕경』에는 부처님께서 "나의 성문 가운데 제일비구니(我聲聞中 第一比丘尼, 我苾芻尼中 大聲聞苾芻尼)"라 칭찬하고 계시는 50인의 비구니가 소개되어 있다. 칭찬받는 덕목을 보면 『증일아함』「비구품」이나 『아라한구덕경』에서 칭찬받고 있는 성문비구들과 유사한 면이 많다.

두타행을 제일 잘하는 기리사 구담미, 지혜가 총명한 참마, 신족(神足)제일인 우발화색, 천안제일인 사구리, 지율제일인 파라자나, 분별제일인 파두란사나, 변재제일인 최승, 다문제일인 구비, 좌선제일인 사마, 숙명통을 얻은 장카가비라, 법을 제일 잘 펴는 법시, 숙세에 좋은 인(因)을 심어서 대복덕을 갖춘 야소다라 비구니 등을 위시하여 각 분야별로 제일인 비구니가 보이고 있다.

"저는 모든 괴로움을 끊고 그 괴로움의 원인인 망집을 떨쳐내고, 팔정도를 실천하여 망집의 끊어냄을 체득했읍니다. 전생에 저는 모자와 부형과 조모로 태어났습니다. 저는 사물의 실상을 있는 그대로 보지 못하고 깨달음의 경지를 등진 채 윤회하였습니다. 그때 저는 거룩하신 스승님을 뵙게 되었습니다. 금생이야말

로 저의 최후신으로서 저는 거듭 태어나는 윤회를 완전히 멸했습
니다. 이제 다시 헛된 삶을 계속하는 일은 없습니다.”라 읊고 있
는 마하파사파제 비구니는 부처님께로부터 왕족의 지위를 버리고
오래전에 출가하여 청정위의로 항상 범행 닦음을 칭찬받고 있는
것이다.

5. 불신관의 변천과 여성성불

불교는 부처님의 가르침이며, 부처 되게 하는 가르침이다. 성
불(成佛)과 불세계(佛世界) 구현을 불교의 구경목표라고 보는 것
이다. 그런데 여성의 성불에 대해서는 적지않은 논란이 있어왔
다. 그리고 그 성불시비는 불신관(佛身觀)의 변천과 상관성이 있
음을 볼 수 있다.

석가모니 부처님 재세시의 불타관은 크게 두 가지 경우로 나누
어 볼 수 있다. 첫째 부처님은 스스로를 어떻게 보셨는가 하는
것이며, 둘째는 불제자들이 그들과 같은 육신의 몸으로 함께 생
활하고 계시는 부처님을 어떻게 생각하였는가 하는 점이다.

부처님께서는 초전법륜시 오비구가 부처님께 “벗이여”라고 부
른 것에 대하여, “비구들이여, 여래에게 이름을 부르거나 혹은
‘벗이여’라고 해서는 안 된다. 비구들이여, 여래는 응공 정등각자
(應供 正等覺者)이다” 라고 하셨다. 부처님께서는 스스로를 여래
라고 부르고 있으며, 인간으로서의 육신을 가지면서도 그 위에
깨달음〔證悟〕의 입장에 서서 미망의 세계를 초탈하고 있다는 자

각이 분명히 나타나 있다. 인간으로서의 석존의 틀을 뛰어넘고 있음을 볼 수 있다. 이는 법 그 자체의 초역사성·보변성·영원성에 근거하고 있다고 하겠다. 석존 자신이 의지할 곳은 법 그 자체였으며, 그 법은 부처님께서 깨닫기 전에도 있었다고 토로하고 있다. 그리고 "법을 보는 자는 여래를 볼 것이며 여래를 보는 자는 법을 보는 것이다"라고 하여 법의 구체화로서의 불타 여래를 생각케 하는 것이다.

그런데 부처님 제자들에게 있어서는 석가모니 부처님을 통하여 비로소 법은 법일 수 있는 것이다. 불제자들은 법 그 자체로서가 아니라 늘 석존이라는 인격을 통하여 석존이 깨달은 법을 듣고 받아들였던 것이다. 그리고 그 법을 깨달아 아라한의 경지에 이르렀던 것이다. 오비구가 처음 법을 깨달았을 때, 석존은 이 세상에 6명의 아라한이 있다고 기뻐하셨으니 석존과 5비구 합해서 여섯 아라한이 되었던 것이다. 이처럼 석존도 자신을 아라한이라고 불렀다. 그러나 반면에 아라한과를 얻은 제자들을 불타라고 하지는 않았다. 불타는 이 세상엔 오직 석가모니불 한 분밖에는 계시지 않았다. 제자들에게 있어서는 이 아라한과가 최고의 경지였던 것이다. 그리고 그 아라한과는 남녀 똑같이 다다를 수 있는 경지였다. 앞에서 본 바와 같이 마하파사파제를 위시한 수많은 장로니들이 아라한과를 증득한 모습을 경·율의 곳곳에서 접할 수 있다. 이와 같이 부처님 재세시에는 남녀 모두 똑같이 수행의 최고 경지인 아라한과를 증득할 수 있었던 것이다.

그런데 석가모니 부처님의 입멸은 불제자들에게 있어서는 엄청난 최대의 사건이었다. 석가모니 부처님의 반열반을 계기로 하여 제자들의 불타숭배는 두 가지 방향으로 나아갔다고 보고 있다.

하나는 석존을 대신하는 불타(佛陀)의 탐구이며 또 하나는 불신(佛身)의 영원성을 구하여 그 속에서 석존의 위치를 생각하는 것이다. 전자는 불(佛)중심의 불타관이요, 후자는 법(法)중심의 불타관이라고 하겠다. 그리하여 색신(色身)과 법신(法身)의 이신설(二身說)이 성립된 것이다.

석존 입멸 후 시간이 지남에 따라 제자들은 석존을 그리워하고 추모하는 나머지, 석존을 이상화하고 초인화하게 되었다. 그리하여 불전(佛典)에는 부처님에게 32상 80종호의 수승한 모습이 있다고 한다. 32상 80종호는 보통사람에게는 없으며 오로지 전륜성왕과 부처님에게만 있는 훌륭한 대인상(大人像)으로 여겨진 것이다.

그리고 석존을 대신하는 불타가 구해지게 되어 과거불·미래불·현재타방불 등 3세 제불사상이 나타나게 되었다. 현재 차방(此方)에는 석가모니 부처님 한 분뿐이고 부처님께서 과거에 수기를 받으신 이후 수행하시던 몸인 본생보살(本生菩薩) 한 분뿐이시지만 과거와 미래 그리고 현재에도 타방(他方)에는 부처님이 계시다는 것이다. 이러한 부처님들은 과거세에 보살로 계실 때의 본원(本願)에 의하여 불국정토를 이룰 수 있었던 것이라고 보았다. 예를 들면, 서방의 아미타불은 법장 보살(法藏菩薩)로 수행할 때 세운 48원에 의하여 극락세계를 이룬 것이다.

그리하여 역사적 불타인 석존의 틀을 초월한 불타가 출현한 것이었다. 이러한 경향은 대중부에서 볼 수 있으나 특히 그와는 다른 불탑(佛塔) 주변의 불탑숭배자들을 중심으로 한 재가신자들 사이에서 발전했다고 보여지고 있다. 이러한 불탑 중심의 불타숭배자 중에는 자각한 또 하나의 부류들이 생겨났으니, 스스로를 보살로 자처하고 석존의 과거행과 같은 6바라밀행을 하여 자기도 불타가 되고저 작불(作佛)을 서원한 무리였다. 이들은 본생보살과는 달리 원생보살(願生菩薩)이라 불리게 되었으니 대승불교운동의 주역인 대승보살(大乘菩薩)이었다.

　누구라도 '부처님처럼 되어지이다'하는 아뇩다라삼먁삼보리심만 일으키면 곧 보살이며, 그러히 발심한 보살은 언젠가는 부처가 될 수 있다는 것이었다. 이같은 작불사상(作佛思想)은 대승불교가 대승이라는 이름을 띠고 본격적으로 성립되기 직전 즉, 초기대승불교보다 더 앞선 시기(원시대승시기라고 가설)에 이미 생겨났던 것이니 대승불교의 기원이 된 것이다. 부파불교시대에 이미 석존이 남기신 법 그 자체를 불타의 실신(實身)이라고 하는 법신설이 성립되기도 하였다. 그러나 그 법신(法身)은 색신(色身)장엄을 위해 설해진 법신으로서, 색신에 중점을 둔 이신설(二身說)이 나타났던 것이다. 그 이신설이 대승불교에 이르러서는 법신(法身) 위주의 이신설로 바뀌었다. 대승에서는 색신(色身)은 무상한 것으로 보았다. 다시 보신(報身)과 응화신설(應化身說)의 등장과 함께 법신·보신·화신 또는 법신·보신·응신의 삼신설(三身說)로 굳어지게 되었으며, 그 삼신설은 후에 삼불원융의 법신불로 간주되었다. 대승불교사상의 발달과 대승경전의 다양한 편찬에 따라 구제불·구원불·분신불·상주불·변만불·내재불 등 각각 다른 성격의 불신(佛身)이 경(經)의 교주로 출현하게 되었던 것이다.

　이상과 같은 불멸 후의 불신관(佛身觀) 변천과 아울러 여성의 성불관에도 계속 변화가 일어나고 있다. 부파불교시대 말 원시대승시대의 여인오장설(女人五障說)에 속한 여인불성불설(女人不成

佛說)을 거쳐 변성남자성불설(變成男子成佛說)이 나타나고 있으며 드디어 즉신성불설(卽身成佛說)이 보변화된다.

먼저 비구니 교단 설립에 관련되는 문헌의 말미에 부가되어 있는 여인오장설은 그 이유는 밝혀져 있지 않다. 단 여인은 성불할 수 없다는 이유 중의 하나로 위에서 언급한 불타의 32상 색신장엄중 '음장상(陰藏相)'을 들고 있다. 32상의 명칭과 순위에 대해서는 제경론에 달리 설하고 있다. 『대지도론』에 의하면 제10상이 음장상(음마장상(陰馬藏相)·마음장상(馬陰藏相) 또는 像馬藏相)이다. 이 음장상은 여자에게는 있을 수 없는 상이므로 여자는 성불이 불가능하다는 설의 근거가 된 것일거라고 추정되고 있는 것이다. 그런데 『보녀소문경』에 의하면 이 음장상은 과거세에 몸을 조심하여 애욕을 멀리 하였기 때문에 그 공덕으로 얻어진 것이라고 되어 있다. 따라서 음장상을 비롯하여 32상설은 인행시의 실천행을 중시하려는 데에 그 의미를 돌려야 할 것으로 생각된다.

여인불성불설의 또 다른 이유를 제불의 본원사상에 인한 것으로 보기도 한다. 특히 아미타불의 과거 인행시의 본원 중 여인왕생원을 들고 있다. 그런데 여인왕생원은 여인불성불과 관련된다기보다 여신(女身)의 고통을 없애주기 위한 자비행원과 직결됨을 볼 수 있다.

즉 여인왕생원은 무량수경에 의하면 다음과 같다. "설사 내가 부처가 될 수 있다고 하더라도, 시방무량 불가사의 제불세계에 있는 여인이 나의 이름을 듣고 환희하여 보리심을 일으켜 여자몸을 싫어하고서도 목숨이 다한 뒤에 다시 여인상이 된다면 정각(正覺)을 이루지 않겠습니다." 여자가 여자몸을 싫어하면 다시는 여자가 되지 않길 원하는 것이다. 그런데 여자가 왜 여자몸을 싫어하게 되는가에 대해서는 약사여래의 본원에 의해 짐작된다. 『약사여래본원공덕경』에, "내가 내세에 보리를 얻었을 때 만약 여인이 있어 여자의 온갖 나쁜 것 때문에 쫓기고 괴로워하여 극히 싫어하는 마음이 나서 여자몸을 버리고자 원한다면, 나의 이름을 듣기만 하여도 모두 여자몸을 바꾸어 남자가 되게 하고 장부상을 갖추며 내지 무상보리를 증득하게 될 것을 원한다"고 되어 있다. 그런가하면 아촉불국에 태어난 여인은 그 덕이 매우 수승하여 임신이나 생육시에도 모자(母子)가 편안하여 더러움이 없으니 이는 모두 부동여래의 본원력 때문이라고 하였다. 따라서 이러한 본원은 여자만이 가지는 고통의 해결이라고 보아야 할 것이다.

대승의 발달과 함께 여인불성불설(女人不成佛說)은 변성성불설(變性成佛說)로 대치된다. 여자도 성불할 수는 있으나 단지 남자몸으로 일단 바꾼 후에 성불한다는 것이다. 이는 여자도 발보리심하여 보살이 될 수 있고 따라서 성불할 수 있다는 대승사상과 정통부파교단과의 마찰 속에서 잠시 양교단 사이 타협에 의한 과도기적 사상으로 추정된다. 『전여신경(轉女身經)』처럼 여자의 몸을 바꾼다는 내용의 제목을 가진 경전도 보이나, 변성성불의 대표적인 대승경전으로는 법화경을 들 수 있다. 『법화경』의 「제바달다품」에 8세 용녀가 선 자리에서 남자몸으로 바꾼 후에 즉시 성불하는 내용이 수록되어 있는 것이다. 회삼귀일적(會三歸一的)인 『법화경』의 특성이 제바달다를 수용하게 되었고 보수적인 제바달다파가 가지고 있던 남녀차별적 내용을 여성도 변성남자한 후에는 성불한다는 것으로 타협을 보게 된 것으로 짐작할 수 있다.

따라서 이는 곧 대승의 본원인 여인즉신성불설(女人卽身成佛說)로 바뀌게 된다. 대승법신불은 여자도 남자도 아니다. 우리 범부중생은 누구나 다 보살이 될 수 있고 성불할 수 있다는 것이다. 그리하여 대승경전에는 선남자 선여인이 모두 발심하여 보살이 됨을 설하고 있다. 용녀의 변성성불을 담고 있는『법화경』에서도 여인이 성불 수기를 받고, 여래의 법을 설하는 법사가 되고 있다.

뿐만 아니라, 성불을 지향하는 보살에게 보살도를 가르쳐주는 선지식이 되고 있으며, 부처님을 대신하여 일승사상과 수행의 길을 사자후하고도 있다. 여인 즉신성불의 사례는 대승경전의 전반에 두루 보이는 보편적인 사실인 것이다.

6. 대승경전에 보이는 여성상

대승불교를 주도하였던 보살들이 그들의 이념과 사상을 '여시아문(如是我聞)'의 형식을 빌어 경전으로 편찬한 것이 대승경전이다. 그래서 대승경전에는 부파시대 소외되었던 자들, 즉 재가불자와 여성들이 출가보살과 더불어 보살로 대거 참예하게 된다. 그러한 대승경전에 보이는 여성들의 모습과 역할에 대하여, 현재 유통되고 있는 약 1,200여 부의 한역경전 가운데 널리 알려진 몇몇 주요경전을 중심으로 경전성립순으로 대략 살펴보기로 한다.

우선 사위성을 수도로 한 코살라 국 파사익(Prasenajit) 왕의 딸로서 승만과 자매간인 득무구녀(得無垢女)를 주인공으로 한

『득무구녀경』, 유마 거사의 딸인 월상녀(月上女)와 서른 두 가지 보배마음을 지녔다는 보녀(寶女)를 각각 주인공으로 한 『월상녀경』, 『보녀소문경』 등 많은 경전군들을 지나서, 반야계의 『금강경』에는 선남자 선여인(善女人)이 모두 아뇩다라삼먁삼보리심을 일으킨 당당한 보살이 된다. 위 세 여인은 『유마경』 「관중생품」에 나오는 천녀처럼 성문제자들이 국집하고 있는 남자니, 여자니 하는 집착을 깨뜨리고, 나아가 『법화경』에서와 같이 성불수기를 받고 있다.

왕사성을 수도로 한 마가다 국 빔비사라 왕의 왕비 위제희(韋提希)는 『관무량수경』의 주인공으로 등장하여 여인의 여신(女身)에 의한 고통을 여의는 법을 보이며 정토교학 전개의 주역이 되고 있다.

그런데 초기 대승경전 중 보살행의 정화로 일컬어지고 있는 『화엄경』에는 여성이 보살에게 보살행을 가르쳐주고 있는 선지식으로 출현하고 있다. 「입법계품」에서 선재동자라는 구법자가 역참하는 53선지식 가운데 20인이 여성 선지식인 것이다. 20명 중 1인은 비구니이고, 9인은 밤을 주관하는 주야신이다. 그리고 동녀가 2인, 우바이가 4인, 기타 각층의 여인이 4인이다.

예를 들면, 『화엄경』 53선지식 가운데 유일한 비구니인 사자빈신 비구니(獅子頻申比丘尼, 제25)는 선재로 하여금 성취일체지 해탈문에 들게 하고는 출가녀인 자신과는 전혀 다른 세계의 바수밀다녀(婆須蜜多女)에게로 인도하고 있다. 여덟번째 선지식이 되는 휴사 우바이(제8)는 '근심없고 편안한 당기 해탈문'을 얻었기에, 휴사 우바이를 보는 자는 누구나 모든 병이 없어지고 번뇌를 여의고 장애가 없어지게 한다. 이는 과거 연등 부처님 아래 범행을 닦고 공경, 공양하며 다른 이를 발심케 한 까닭이다. 자행동녀 (제11)는 사자당 왕의 딸로서 500동녀가 시중을 드는 공주인데, 반야바라밀다로 널리 장엄하는 해탈문을 얻어서 묘법을 설한다. 구족 우바이(제14)는 살결도 무척 곱고 단정하며 항상 소복단장 을 하고 작은 그릇 하나만을 가진 검소한 생활을 하고 있는데 무 진복덕장 해탈문을 얻어서, 자기를 찾아오는 중생들에게 음식을 배부르도록 대접하고는 마음을 항복받게 한다. 부동 우바이(제 20)는 아직 부모 슬하에 있는 처녀로서, 꺾을 수 없는 지혜장 해 탈문을 얻어서 친구들에게 묘법을 연설하고 불법으로 인도, 교화 한다. 바수밀다녀(제26)는 창녀인데 탐욕을 여의는 해탈문을 얻 어서, 중생들의 욕망을 따라 몸을 나투어서 중생들의 애욕을 없 애주는 역할을 한다. 어떤 중생이라도 애욕에 얽매여 바수밀다녀 에게 오면 모두 탐욕을 여의고 집착없는 경계의 삼매를 얻게 한 다. 구바 석종녀는 싯다르타 태자의 부인이었는데, 삼매를 관찰 하는 해탈문을 얻어서, 중생의 마음·업·선근·차별 등을 알아 해 탈케 한다. 마야 부인(제42)은 보살의 큰 원과 지혜까지도 환 (幻)과 같은 줄 아는 해탈문을 성취하여, 항상 청정한 육신을 나 투어서 중생들을 이익케 하고 부처님의 한량없는 공덕을 나타낸 다. 과거에 무량부처님께 공양올리고 여러 보살의 어머니가 되어 지이며, 불모(佛母)가 되어지이다 라는 발원을 하였기에 석가모 니 부처님의 어머니가 되었다. 천주광(43)은 걸림없는 생각의 청 정한 장엄 해탈문을 얻었기에 지나간 세상을 잘 기억한다. 현승 우바이(제46)는 의지할 곳 없는 도량 해탈문을 얻었기에 무량삼 매를 얻게 한다. 유덕동녀는 환주해탈문을 얻어서 세계가 모두 인연소생임을 알게 한다.

이처럼 여성선지식들은 그들이 성취한 해탈문의 세계를 선재에게 가르쳐 주고 있다. 선재는 불퇴전의 구도자로서 일체중생이며 발심한 보살의 상징이다. 여성도 대승보살로 출현하며 또 보살에게 선지식이 되고 있다. 그 보살행이나 선지식의 해탈문은 어느 하나로 특별히 정해진 것이 아니라 무량해탈문이 있고 보살만행으로 보여지고 있다. 각자 자신이 처한 위치에서 자신이 할 수 있는 무엇이든 가능하다.

그런데 대승경전의 주인공으로서 승만경의 승만(Śrīmālā, 勝鬘)부인을 빠뜨릴 수 없다. 파사익 왕과 말리 부인사이에서 난 공주로서 이웃나라 아유사(Ayodhaya-) 국으로 시집을 간 승만은 부처님의 진실한 공덕에 대하여 어머니의 편지를 통해 듣고 희유심을 내었다. 부처님께 미래에 보광 여래(普光如來)가 되리라는 수기를 받고 삼원(三願) 십대수(十大受)의 큰 서원을 일으켰다. 승만은 부처님께로부터 넓고 큰 서원 세움을 칭찬받은 뒤 부처님 대신 설주(說主)가 되어 일승(一乘) 법을 설하였으니, 경의 제목(승만사자후일승대방편방광경)에서도 이를 사자후(獅子吼)라는 말로 표현하고 있다. 자신의 능력을 확산시키고 자신을 완성시키며 부처님 말씀대로 일승보살도를 행하여가는 대표적인 여성으로 손꼽히는 이가 바로 이 승만 부인인 것이다.

이처럼 대승경전에서는 대승불교의 이상적 인간상이며 수행자상인 보살의 대열에 여성들도 당당히 참여하고 있다. 성불을 지향하는 보살에게 보살도를 설하는 법사와 선지식이 되고도 있으며, 나아가 부처님을 대신하여 일승사상과 수행의 길을 사자후하고도 있는 것이다. 그리하여 불국토를 건립하는 불자의 모습을 우리에게 보여주고 있다.

7. 중국 전등사에 보이는 여성들

　중국불교의 특색은 종파불교라 할 수 있다. 각 종파에서는 사자상승의 법맥을 중시하고 있는데, 13종파 가운데서도 선종에서 특히 그러하다. 『경덕전등록』을 위시하여 전등사(傳燈史)가 많이 편찬되었음도 그 전통을 말해준다고 하겠다. 그러한 등사(燈史)에 여성이 보이는 일은 그리 많지 않다. 그런데 5~6세기경 보창(寶唱)이 찬술한 비구니전이 별도로 전해지고 있어, 남북조시대까지 활약한 중국 비구니들의 모습은 거의 짐작할 수 있어 그나마 다행한 일이라 하겠다. 이를 위시해서 산견(散見)되는 여성불자들의 면모를 대강 살펴보기로 하자.

　선종에서 사용하는 수행방편의 하나인 화두에 '파자소암(婆子燒庵)'이 있다. 옛적에 한 노파가 암자에서 공부하는 수행자에게 20년간이나 열심히 공양을 올렸다. 하루는 시중드는 딸에게 스님을 껴안고 기분이 어떠한지 물어보라고 하였다. 딸이 그렇게 하자, 스님은 "고목이 찬 바위에 기대니 삼동에 따뜻한 기운이 없다"고 대답하였다. 노파가 그 말을 듣고 이르기를 "내가 20년간을 순 날속한에게 공양하였구나"하고는 암자를 불태워버렸다는 것이다. 노파가 왜 암자를 불태워버렸는지, 그러면 그 수행자가 어떠한 대답을 했어야 했는지 화두로 전해오고 있는 이야기이다. 여기서 여자는 수행승에게 어떠한 존재인지 유추된다. 여자를 사회적, 문화적 부면의 성(gender)이기보다 남자와 상대적인 이성(sex)과 관련시켜서 생각해왔던 유습을 벗어나지 못하고 있는 한 사례라 하겠다.

　그러나 이는 여자를 수행상에 있어 성도(成道)에 방해되는 존

재 내지는 성도의 보조도구로 간주해온 것만은 아니다. 파자소암
에서 또 하나의 측면은 노파가 수행승의 경지를 저울질해볼 만한
안목을 가진 눈 뜬〔開眼〕 자로 등장하고도 있는 것이다.

이 점은 덕산선감(德山宣鑒, 780~865)이 만난 떡 파는 노파에
게서 더욱 두드러지고 있다. 덕산 스님은 금강경에 정통했다 하
여 그 성을 붙여 주금강이라 불렸으며 특히 청룡 법사의 소초(疏
鈔)를 즐겨 의지하였다. 남방에서 선학(禪學)이 크게 성행한다는
소리를 듣고 그 잘못을 가려주기 위해 청룡소초를 짊어지고 호남
지방으로 용담 선사를 찾아갔다. 도중에 떡을 팔고 있는 한 노파
를 만나 떡을 몇 개 사먹으려 하자, 노파는 광주리를 가리키며
무슨 책이냐고 물었다. 금강경 청룡소초라는 덕산의 말을 듣고
노파는 다음과 같이 말하였다. “여쭈어볼 말씀이 있으니, 대답을
잘해주시면 점심을 거저 드리고 아니면 다른 데 가보십시오.『금
강경』에 보면 ‘과거심도 얻을 수 없고 현재심도 얻을 수 없고 미
래심도 얻을 수 없다’고 했읍니다. 그런데 상좌께서는 어느 마음
에 점을 찍으려 하십니까?” 그에 덕산은 할 말을 잃었다. 후에
용담 선사에게서 깨친 바 있어 청룡소초를 모두 불태워버렸다 한
다.

그런가하면 당시대 유명한 방온(龐蘊) 거사의 딸 영조(靈照)는
아버지 못지 않은 수행의 경지에 도달해 있었음을 보여주고 있
다. 그녀는 “마음과 같이 경계도 그러하여 진실도 없고 허망함도
없다. 있음에도 관계치 않고 없음에도 머물지 않으니 이는 성현
이 아니요, 일을 마친 범부일 뿐이다. 쉽고도 쉽구나. 이 오온 속
에 참지혜가 있다. 시방세계 일승인 면에서 같으니 형상 없는 법
신이 둘이 있으랴. 번뇌를 버려야 보리에 들어간다면 어디에 부

처경계 있을지 모르겠다"라는 게송을 남기고 있다. 영조는 아버지인 방 거사가 열반에 들고자 해가 어느때쯤 되었나를 보라는 말에 해가 한나절 오시이긴 하나 일식을 한다고 대답하여, 거사가 문을 열고 나와서 살피는 틈에 아버지의 자리에 앉아 합장하고 열반에 들었다 한다.

영가현각 선사의 누이, 동산양개 선사의 어머니, 대혜 선사에게 서신으로 참선지도를 받은 진국태 부인 등 큰스님의 주변에서 수행자적 자세를 잃지 않은 여인들도 볼 수 있다.

국호를 당(唐)에서 대주(大周)라 바꾼 여걸 측천무후는 호불왕으로 유명하다. 한때 사찰에서 지낸 바도 있었던 그녀는 80화엄을 각간(刻刊)하고 거기에 서문을 달고 있다. 중국 화엄종의 대성자인 법장(法藏)에게서 금사자에 비유한 화엄법계연기의 법문을 들은 사실도 전해지고 있다. 또 수나라 문제황후의 '넘서방', 남북조시대 갈제지 부부와 당시대 온정문 처의 염불신앙 등을 비롯하여 재가여성의 신앙사례들이 전해지기도 한다.

중국뿐 아니라 한국과 일본에서까지 널리 숭앙받았던 여인도 있으니 선묘(善妙) 낭자이다. 선묘는 당시 유학승인 신라 의상(義湘)을 사모하였다. 의상이 귀국할 때 호법용으로 변하여 신라로 와서, 다시 부석이 되어 부석사를 화엄본찰로 만드는 데 일조를 하였다고 전해진다. 그 부석사에 선묘각이 지어지고 의상과 함께 선묘의 공적이 기려지고 있는 것이다.

출가하여 수행의 길을 걸어간 비구니들을 살펴보면, 우선 『비구니전』에 총 65인의 비구니 행적이 수록되어 있다. 『비구니전』에서 최초로 소개하고 있는 이는 중국 최초의 비구니인 정검(淨檢)이다. 정검니는 서진 말 건흥(313-316)중 낙양의 서문에 죽림사를 세우고 후학들을 지도하였다. 정검을 효시로 하여 수백인의 석학 대덕들이 나왔다고 비구니전에서는 언급하고 있다.

정검에게서 계를 받은 안령수(安令首) 비구니는 승랑(僧朗), 도안(道安, 314-385) 등과 같이 불도징(佛圖澄, 232-348)의 제자였는데, 건현사를 세우고 200여 비구니들과 더불어 수행에 힘써 왕 석호에게서도 공경을 받았다 한다.

이어서 거론되고 있는 니승(尼僧)의 수행사례를 좀 더 들어보면, 도형니는 비구니로서 최초로 경을 강설한 강경(講經)의 효시이며, 법화, 유마 등 경을 독송하였다 한다. 영종은 불·법·승을 칭명하고 보문품을 독송하였으며, 병들고 빈곤한 이들을 돌보아 주었다 한다. 지묘엄은 내외전(內外典)에 두루 박학하고 문장에 통하였으며, 혜옥은 법화, 수능엄경 등을 독송하였다. 도의는 법화경을 독송하고 「유마소품」을 강설하기도 하였으며, 묘리에 통하여 깨달음을 얻고 계행도 고준하였다 한다.

법성은 보살계를 받아지녔고, 건복사의 도형은 불상을 조성하여 처처에 안치하고 선방을 짓기도 하였다. 도수는 어려서 5계를 받은 후 한 번도 파한 적이 없었고, 석현조는 도솔왕생을 원하였다. 석혜경은 제자들이 유언대로 임종 후 매장하지 않고 새와 짐승의 먹이가 되게 산에 내버려 두었으나, 10여일이 지나도록 안색이 달라지지 않았다 한다.

보현 비구니는 선과 율에 박통하여 송문황제와 명제의 두터운 예우를 받았으며, 태시 원년에는 칙명으로 보현사 주지에 부임하였고 2년(466)에는 도읍승정(都邑僧正)이 되었다. 이 보현니의 도읍승정을 경읍 니승정이라고도 부른다. 이러한 니승통(尼僧統)은 남조(南朝)에서 많이 임명되었다.

법변은 강량야사에게 선관(禪觀)을 배웠고, 지승은 매년 입궁하여 강경하였으며 보살계를 받았다. 풍니는 계행이 바르고 여섯 손가락을 거의 손바닥까지 불태워 소지공양하였다.『대반열반경』을 독송하였으며 고창의 비구니들이 받들어 시봉하지 않음이 없었다 한다. 이외에도 수행과 신앙, 그리고 교화의 양상이 다종다양하게 펼쳐지고 있음을 볼 수 있다.

그후로도 견처(見處)를 얻은 비구니들의 모습이 종종 보인다. 예로 달마 조사의 문인에 총지(總持) 비구니가 있다. 달마 조사가 문인들에게 때가 되었으니 얻은 바를 말해보라고 하였을 때, 총지니가 다음과 같이 말하였다. "제가 알기로는 아난이 아촉불국을 보았을 때 한 번 보고는 다시 보지 않은 것 같습니다." 그리하여 달마 조사로부터 "너는 나의 살을 얻었다"라는 평을 얻었다. 도부는 가죽을 얻었고 도욱은 뼈를 얻었고 혜가는 골수를 얻었다. 그리하여 혜가 대사가 달마의 법을 이어 중국 선종의 제2조가 되었으나 총지니도 달마의 임종시 제3인자로 인정받았던 것이다.

남악회양 선사의 법손인 오대산 은봉 선사가 거꾸로 서서 열반에 드니 옷자락이 고스란히 몸에 붙어 있었다. 대중들이 다비장으로 운구해가려 하였으나 까딱도 하지 않으니 원근의 사람들이 우러러보고 탄복하였다. 그때에 대사의 누이동생이 비구니가 되어 있었는데 그 곁으로 허리를 굽히고 가까이 가서 나무랬다. "오라버니는 살아서도 법률을 지키지 않더니 죽어서마저 사람들을 속이는 구려." 그리고 손으로 슬쩍 미니 그제야 시신이 넘어가 쓰러졌다고 한다.

어느 날 한 비구니가 조주에게 '비밀중의 비밀〔密密意〕'을 말해

달라고 간청했다. 고불(조주종심, 778-863)은 비구니의 어깨를 단지 가볍게 두드렸다(밀밀의가 여승에게 내재함을 시사하고저 함). 비구니는 고불의 의외의 행동에 깜짝 놀라했다. "화상께서 밀밀의를 아직도 간직하고 계신 것을 보고 놀랐습니다."라 하니, "그 것을 여전히 지닌 건 오히려 그대이십니다. 비구니여!" 하셨다. 여기서 당시 저명한 조주 선사와 법거량을 하는 비구니의 모습을 발견할 수 있다.

뿐만 아니라, 대장경을 출판한 비구니도 있다. 중국에서 송나라때의 촉판대장경을 필두로 하여 대장경 간행이 총16회 이루어진 가운데 국가에서 칙명을 내려 출판된 것이 대부분이다. 그런데 제5회 적사판대장경(磧砂板大藏經)은 비구니 홍도(弘道)의 발원(남송, 1231년)에 의하여 호남성 적사 연성사(延聖寺)에서 개판되고, 그후 계속하여 원(元)에 이르러서도 주조되었다. 또 거란대장경(1059)은 국가사업으로 추진되기는 하였으나, 그 동기는 법진(法珍) 비구니의 발원에 의한 것이었다.

이처럼 재가, 출가를 막론하고 여성불자들이 수행과 포교에 힘쓰며 열심히 불사를 이루고 간 모습을 대할 수 있다. 그들의 후학이 오늘날 대만에서 활약하고 있으며, 중국대륙에서도 이제 다시금 선배들의 맥을 잇는 새 기운이 일고 있음을 발견할 수 있다.

8. 한국불교사를 통해 본 여성불자

한국불교의 전래와 유통에서 여성불자들의 역할을 예의주시하지 않을 수 없다. 우선 불교가 고구려 아도 화상에 의해 신라에 전래된 것은 화상의 어머니인 고도령(高道寧)의 영향으로 전해지고 있다. "이 나라는 지금까지 불법을 모르나 이후 3,000여월이 되면 계림에 성왕이 나와서 크게 불교를 일으킬 것이다. 그 서울 안에 7개소의 가람터가 있으니, 다 전불시(前佛時)의 가람터요, 법수가 길이 흐르던 땅이다. 네가 그곳으로 가서 대교를 전파하면 석사가 동으로 향하리라"한 어머니의 가르침을 받들어 아도 화상은 불교를 신라에 전했던 것이다.

아도 화상이 모례(혹은 모록)의 집에 은거하였는데 모례의 누이 사씨(史氏)가 불법에 귀의하여 한국 최초의 비구니가 되었다. 신라에서 불교를 공인한 법흥왕을 따라 만년에 출가한 왕비는 사씨의 유풍을 사모하여 비구니가 되었으며, 법명을 묘법(妙法)이라 하였다. 영흥사(永興寺)를 개창하고 거주도량으로 삼았다. 뒤이어 진흥왕의 왕비도 출가하여 법운(?)이라 하였다. 진흥왕도 승니의 출가를 허락하였다 하니(544), 영흥사가 비구니 근본도량이었던 듯하다.

신라에서만 볼 수 있는 승직(僧職)인 도유나랑은 대표되는 비구니 아니(阿尼)로 삼았다. 그리하여 교단 내의 비구니에 관한 업무를 관장했음으로 보아 그후 비구니 승단의 교세도 짐작된다 하겠다.

백제 비구니의 위상도 이에 못지 않은 것 같다. 위덕왕(577) 때에는 비구니들이 율사, 선사 등과 함께 일본에까지 보내졌으며, 의자왕(655)대에는 법명(法明) 비구니가 일본으로 건너가 『유마경』을 독송하여 병자를 고쳤다는 것이다. 또 위덕왕 35년(588)에는 선신니(善信尼) 등이 불법을 배우고자 백제에 와서 3

년 동안 머물면서 계율을 공부하고 돌아갔다. 선신니는 선장니(禪藏尼), 혜선니(惠善尼)와 함께 일본 비구니의 시초이니 고구려 혜편(惠便)스님에 의해 배출되었다.

재가 여성들의 신앙심 또한 여간 돈독한 것이 아니었다. 신라(경덕왕대) 만기리에 사는 희명(希明)여인은 아이가 난 지 5년만에 갑자기 눈이 멀자 아이를 안고 분황사 천수대비께 갔다. 아이를 시켜 눈 하나 주십사 노래를 지어 빌었더니 마침내 눈을 떴다고 한다.

또 모량리의 가난한 여인 경조(慶祖)의 아들 대성(大成)은, 어머니와 의논하여 흥륜사의 점개화상에게 고용살이로 얻은 밭을 보시하였다. 대성이 죽어 김문량의 집에 환생한 후 어머니를 모셔다가 아울러 봉양하였다. 그리하여 현세의 양친을 위하여 불국사를 세우고 전생의 부모를 위하여 석굴암을 세웠다 한다.

고려시대 적리녀(積利女)의 아들인 광학대덕과 대연·삼중의 형제 2인은 모두 신인종(神印宗)에 귀의하였는데, 태조가 두 사람의 노고를 치하하여 부모의 기일보(忌日寶)를 급여했다 한다. 여인들의 믿음이 효도를 낳고 불사(佛事)를 이루게 된 예들이다.

그런데 여성들의 믿음과 수행은 거기서 그치지 않는다. 여성들이 관음현신으로 나타나고 선지식으로 받들어지고 있다.

신문왕대 경흥(憬興, 682-692)국사가 갑자기 병이 든 지 여러 달째에 한 여승이 왔다. 화엄경 중 좋은 벗이 병을 없애준다는 선우원병(善友原病)의 설로써 '즐거이 웃으면 나으리라'하고 11 상의 면모를 만들어 웃음거리 춤을 추니 그 변태가 너무 우스워 턱을 떨어뜨릴 지경이었다. 부지중에 병이 깨끗이 나았다. 여승은 문을 나가 국사가 머문 삼랑사 남쪽 남항사에 들어가 숨어버리고, 가졌던 지팡이만 탱화 11면 원통상 앞에 있었다 한다.

대국통 자장(慈藏)이 자신이 출생한 마을 집을 원녕사로 개영하고 낙성회를 시설하여 『화엄경만게』를 강설하니 52녀가 감응하여 현신 증청하였다. 문인을 시켜 나무를 그 수효대로 심게 하고 그 이적을 표하게 하여 이름을 지식수라 하였다.

관음 보살이 낭자의 몸으로 나타나 노힐부득과 달달박박의 성도를 도운 일도 전해진다. 『삼국유사』에서 일연 스님은 이를 화엄경의 마야 부인 선지식에 비유하여 관음 보살이 부녀의 몸으로 권화(權化)하였다고 찬하고 있다.

의상 법사가 모신 낙산의 대비관음진신을 첨례코자 온 원효 법사 앞에 관음 보살이 여인의 몸으로 시현한 일도 있다. 문무왕대 광덕, 엄장 두 수행자가 서방극락으로 돌아감을 도운 여인 광덕의 처 이야기도 널리 알려진 바이다.

이처럼 수행승들을 일깨우는 여인의 몸으로 출현하고 있음은, 여인도 여신 그대로 즉신성불함을 바탕에 깔고 있는 것이기도 하다. 욱면비(郁面婢)의 염불서승(念佛西陞)이 그 예이다. 경덕왕대에 욱면이라는 한 여종이 그 주인을 따라 만덕사라는 절에 와서는 뜰에서 스님을 따라 염불하였다. 그때에 공중에서 부르기를 욱면랑은 법당에 들어가 염불하라 하였다. 얼마되지 않아 천악(天樂)이 서쪽에서 들려오더니 욱면비가 솟아 지붕를 뚫고 나가 서행(西行)하였다. 교외에 이르러 육신을 버리고 진신(眞身)으로 변하여 연대(蓮臺)에 앉아 대광명을 내면서 천천히 가버렸다 한다.

호국불교라는 한국불교의 특색처럼 왕녀의 봉불사례 또한 빠드릴 수 없다. 가락국 시조 수로왕의 비 허황옥(許黃玉) 왕후는 비록 인도 아유타 국에서 왔으나 가락불교의 흔적을 짚을 수 있는 일면이 있다.

신라의 여왕들은 호불왕이었다. 제27대 선덕여왕(善德女王)은 덕만(德曼), 제28대 진덕여왕은 승만(勝曼)이라는 불교적 이름을 사용했다. 선덕왕은 군신에게 이르기를, 내가 모년 모월일에 죽을 터이니 나를 도리천 중에 묻으라 하였다. 그달 그날에 이르러 과연 왕이 돌아가자 낭산 남쪽에 장사지냈더니 그후 10여 년에 문호(무)대왕이 사천왕사를 왕릉 아래에 세웠다. 사천왕천의 위에 도리천이 있으니 비로소 대왕의 영묘함을 알게 되었다 한다.

백제 무왕(600-641)의 부인 선화공주(善花, 신라 진평왕의 딸)의 발원에 의해 미륵사가 창건되었다. 무왕이 왕비와 용화산으로 가는 도중에 못 속에서 미륵삼존상이 솟아오르는 것을 보고 왕비의 발원에 의하여 그 못을 메운 자리에 절을 세운 것이 미륵사로서, 지금도 전북 익산의 그 절터에는 한국 최고 최대의 석탑이 남아있어 당시의 웅대했던 모습을 알게 하고 있다. 이는 백제 미륵불토사상의 일면을 보여준다.

고려 태조 왕건은 「훈요십조」를 남겨 불법을 신봉하고 불사를 강조하였는데, 그것은 당시 재가신자로서 이름 높았던 조모 원창왕후(元昌王后)와 부친 위무대왕의 영향도 있었음을 짐작케 한다.

불교 전성기 신라, 고려를 지나 억불숭유의 조선시대에 들어오면 왕녀들의 호불(護佛)이 더욱 두드러진다. 문종은 승니되는 것을 금하고 승니의 왕성 출입도 막는 등 배불정책을 썼으며, 성종도 왕의 4년에는 사족(士族)들의 부녀가 출가하는 것을 금하고 6년에는 비구니 사찰 23소를 헐어버리게 하였다. 이러한 때 인수

대비(仁粹大妃)와 인혜대비(仁惠大妃)가 금승의 법을 그만두고 승려되는 것을 금하지 말라는 전교를 내렸다. 이 때문에 금승의 법은 한때 중지되고 성종의 배불도 조금 주춤하였다. 인수대비는 불상을 조성하기도 하였다.

중종의 생모인 정헌왕후(貞憲王后) 윤씨의 신불(信佛)도 알려져 있으며, 왕비 문정왕후(文定王后)의 홍불은 유명하다. 중종비인 문정대비는 중종의 척불 중에도 불교를 독신하여 승려의 권익을 옹호하려고 하였다. 그러다가 명종이 12세로 왕위에 오르자 수렴청정함으로써 평소에 품었던 홍불의 뜻을 펴고자 하였다.

문정대비는 증흥불사의 대임을 맡을 수 있는 고승을 물색하다가 설악산 백담사의 허응보우를 맞아들였다. 그리하여 승려에게 도첩을 주고 도승의 금지를 풀게 함은 물론, 퇴락 황폐한 전국 사찰을 새롭게 일으켰다. 선·교양종을 다시 일으키고 승과를 부활시켰다(명종5년, 1550). 그리하여 교단은 활기를 띠게 되고 유능한 인물이 모여들었다. 조선불교중흥의 대조사(大祖師) 서산대사와 제자 사명당도 이때의 승과출신이었던 것이다.

또 문정왕후의 내원당(內願堂)으로서 자수(慈壽)·인수(仁壽)의 두 비구니사원이 건립되어 5천의 비구니를 수용했다.

세조의 일시적 홍불이 있은 뒤 성종, 연산군, 중종에 이르러 불교는 다시 말할 수 없는 박해를 받다가 명종이 즉위한 뒤, 그 모후 문정왕후 윤씨가 섭정을 하면서부터 불교는 다시 부흥의 기운을 보게 되었다. 지금의 한국불교는 여성들의 돈독한 신앙심과 함께 그렇게 면면히 이어져 왔던 것이다.

9. 현대여성과 한국불교

앞서 살펴본 바와 같이 불교의 근본사상은 만인의 이익과 안락을 위한 가르침이었다. 그것은 평등에 의한 자비의 실천으로 전개되어 왔고, 깨달음에 의한 불국토의 구현으로 펼쳐졌다. 그 전통은 오늘날에도 전승되고 있다.

인도에서는 경전의 편찬을 통해서 그러한 경지에 도달한 여성의 모습을 구체화시켰다. 중국이나 한국에서는 비록 그 사례가 많지는 않다 하더라도 역사적, 교단사적으로 여권(女權)을 신장하고 깨달음을 이루며 불사를 담당한 예를 보아왔다.

현재 한국불교 교단은 엄연히 사부대중으로 구성되어 있는데 그 가운데서 여성불자들의 수는 괄목할 만하다. 현 한국 최대의 불교종단인 조계종만 하더라도 비구니가 승단내 과반수를 차지하고 있다. 재가신자 가운데 3/5 내지 3/4이 여성불자이다. 그래서 '치마불교'라는 속칭이 한국불교를 가리키는 대명사로 일컬어져 왔다. 말하자면 우선 수(數)적으로 한국불교의 근간은 여성들로 이루어졌다는 것이다.

그러면 그러한 여성들의 역할은 어떻게 확산되고 있는가. 크게 몇 가지만 들어본다.

먼저 '치마불교' 내지 '기복불교'에 대한 비판적 자각이 일어나고 있다. 치마불교라는 말은 여성이 한국불교 교단내에서 양적으로 우세하다는 자긍심을 주기보다는, 오히려 그 반대로 질적(?)으로 열등하다는 폄하를 담은 '기복불교'라는 말과 동일시되었기 때문이다.

조선시대 말기 승려의 도성 출입금지(인조 원년, 1623년 이래)

가 해제된(고종 32년, 1895년) 이후, 여성불자들도 근대적인 자각을 하게 된다. 조선부인회 개최(1920), 불교여자청년회 발족(1921) 등을 비롯하여 여성불자들의 조직과 그에 따른 활동이 일어났다. 그러다 6.25동란을 겪고 침체된 불교는 조계사를 비롯한 전국 사찰에서 여성들의 적극적인 참여와 봉사로 활기를 띠게 되었다. 사찰마다 여성신도들의 수가 대다수였다. 그런데 그들의 대부분은 살기 어려움을 면하기 위한, 물질적인 풍요를 갈구하는 기복행위로 번졌다. 그리하여 치마불교라는 속칭을 낳게 된 것이다. 그래서 또다시 그에 대한 자각적인 운동으로, 원각회(1965), 관음클럽(1965) 등을 위시하여 여성이 선도적 역할을 하는 모임이 늘어났다. 그러한 노력의 결과로 적어도 기복(祈福)에서 한 단계 넘어 구복(求福) 내지 작복(作福)의 토대가 다져지게 되었음을 볼 수 있다.

둘째로 '회향(廻向)'의 확산이다. 치마불교에 대한 자각은 작복에서 더 나아가 회향하는 불교 본연의 자세를 되찾아 확산시키고 있다. 아침·저녁 예불 때나 사시 마지올릴 때, 불전(佛前)에서 항상 축원하고 발원하는 축원문 가운데 '회향삼처실원만(廻向三處悉圓滿)'이라는 발원을 빠뜨리지 않는다. 중생(衆生)에게 회향하고 보리(菩提)에 회향하고 실제(實際)에 회향한다는 삼처회향이다.

삼처회향은 매 법회 때마다 발원하는 보살의 총원인 사홍서원에서도 볼 수 있다. '중생을 다 건지오리다'라는 발원은 중생회향이다. 경제적, 물질적 측면에서도 나의 삶만이 아니라 남을 살피고 이웃과 나누는 삶을 지향하거니와 가난할 때의 물질위주, 출세위주의 욕망에서 정신적으로 풍요로운 삶을 갈구하는 데로 의식을 전환함과 아울러 다른 이와도 공유하고 있다.

'번뇌를 다 건지오리다', '법문을 다 배우오리다', '불도를 다 이루오리다'는 보리회향이다. 나날이 필요한 소박한 원의 성취는 더 큰 성불도의 원으로 돌이키며 일체중생도 함께 성불하자는 원으로 성숙시키고 있다. 그리하여 본래 나에게 갈무리되어 있는 무진장한 공덕을 무한히 베풂으로써 나의 본래자리를 되찾으니 실제회향이다.

법당을 찾아 기도, 예배, 공양올리는 대부분의 불자는 여성이다. 어머니, 할머니들이 가족의 대리신앙자 역할을 해왔기 때문이다. 사홍서원하는 법회에 참석하는 대부분의 불자도 여성불자이다. 각처에서 열리는 불교교양대학, 불교기초교리강좌 등에서 열심히 불법을 배우고 가르치는 불자들 역시 여성이 대다수이며 불교대학과 대학원에도 여성들이 적지 않다.

셋째로 불교문화발전에 이바지하고 있다. 여성들이 불교문학, 불교미술, 불교음악, 불교사상의 고양에 힘쓰며 불교방송, 불교신문, 불교잡지 등을 통하여 불교의 대중화에 일익을 담당하고 있고, 각종 불교모임의 손발 노릇을 하며, 여성신문, 여성법사회 등을 통하여 포교에 노력하고 있다. 기타 여성들이 각 분야에서 재질을 발휘하고 있음을 본다.

넷째로 비구니 스님들의 수행과 포교로 한국불교의 새바람이 일고 있다. 비구니들도 비구들과 동등하게 성직자의 자격으로 의식을 집전해왔다. 제방선원과 여법한 수행도량에서 수행에 힘쓰며, 대학으로 승격된 전통강원과 중앙승가대학, 동국대학교 그리고 외국 등지에서 교학연구와 발전에 여념이 없으며, 교단영위와 가람수호, 복지사업, 국내외 포교활동 등에 전력을 쏟고 있다. 최근에는 전국비구니회(1986년 창립)라는 전국적인 모임을 결성하여 재가운동을 지도하면서 각 분야마다의 현대적 불사를 뒷받침하고 있다.

달리는 말에 채찍질한다는 말이 있다. 앞으로 더 보완했으면 하는 점 한 두 가지만 사족을 달아본다. 그 하나는 비구니의 활동을 더욱 효율화하기 위한 제도개편이다. 현재는 비구니를 교단적으로 관리하는데 비구니가 참여할 수 있는 제도적 기구가 없다. 전국비구니회는 어디까지나 자체모임에 불과하다. 비구니의 권익을 펼 수 있는 그나마의 통로는 비구니 종회의원이 있으나 75대 5라는 극소수인지라 제대로 목소리를 내는 데 역부족이다. 최소한 교구본사의 설립과 총무원내 비구니 기구의 설치 그리고 종회의원 수의 증가가 필요하다. 대승불교정신에 입각한 수계제도의 개편 등도 앞의 문제가 선결되어야 어렵지 않을 수 있다. 비구니의 힘을 사장시키지 않는 배려를 서둘러야 할 것이다.

또 하나는 불교의 현실화, 사회화를 통한 한국 새문화 창달에 여성불자들이 주도적 역할을 담당했으면 한다. 여성들이 수처작주(隨處作主)하는 주인의식을 갖고 개인의 행복과 가정의 행복을 가꿈은 물론, 각 분야에서 각종 불사를 이루어 전세계적으로 불교문화가 확산되게 하였으면 한다.

예를 들면 그 하나의 방편으로서 부처님의 평등·자비정신에 입각하여 사회의 성차별을 뿌리뽑자는 것이다. 여자대 남자가 100대 110이라는 자연질서에 역류하는 남아선호사상 내지 남자아이광부터 앞장서서 청산시켜야 한다. 의식적, 무의식적인 끔찍한 대량 여아 살해현상은 이제 그만 종식되어야 할 것이다. 가정에서 남아와 여아를 대하는 가족의 태도도 평등성을 잃지 않도록 어머니 또는 할머니가 더 세심한 주의를 기울이고 아이들도 남녀가 똑같이 중요한 존재로 교육시켜야 할 것이다. 그렇게 되지 못하는 이유가 더 큰 외부의 사회관습이나 국가제도에 있다면 과감히 시정하는 데 앞장서야 할 것이다.

또 다른 하나의 방편으로서 모성애를 확산시켜 자비관음의 화신이 되자는 것이다. 모성애가 성의 굴레가 되지 않도록 관음의 화신이 되어야 할 것이다. 그것은 자신의 행복은 물론이요, 여성들의 무대를 확장하기 위해서도 필요한 것이다. 여성이 인간으로서 마땅히 누릴 권리가 있는 사회 참여의 기회를 늘리는 일이기도 하다. 고아원, 보육원, 양로원 등을 비롯한 사회복지봉사는 이미 해오던 일이기도 하지만, 갓난아기를 돌보는 영아탁아소의 시설과 참여는 여성들이 자기 일을 갖는데 필수불가결한 전제조건이 된다. 이는 나아가 가난한 자들을 위한 사회문제 해결의 일환이 될 수도 있을 것이다. 이처럼 좁게는 여성들을 위하고 넓게는 사회문제 해결을 위한 불사를 많이 벌여 나가야 할 것이다.

언제 어디서 무엇을 하든, 평등에 입각한 자비정신으로 회향하여 불국토를 이루고자 하는 큰 원력으로 살아간다면 명실상부한 보살이 될 수 있을 것이다. 그렇게 될 때 여성불자들은 진정한 불자로서의 즐거움을 누릴 수 있고 이 땅의 우리 모두에게 행복을 가져다 줄 것이다.

부록 II. 석존의 교화지역

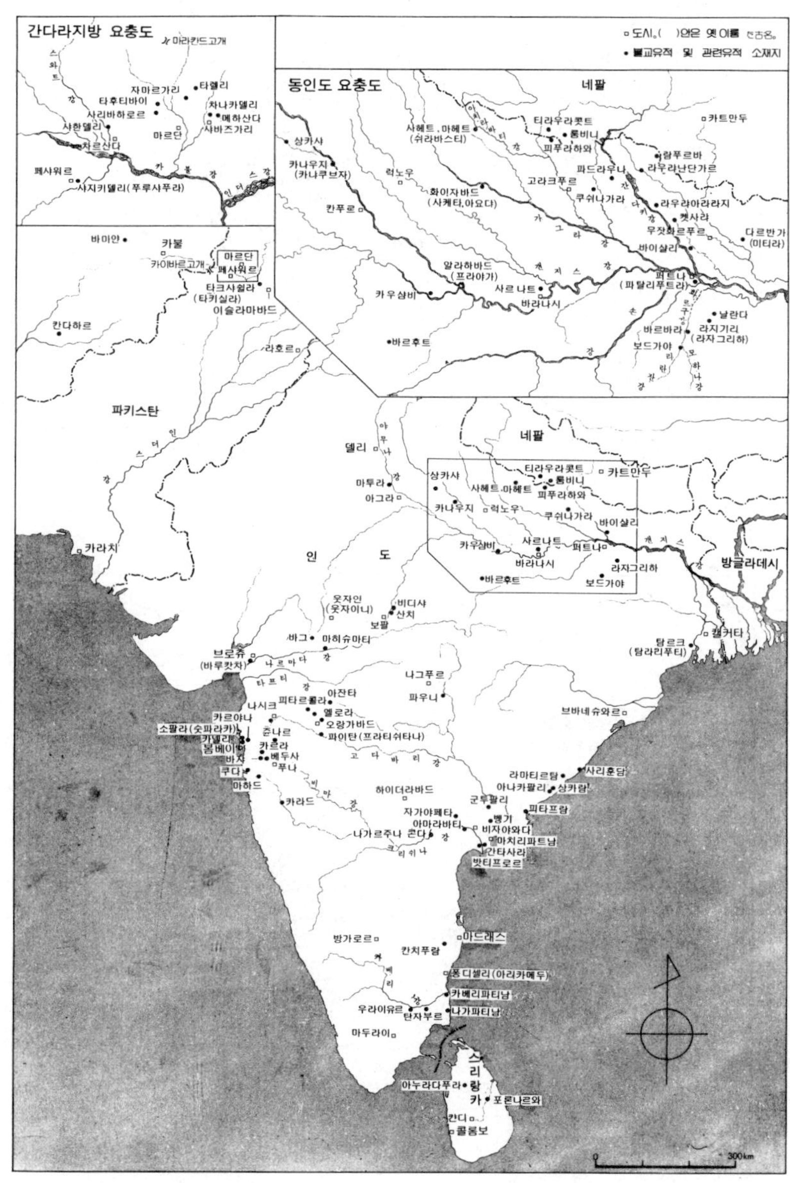
간다라지방 요충도
마라칸드고개
동인도 요충도
네팔
도시.( )안은 옛 이름
불교유적 및 관련유적 소재지
자마르가리
타후티바이
사리바하로르
사한델리
차르산다
마르단
페샤워르
사지키델리(푸루샤푸라)
타헬리
차나카델리
메하산다
사바즈가리
바미얀
카불
카이바르고개
페샤워르
마르단
타크샤쉴라
(타키실라)
이슬라마바드
칸다하르
라호르
파키스탄
상카사
카나우지
(카나쿠브자)
칸푸르
사헤트.마헤트
(쉬라바스티)
럭노우
화이자바드
(사케타,아요디)
알라하바드
(프라야가)
카우샴비
바르후트
사르나트
바라나시
티라우라콧트
룸비니
피푸라하와
파드라우나
고라크푸르
쿠쉬나가라
우짯할르푸르
바이샬리
파트나
(파탈리푸트라)
바르바라
보드가야
라람푸르바
라우라난단가르
라우라아라라지
켓사랴
다르반가
(미티라)
날란다
라지기리
(라자그리하)
카트만두
델리
마투라
아그라
인   도
카라치
스   드
웃자인
(웃자이니)
보팔
비디샤
산치
바그
마히슈마티
브로슈
(바루캇차)
나르마다 강
타프티
나시크
피타르콜라
카르야나
소팔라(숫파라카)
칼랸
봄베이
바자
쿠다
마하드
카라드
줄나르
카르리
베두사
푸나
아잔타
엘로라
오랑가바드
파이탄(프라티쉬타나)
고다바리강
하이더라바드
자가야페타
아마라바티
나가르주나 콘다
나그푸르
파우니
브바네슈와르
탐르크
(탐라리푸티)
캘커타
방글라데시
라마티르탐
샹카람
아나카팔리
군투팔리
벵기
비자야와다
마치리파트남
간타사라
밧티프로르
사리훈담
피타프람
방가로르
칸치푸람
마드래스
우라이유르
탄자부르
마두라이
폰디셀리(아리카메두)
카베리파티남
나가파티남
스
리
랑
카
아누라다푸라
폰론나르와
칸디
콜롬보
0   300km

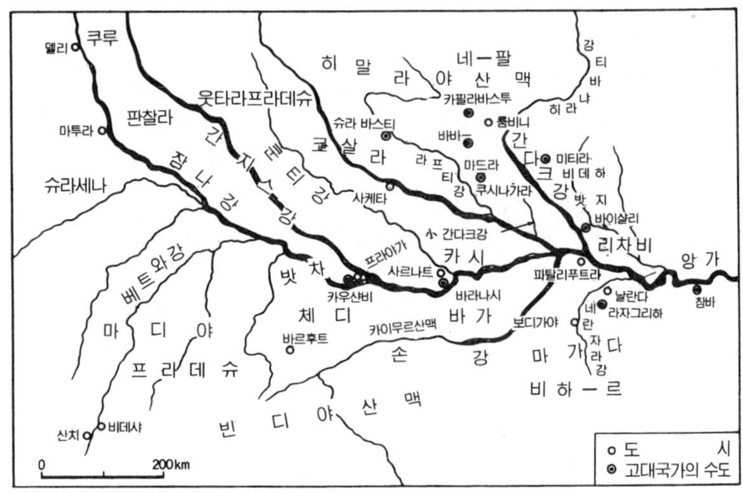

갠지스 강 중류지방

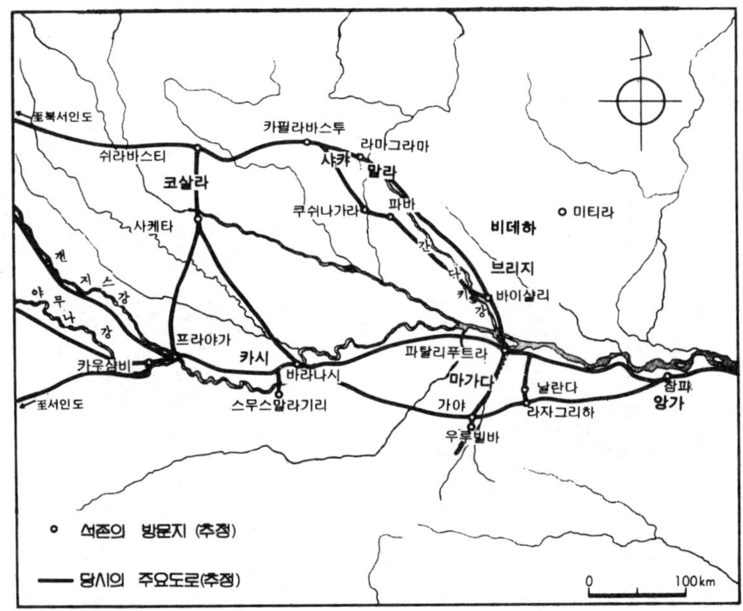

석존의 교화 범위

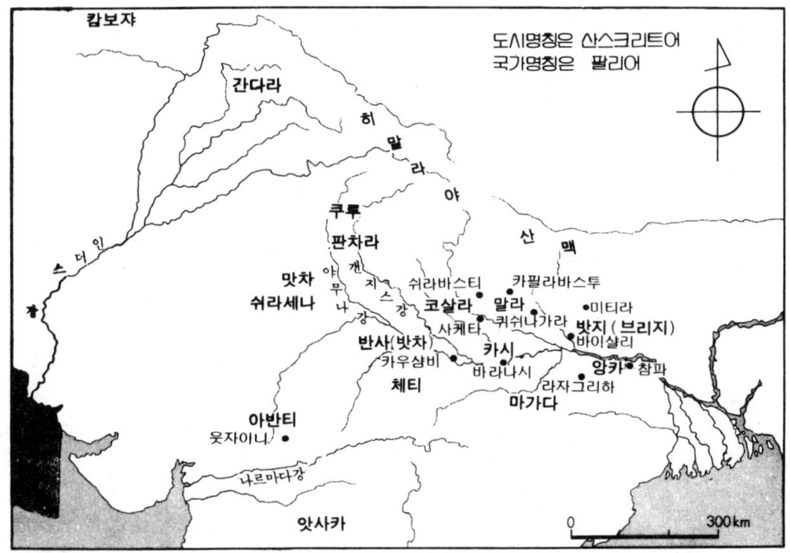

고대 인도의 16대국

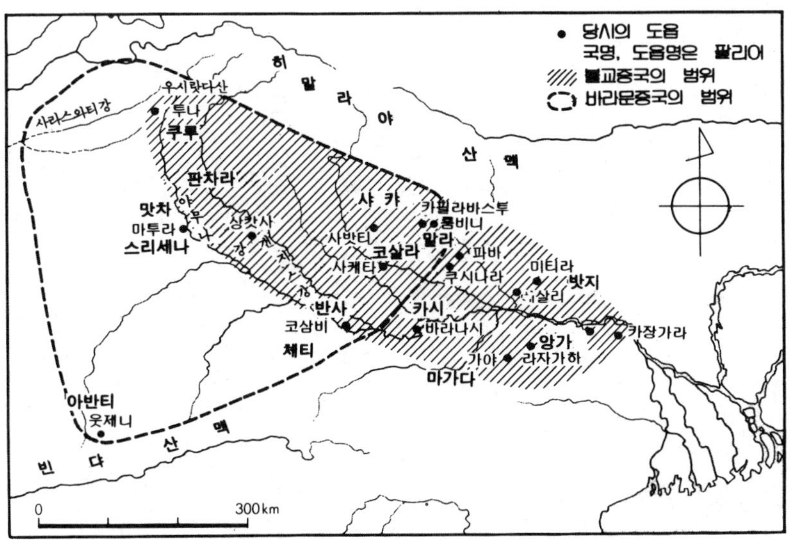

불교의 중심지역 및 바라문교의 중심지역(초기불교가 퍼진 지역)

불광
불학총서

삼국시대 불교신앙연구 ———— 1

민족불교의 역사에 있어서 새벽녘에 해당하는 삼국시대 불교, 한국불교의 연원과 맥을 짚어온 김영태 교수는 옛 불교신앙에 관한 몇 편의 연구논문을 작성, 그 논문들을 다시 다듬고 손질하여 한 권의 책으로 펴냈다. 뒷부분에 삼국시대 불교관계의 논문 몇 편을 별편으로 붙여 당시 불교신앙의 이해를 돕도록 하였다.

김영태 지음 •

유식학 연구 ———— 2

한국불교계의 사표로서 유식학을 전공, 학문적 기반을 다지면서 아울러 많은 후학을 양성한 운문사 승가대학장 명성 스님의 깊이있는 유식학 연구 논문집. 유식사상의 기원, 세친의 유식설, 삼능변식의 약설, 초능변식, 제이능변식, 제삼능변식 등 유식삼십송중 제1송부터 제16송에 이르기까지 삼능변의 식상(識相)을 해설해 마쳤다.

명성 지음 •

불교철학의 한국적 전개 ———— 6

서경수 교수의 생존시 논문들을 모았다. 인도불교의 중요성을 재고하고, 용수의 卽·中논리확립 및 근대한국 불교연구의 개척 등 학문적 업적을 남긴 서경수 교수의 최초 논문집이다.

서경수 지음 •

아함의 중도체계 ———— 7

근본불교의 가르침인 아함의 사상체계를 철학적으로 해석하여 입증하고 아울러 불교의 본질을 현대적인 의미로 밝혀 내고 있다. 필자는 중도사상의 철학적인 체계를 연구하여 불교가 현대 속에서 현대 철학의 제문제를 해결하는 가장 현실적이고 능동적인 사상임을 천명하고 있다.

이중표 지음 •

민족정토론 ———— 8

① 민족운동
② 경제운동/근간
③ 교육운동/근간

이 책은 오늘날 분단과 문화적 종속이라는 민족모순의 본질을 규명하면서 불교의 안목으로 민족자주화, 통일운동을 구체화시켜 가는 실천목표를 명료히 제시하며 특히 역사부정, 민족부정의 의식구조를 광범위하게 논의하면서 우리 시대 민족문제를 근원적으로 해결할 수 있는 실천운동의 원리와 과제를 규명하였다.

김재영 지음 •

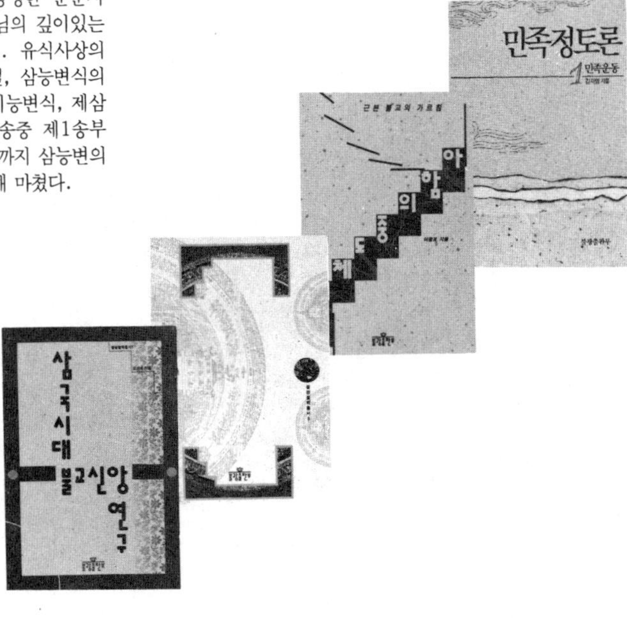

六祖壇經 ——————— 1

육조단경은 동토산맥의 주봉이라 할 혜능선사의 어록으로 선사의 생애와 중심사상을 담고 있다. 혜능선사가 이 단경에서 보인 '자성즉진불(自性卽眞佛)' '국토장엄과 생명의 실현'등 긍정과 동(動)의 진리는 현대인의 인간상실, 역사의 방향부재상황과 이성의 혼미속을 허덕이는 현대를 광명·희망의 평원으로 이끌 힘이 될 것이다.

육조혜능대사어록 · 광덕 역주 ·

禪關策進 ——————— 2

선은 인간진리를 밝혀 인간 회복을 완성시키는 최상의 지혜이며 힘이라 할 수 있다. 선의 원리, 방법, 그리고 옛 조사 60여분의 발심, 수도, 오도 기연과 설법을 수록하여 도움을 주고 있다.

운서주굉 지음 · 광덕 역주 ·

禪宗永嘉集 ——————— 3

이 책은 육조 혜능대사의 법제자인 영가현각 선사가 후인들을 위하여 찬술한 법문으로서 불교의 핵심이 되는 계정혜 삼학을 바탕으로 하여 깨달아가는 수행방법을 십단의 문장으로 나누어 상세하게 분석 설명한 글이다. 영가 스님은 머리말에서 '궁구함은 현실에 있으니 현실이 곧 진리임을 알아야 한다'고 말하면서 열 가지 문을 열어 마음 찾는 방법을 펼쳐주고 있다.

영가현각 지음 · 혜업 역 ·

金剛經五家解 ——————— 4

불교의 가장 깊고 오묘한 진리를 담고 있는 전통 종단의 소의경전인 금강경의 실상을 밝혀 놓은 「금강경오가해」야말로 한국불교의 근본이라 할 수 있다. 이 책을 무비 스님께서 스님들 뿐만 아니라 일반 불자들의 혜안을 열어 주기 위해 번역, 초심자도 쉽게 금강경의 참 뜻을 엿볼 수 있을 것이다.

무비 역주 ·

禪門鍛鍊說 ——————— 5

선문단련설은 손자병법의 체제를 본따 견서인고(堅誓忍苦), 변기수화(辨器授話) 등 13편으로 나누어 선중(禪衆)을 단련하는 방법을 밝힌 정심저작(精心著作)으로서 선림(禪林)의 이론적인 강령을 정리하면서 동시에 신랄하게 당시의 유폐를 지적하였다. 한편 이 책에는 서축야납 지철(智徹) 스님의 선종결의집(禪宗決疑集)을 함께 수록하고 있다. 선종결의집은 화두를 참구하는 학인들의 집착과 의심을 명쾌하게 풀어주고 근본을 가리켜 진리에 돌아가는 방법을 옛 선지식들의 일화를 통해 간단명료하게 제시하고 있다.

회산화상 지음 · 연관 역 · 근간

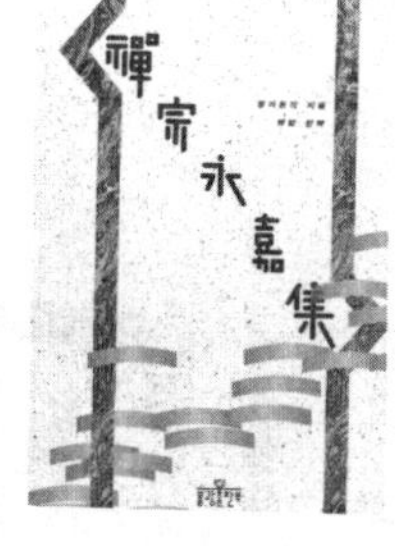

佛光古典

竹窓隨筆 ——— 1
중국 항주 운서산에 일대 총림을 창설하여 크게 종풍을 떨치며 계율의 부흥과 정토 법문의 제창, 방생을 권장하는 등 선과 염불과 계율에 두루 관심을 갖고 활약한 운서 주굉 스님의 수필집.
운서주굉 지음·연관 옮김·

萬善同歸集 ——— 2
북송초 선종 중흥시대의 대표적 종장인 영명지각 선사가 실다운 수행의 새로운 활로를 열기 위해 저술한 법문집. 선(禪)·교(敎)·정업(淨業) 등을 두루 망라하여 실천수행방법을 제시해 놓고 있으며 만행(萬行)이 오직 일심(一心)을 증득하기 위한 것임을 보인 이 책은 오늘날의 교단상황을 볼 때 더욱 절박하게 다가온다.
영명지각 선사 술·일장 역·

전단향

현대인의 정신건강 ——— 1
여기에 실린 57편의 글들은 정신과 전문의인 이동식 박사가 환자들을 상담 치료하는 과정에서 정신건강이 무엇이고 정신병의 원인이 무엇이며 정신병의 예방과 치료는 어떻게 해야하는지를 적고 있어 현대를 살아가는 이들의 정신건강에 많은 도움을 주고 있다.
이동식 지음·

현대인과 스트레스 ——— 2
일찍이 정신치료와 도(道)와의 접목을 통해 정신의학계에 커다란 족적을 남긴 이동식 박사의 역작이다. 그 어느 때보다도 스트레스를 많이 받고 있으며 그로 인해 생명의 위협까지 느끼는 현대인들의 정신건강을 위한 지침서이다.
이동식 지음·

月窓佛心

두메산골 앉은뱅이의 기원 ——— 1
일생동안 학문의 길을 걷다가 불교에서 진정한 삶의 의미를 발견, 대자연에 귀의하여 구도의 길을 걷고 있는 이남덕 교수의 칼럼집. 월간 「불광」에 4년 동안 연재한 글을 모은 이 책은 노보살님의 자비와 지혜가 단연 돋보인다. 일상생활속에서 깨달음의 빛을 찾아내고 이 시대의 아픔을 부처님의 가르침으로 다독여 혼탁해진 마음을 맑혀주고 있다.
이남덕 지음·

바람이 움직이는가 깃발이 움직이는가 ——— 2
동국대 철학과 교수로서 후학을 양성하는 한편 신행법회의 회장으로 불제자의 길을 믿음직스럽게 걸어가고 있는 송석구 교수가 그동안 각 지상에 발표했던 글을 모았다. 진정한 행복은 무엇인가, 어떻게 살아야 할 것인가, 21세기를 향한 불교의 역할, 동서철학의 한계 등 개인과 사회, 종교, 철학 등을 총망라하여 제시, 삶의 질적인 변화를 추구하고 있다.
송석구 지음·

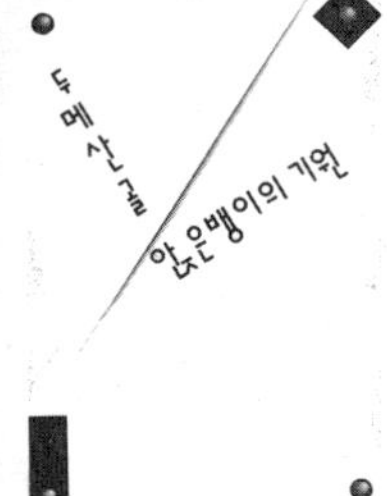

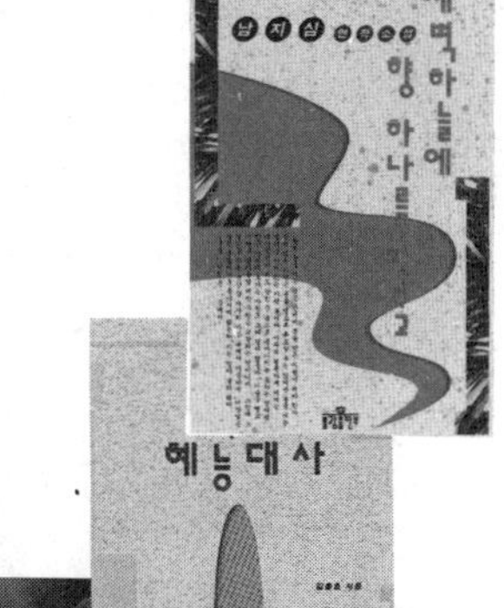

새벽 하늘에 향 하나를
2

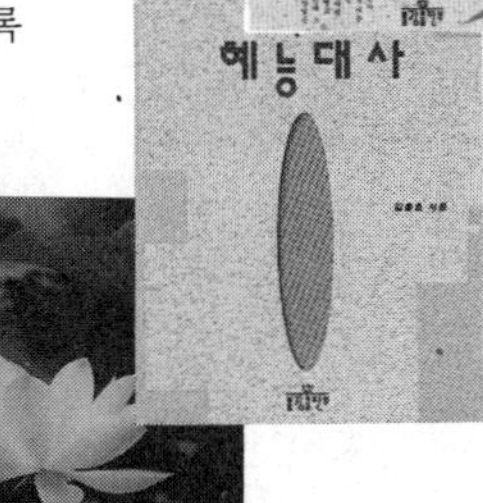

혜능대사

수미단

상의 내용들을 추려내고 다시 이에 대한 논서를 분석 비판 종합하여 그 이론을 정립하려 했다.
김선근 지음·

유식학 입문 ——— 8

불교학설 가운데 가장 이론적이고 체계적인 유식학은 오늘날의 심리학과 인식론의 성질과 비슷하다고 해서 불교의 심리학 또는 불교의 인식론이라고 불려지기도 한다. 모든 것은 오직 마음에 의하여 창조되어진다는 유식학의 근본사상은 대승불교의 유심사상이며 연기사상이기도 하다. 불교를 제대로 이해하기 위해서는 반드시 유식학을 공부해야 하는데 유식학의 거장 오형근 교수가 저술한 이 책은 유식학을 체계적이면서도 쉬운 용어로 풀어쓴 것으로서 입문자들의 친절한 길잡이다.
오형근 지음·

대품반야경 ⬆⬇ ——— 9·10

'부처님의 근본정신으로 돌아가자'는 새로운 불교운동의 선구경전이 반야경이다. 대승불교의 가장 기본적인 교학인 공사상(空思想)을 전부 포함하고 있는 반야경은 다른 어떤 경전보다도 중요하다. 이러한 반야경 가운데 대품반야경은 원시반야경에서부터 설해진 반야바라밀·공(空)·무자성(無自性)·보살마하살·육바라밀·대승·이타행·재가적 성격·경전의 독송 및 타인을 위해서 설하는 공덕·반야바라밀 염송의 공덕·경전공양의 공덕·삼매 등에 관해 빠짐없이 설하고 있다.
혜담지상 역·

유식학 강의 ——— 11

이 책은 당(唐)·삼장법사(三藏法師) 현장(玄奘)이 지은 팔식규구송(八識規矩頌)과 세친보살이 짓고 현장이 역(譯)한 유식이십송(唯識二十頌), 유식삼십송(唯識三十頌)을 중국인 방륜(方倫)이 불학원(佛學院)에서 강의한 경험을 토대로 송(頌)을 따라 강해(講解)하여 찬술한 것으로 유식의 이론과 그 실천수행을 통한 불과(佛果)의 증득을 체계적으로 설명한 정통적인 유식교리서라 할 수 있으며 또한 여러 유식논전을 해득하는 데 있어 예비적인 지침서가 될 것이다.
方倫 저·김철수 역·

티베트 불교와 문화 ——— 12

그동안 우리는 티베트에 대해 신비스런 눈으로 먼발치에서 바라보는 데 만족해 왔다. 하지만 우리 불교학계에 있어 티베트는 언젠가는 접근하여 파헤쳐봐야 할 순수불교전통문화의 보고라는 의미가 새롭게 정립되어 간다. 티베트에 대해 이전에 몇 권의 번역서가 부분적 소개에 그치거나 번역상의 오류를 보여왔던 것에 비해 방대한 티베트 경전과 티베트 불교의식, 불교역사 등을 빠짐없이 수록하여 종합적인 티베트의 모습을 조망해 보고자 하는 독자들에게 충실한 디딤돌이 될 것이다.
허일범 지음·근간

海住(全好蓮)

●

청도 운문사에서 성관 스님을
은사로 득도, 동학사 불교전문강원과
동국대학교 불교대학 및 대학원을 졸업하고
철학박사학위를 받았다.
현재 대한불교 조계종 중앙종회의원이며
수미정사 주지, 동국대학교 불교학과 교수로 있다.
저서로는『화엄의 세계』『의상화엄사상사 연구』
『불교교리강좌』등 다수가 있다.

불교교리강좌

1993년 5월 20일 초판 발행
2005년 11월 1일 초판 6쇄

지은이/해주
펴낸이/박상근(至弘)
펴낸곳/불광출판사

138-844 서울시 송파구 석촌동 160-1
대표전화 (02) 420-3200
편 집 부 (02) 420-3300
팩스밀리 (02) 420-3400
http://www.bulkwang.or.kr
등록번호 제1-183호(1979. 10. 10)

● 잘못된 책은 바꾸어 드립니다.
값 6,500원